2. Nachtrag

zu

Berolzheimer

Grund- und Haussteuergesetz

Nach dem Stande vom 1. Juli 1934

1934

München – Berlin – Leipzig

J. Schweitzer Verlag (Arthur Sell

Druck von Dr. F. P. Datterer & Cie., Freising-München.

Grundsteuergesetz

Gesetz zur Änderung des Grund- und Haussteuergesetzes vom 18. August 1933 (GVBl. S. 221).

Das Bayerische Gesamtministerium hat als Landesregierung auf Grund des § 1 Abs. 1 des vorläufigen Gesetzes zur Gleichschaltung der Länder mit dem Reich vom 31. März 1933 (RGBl. I S. 153) folgendes Gesetz beschlossen:

Art. 1

Das Grundsteuergesetz wird wie folgt geändert:

1. § 118 erhält folgende Fassung:

„Den Zeitpunkt der Fälligkeit und der Entrichtung der Grundsteuer samt Zuschlag und Kreisumlagen bestimmt das Staatsministerium der Finanzen im Einvernehmen mit den beteiligten Staatsministerien."

2. § 123 Abs. V Satz 1 hat zu lauten:

„Der Nachlaß wird nur für das Rechnungsjahr bewilligt, in dem die Beschädigung eingetreten ist."

Art. 2

(s. nachstehend unter „Haussteuergesetz").

Art. 3

Dieses Gesetz tritt mit Wirkung vom 1. April 1933 an, bezüglich des Art. 1 Ziff. 1 und des Art. 2 Ziff. 2 mit seiner Verkündung in Kraft.

Haussteuergesetz

Gesetz zur Änderung des Grund- und Haussteuergesetzes vom 18. August 1933 (GVBl. S. 221)

Das Bayerische Gesamtministerium hat als Landesregierung auf Grund des § 1 Abs. 1 des vorläufigen Gesetzes zur Gleichschaltung der Länder mit dem Reich vom 31. März 1933 (RGBl. I S. 153) folgendes Gesetz beschlossen:

Art. 1

(s. vorstehend unter „Grundsteuergesetz").

Art. 2

Das Haussteuergesetz wird wie folgt geändert:

1. § 2 erhält in Abs. I Ziff. 6 und Abs. IV folgende Fassung:

I. Haussteuerfrei sind ....

....

„6. Gebäude die unmittelbar zu Zwecken der öffentlichen Wohltätigkeit, der öffentlichen Krankenpflege oder der öffentlichen Gesundheitspflege unter Ausschluß von Erwerbs- oder Sportzwecken dienen. Die Verfolgung von Sportzwecken steht der Haussteuerbefreiung nicht entgegen, wenn die Gebäude im Eigentum von inländischen Körperschaften, Personenvereinigungen oder Vermögensmassen stehen, die nach Anerkennung der zuständigen Behörde der körperlichen Ertüchtigung des Volkes dienen.

IV. Änderungen, die sich hinsichtlich der Voraussetzungen für die Steuerveranlagung ergeben, sind von dem auf die Änderung nächstfolgenden Monat zu berücksichtigen."

2. § 36 hat zu lauten:

„Den Zeitpunkt der Fälligkeit und der Entrichtung der Haussteuer samt Zuschlägen und Kreisumlagen bestimmt das Staatsministerium der Finanzen im Einvernehmen mit den beteiligten Staatsministerien."

3. An die Stelle der §§ 39 mit 42 treten folgende Bestimmungen:

„§ 39

I. Nachlaß an der Mietsteuer wird auf Ansuchen gewährt, wenn zur Vermietung bestimmte Wohnungen oder Geschäftsräume infolge von Leerstehen, Mietausfall oder Billigervermietung keinen oder einen geringeren Ertrag abgeworfen haben und der Mietentgang unter Zugrundelegung der steuerbaren Friedensmiete der Räume mindestens den zwölften Teil der steuerbaren Friedensmiete des Gebäudes beziffert. Hat der Pflichtige den Mietentgang verschuldet, so wird ein Nachlaß nicht gewährt. Der Nachlaß unterbleibt ferner insoweit, als der Pflichtige in dem Mietertrag anderer Räume desselben Anwesens einen Ausgleich findet.

II. Der Nachlaß wird nach Maßgabe der Minderung der steuerbaren Friedensmiete festgesetzt. Von dem Betrage der Minderung sind etwaige Entschädigungen abzuziehen.

III. Für die vom Eigentümer genutzte Wohnung ist auf Ansuchen Nachlaß wegen Billigervermietung zu gewähren, wenn für die überwiegende Zahl gleichartiger Wohnungen desselben Gebäudes Billigervermietung vorliegt. Der Nachlaß erfolgt nach dem durchschnittlichen Maß der Billigervermietung bei den gleichartigen Mietwohnungen des Gebäudes.

§ 40

I. Der Nachlaß wird für das Rechnungsjahr bewilligt, in dem die Voraussetzungen der Steuervergünstigung erfüllt sind.

II. Nachlaßgesuche sind zur Vermeidung des Ausschlusses beim zuständigen Finanzamte schriftlich spätestens innerhalb eines Vierteljahres nach Ablauf des Rechnungsjahres zu stellen, für das der Nachlaß begehrt wird. Über die Gewährung des Nachlasses und über dessen Höhe entscheidet, wenn der Nachlaß — einschließlich der Zuschläge und Kreisumlagen — den Betrag von 1000 *RM* nicht übersteigt, das Finanzamt, in allen übrigen Fällen das Landesfinanzamt (Landesmittelstelle). Gegen die Verfügung des Finanzamts ist Beschwerde an das Landesfinanzamt, gegen die Entschließung des Landesfinanzamts ist Beschwerde an das Staatsministerium der Finanzen zulässig. Die Beschwerdeentscheidung des Landesfinanzamts ist endgültig.

§ 41

Das Staatsministerium der Finanzen erläßt die zum Vollzug und zum Härtenausgleich erforderlichen Vorschriften, soweit veranlaßt im Benehmen mit den beteiligten Staatsministerien."

Art. 3

Dieses Gesetz tritt mit Wirkung vom 1. April 1933 an, bezüglich des Art. 1 Ziff. 1 und des Art. 2 Ziff. 2 mit seiner Verkündung in Kraft.

Weitere Verordnungen und Bekanntmachungen

A. Grund- und Haussteuer

1. Finanzgesetz für das Haushaltsjahr 1931 vom 16. Juli 1931 (GVBl. S. 185).

Auszug

§ 10

Die Bestimmungen der Verordnung des Gesamtministeriums vom 23. Juni 1924 über Steuervergünstigungen zur Förderung des Wohnungsbaues (GVBl. S. 173) und des § 5 des Finanzgesetzes vom 9. Juli 1926 für das Haushaltsjahr 1926 (GVBl. S. 355) werden auf Gebäude und Gebäudeteile der dort bezeichneten Art sowie auf Eigenheime erstreckt, die in der Zeit vom 1. Januar mit 31. März 1931 neu aufgeführt werden.

2. Bekanntmachung über die Grund- und Haussteuerbefreiung neuerrichteter Wohngebäude vom 2. April 1932 (GVBl. S. 199).

Staatsministerien des Innern und der Finanzen.

Nachstehend wird der Erlaß des Reichsministers der Finanzen vom 9. Dezember 1931 Nr. S 1900 II 1 A—150 III über Steuerbefreiung neuerrichteter Wohngebäude in den auf die Grund- und Haussteuer bezüglichen Teilen bekanntgegeben:

„Die Notverordnung vom 1. Dezember 1930 enthält bekanntlich sowohl in ihrem die Grundsteuer betreffenden als auch in dem die Realsteuersenkung behandelnden Abschnitt Vorschriften über die Steuerbefreiung neuerrichteter Wohngebäude (vgl. § 20 des Grundsteuerrahmengesetzes vom 1. Dezember 1930, Reichsgesetzbl. I S. 531; § 14 des Realsteuersenkungsgesetzes vom 1. Dezember 1930, Reichsgesetzbl. I S. 582. Diese Vorschriften sind ergänzt worden durch § 22 der Durchführungsbestimmungen zur Realsteuersenkung im Rechnungsjahr 1931 vom 20. Dezember 1930 (Reichsgesetzbl. I S. 656).

Bei der praktischen Anwendung dieser Vorschriften sind eine Reihe von Zweifelsfragen entstanden. Zu ihnen bemerke ich, um eine gleichmäßige Handhabung der Vorschriften innerhalb des Reichsgebiets zu sichern, nach Fühlungnahme mit den Regierungen der Länder folgendes:

A. Allgemeines.

1. Für Wohngebäude, die nach dem 31. März 1931 bezugsfertig werden, gelten die erwähnten, unten näher erläuterten reichsrechtlichen Befreiungsvorschriften ausschließlich; die landesrechtlichen Befrei-

ungsvorschriften finden auf derartige Grundstücke keine Anwendung mehr (vgl. § 14 Abs. 5 des Realsteuersenkungsgesetzes) *).

2. Die Befreiung ist nicht an die Person des Erstellers gebunden. Sie gilt nach § 22 Abs. 1 DB. nicht nur zugunsten dessen, für dessen Rechnung das Wohngebäude errichtet wird, sondern auch — innerhalb des Befreiungszeitraums (unten B) — zugunsten dessen, der es erwirbt.

3. Rechtsmittel. Hinsichtlich der Grundsteuer gilt für das Rechnungsjahr 1931 das Landesrecht, für die späteren Rechnungsjahre — vorbehaltlich des § 9 des Dritten Teils Kapitel I der Notverordnung vom 1. Dezember 1930 (Reichsgesetzbl. I S. 530) — das Reichsrecht.

B. Zeitliche Begrenzung der Befreiung.

Voraussetzung ist in jedem Falle, daß das Wohngebäude in der Zeit vom 1. April 1931 bis zum 31. März 1934 bezugsfertig geworden ist.

I. Beginn der Befreiung.

Für die Grundsteuer tritt die Befreiung bereits mit dem Beginn des Rechnungsjahrs ein, in dem das Wohngebäude bezugsfertig geworden ist (§ 22 Abs. 2 Nr. 1 DB.).

Wird ein unbebautes Grundstück in der Zeit vom 1. April 1931 bis 31. März 1934 veräußert und errichtet der Erwerber auf ihm ein noch im Rechnungsjahr der Veräußerung bezugsfertig werdendes Wohngebäude, so ist die Befreiung erst von dem Beginn des Monats an zu gewähren, in dem das Eigentum an dem Bauplatz auf den Erbauer des Gebäudes übergegangen ist; wegen des Umfanges der Befreiung s. unten zu C.

Beispiel: V. veräußert am 5. Juli 1931 den ihm gehörigen Bauplatz an E., der auf ihm ein Wohngebäude errichtet. Das Wohngebäude wird am 20. März 1932 bezugsfertig. Die Befreiung tritt vom 1. Juli 1931 an ein; V. ist also mit dem Bauplatz bis zum 30. Juni 1931 zur Grundsteuer heranzuziehen.

II. Ende der Befreiung.

Die Befreiung läuft bei allen unter die Befreiungsvorschrift fallenden Grundstücken — ohne Rücksicht auf den Beginn ihrer Befreiung — zur gleichen Zeit ab. Bei der Grundsteuer endigt sie mit dem Ablauf des Rechnungsjahres 1938, d. h. mit dem 31. März 1939 (§ 22 Abs. 2 Nr. 1, 3 DB.).

---

*) Hinsichtlich der Befreiung der in der Zeit von 1924 bis 31. März 1931 bezugsfertig gewordenen Wohngebäude gilt grundsätzlich Landesrecht. Vgl. Runderlaß des Reichsministers der Finanzen vom 30. Okt. 1933, S 1900 II 1 A—250 III, abgedr. Reichssteuerbl. 1933 S. 1126 unter C.

Hinsichtlich der nach dem 31. März 1934 bezugsfertig gewordenen Wohnungsneubauten s. die DurchfVO. über die Steuerbefreiung für neuerrichtete Kleinwohnungen und Eigenheime vom 26. Okt. 1933 (RGBl. I S. 773) und Runderlaß des Reichsministers der Finanzen vom 18. Nov. 1933 S 1900 II 1 A—300 III, abgedr. Reichssteuerbl. S. 1185 unter III 4.

Fallen die Voraussetzungen für die Befreiung innerhalb des Zeitraums, für den sie an sich gilt, fort (z. B. wegen Nutzung der bisherigen Wohnräume zu gewerblichen Zwecken), so entfällt die Befreiung mit Ablauf des Rechnungsjahrs, in dem die Voraussetzungen weggefallen sind (§ 14 Abs. 4 des Realsteuersenkungsgesetzes, § 20 Abs. 4 des Grundsteuerrahmengesetzes).

C. Umfang der Befreiung.

I. Allgemeines.

1. Die Befreiung gilt für Wohngebäude jeder Art ohne Rücksicht auf die Größe der Wohnungen. Gleichzeitig miterrichtete gesonderte Nebengebäude, die als wirtschaftliches Zubehör zu einem in der Zeit vom 1. April 1931 bis zum 31. März 1934 bezugsfertig gewordenen Wohnungsneubau anzusehen sind (wie z. B. Waschküchen, Kohlen- und Holzställe, Garagen), sind mit diesem zusammen bis zum Ablauf des Befreiungszeitraums freizustellen; wegen der nachträglich errichteten Nebengebäude vgl. unten zu 4 a Schluß.

Dient ein Gebäude teils Wohnzwecken, teils anderen Zwecken, so gilt die Befreiung nur für den Wohnzwecken dienenden Teil; in derartigen Fällen ist also das Grundstück grundsätzlich nach Wohnzwecken und anderen Zwecken aufzuteilen. Kleinere Teile sind jedoch den größeren zuzurechnen: entfallen nämlich auf den Wohnteil 75 v. H. oder mehr, so gilt die Befreiung für das ganze Gebäude; andererseits tritt überhaupt keine Befreiung ein, wenn der Wohnteil nicht mehr als 25 v. H. beträgt. Ein Teil bis zu 25 v. H. ist also dem größeren Teile zuzurechnen. Maßgebend für die Ermittlung des Teilwerts ist das Verhältnis der Jahresrohmieten (§ 14 Abs. 3 des Realsteuersenkungsgesetzes).

2. Die Befreiung erstreckt sich neben den Wohngebäuden auf ihre bebaute Grundfläche sowie die zugehörigen Hofräume und Hausgärten (gesamte Grundfläche); sie gilt jedoch höchstens bis zum Zwölffachen der bebauten Grundfläche (§ 14 Abs. 2 des Realsteuersenkungsgesetzes). Ist nach § 14 Abs. 3 lediglich ein Teil des Gebäudes, nämlich der Wohnteil, befreit (vgl. oben zu 1 Abs. 2), so ist auch die für die Befreiung in Betracht kommende Grundfläche nur in dem entsprechenden Verhältnis als befreit anzusehen.

3. Die Befreiungsvorschrift findet auf die vor dem 1. April 1931 bezugsfertig gewordenen Gebäude, die mit Hilfe einer Brandentschädigung wiedererstellt werden, keine Anwendung (§ 14 Abs. 1 Schlußsatz des Realsteuersenkungsgesetzes). Dieser Vorschrift liegt der Gedanke zugrunde, daß in derartigen Fällen für die Steuerbefreiung des Neubaues insoweit kein Anlaß vorliegt, als sein Einheitswert bzw. Steuerwert den des abgebrannten Gebäudes nicht übersteigt. Dagegen treffen für den Mehrwert bzw. Mehrertrag die Erwägungen, die zu der einschränkenden Vorschrift geführt haben, nicht zu. Ich habe daher keine Bedenken, daß die Befreiungsvorschrift auf diesen Mehrwert bzw. Mehrertrag angewendet wird. Das ganze Grundstück ist also, da der Mehrwert bzw. Mehrertrag unberücksichtigt bleiben soll, für die Dauer des Befreiungszeitraums (oben B) steuerlich so zu behandeln, als wenn das Wohngebäude nicht abgebrannt wäre.

4. Von verschiedenen Seiten ist ferner die Frage an mich gerichtet worden, ob der durch An- und Aufbauten sowie durch Umbauten

in der Zeit vom 1. April 1931 bis 31. März 1934 geschaffene neue Wohnraum unter die Befreiungsvorschrift fällt. Hiezu bemerke ich folgendes:

a) Was die Anbauten und Aufbauten (Aufstockungen) anlangt, die in der Zeit vom 1. April 1931 bis zum 31. März 1934 bezugsfertig werden, so vertrete ich grundsätzlich den Standpunkt, daß sie insoweit unter die Steuerbefreiungsvorschrift fallen, als durch sie tatsächlich neuen Wohnraum erstellt wird. Für die nach dem 31. März 1931 bezugsfertig gewordenen reinen Wohnungs-An- oder Aufbauten ist daher mit Wirkung für den Befreiungszeitraum (oben B) eine Erhöhung des bisherigen Steuerwerts nicht zulässig; der An- oder Aufbau- ist bei der Einheitsbewertung (Haupt-, Neu- oder Nachfeststellung), soweit diese für den Befreiungszeitraum Wirkung hat, unberücksichtigt zu lassen.

Die nach dem 31. März 1931 bezugsfertig gewordenen Wohnungsan- oder -aufbauten sind steuerfrei ohne Rücksicht darauf, ob das bisherige Gebäude, an dem sie ausgeführt sind, Wohn- oder gewerblichen Zwecken dient. Dagegen kommt die Anwendung der Vorschrift des § 14 Abs. 3 Satz 3 des Realsteuersenkungsgesetzes auf einen An- oder Aufbau nur dann in Frage, wenn dieser selbst teils Wohn-, teils gewerbliche Räume enthält. Für die Anwendung der bezeichneten Vorschrift ist der An- oder Aufbau als selbständiger Bau aufzufassen.

Umfaßt der An- oder Aufbau neben Wohnräumen auch Nebenräume, z. B. Ausbau einer Veranda, eines Balkons oder Wintergartens, Vergrößerung des Dachbodens oder Kellers, so erstreckt sich die Befreiung auch auf die an- oder aufgebauten Nebenräume. Besteht jedoch der ganze An- oder Aufbau lediglich in derartigen Nebenräumen, so sind diese Nebenräume m. E. steuerlich ebenso zu behandeln wie der Hauptbau. Hiernach sind folgende Fälle zu unterscheiden: Ist der bisherige Bau nicht steuerbefreit (z. B. weil er ein Vorkriegsbau ist, so ist der durch den Anbau entstandene Mehrwert (Mehrertrag) nach den allgemeinen Vorschriften zur Steuer heranzuziehen. Auch wenn der bisherige Bau nach Landesrecht steuerbefreit war (z. B. weil er im Jahre 1929 errichtet ist, finden auf den jetzt errichteten An- oder Aufbau die reichsrechtlichen Befreiungsvorschriften keine Anwendung; die bisher für den Hauptbau gewährte landesrechtliche Befreiung dürfte bis zu ihrem Ablauf wohl auf die an- oder aufgebauten Nebenräume auszudehnen sein; für diese Frage ist jedoch, wie erwähnt, das Landesrecht allein entscheidend. Gehört der An- oder Aufbau endlich zu einem bereits unter die reichsrechtliche Befreiungsvorschrift fallenden Bau (z. B. der bisherige Bau ist im Rechnungsjahr 1931 bezugsfertig geworden, der Anbau wird im Jahre 1935 errichtet), so ist die Befreiung hier gleichfalls auf die an- oder aufgebauten Nebenräume auszudehnen; das ganze Gebäude einschließlich des An- oder Aufbaues ist daher bis zum Ende des Jahres 1938 (oben B II) befreit. — Diese Ausführungen gelten sinngemäß für gesonderte Nebengebäude (z. B. Holzschuppen, Garagen usw.), die nachträglich in Ergänzung zu einem Wohnungshauptbau errichtet werden.

b) Auf Umbauten läßt sich die Steuerbefreiungsvorschrift grundsätzlich nicht anwenden. Denn die Vorschrift setzt die Schaffung eines neuen Gebäuderaumes voraus; durch Umbauten dagegen werden im allgemeinen lediglich die bestehenden Räume verändert, wie z. B. bei Umwandlung eines Kellers oder gewerblichen Raumes in Wohnraum. Anders sind nur die Fälle zu beurteilen, in denen durch den Umbau tatsächlich eine neue nutzbare Fläche geschaffen wird, die Wohnzwecken dient. Dies ist z. B. der Fall, wenn in eine Fabrikhalle ein neues Stockwerk eingezogen wird (Zwischenstockung). Man wird dies ferner anerkennen können, wenn ein wegen seiner Baufälligkeit völlig unbenutzbares Gebäude durch Umbau in neuen nutzbaren Wohnraum umgewandelt wird und die hierdurch dem Eigentümer entstehenden Umbaukosten den Aufwendungen für einen Neubau sehr nahe kommen. In derartigen Fällen sind die durch den Umbau neu geschaffenen Wohnräume steuerfrei, also im Beispiel des baufälligen Hauses das ganze Grundstück (wegen der Befreiung der Grundfläche s. jedoch oben zu 2), in dem Beispiel der Zwischenstockung die neu geschaffenen Wohnteile. In den Fällen, in denen ein durch Umbau gewonnener Gebäudeteil steuerfrei wird, ist der auf den steuerpflichtigen Teil entfallende Teil aus dem Werte des ganzen Grundstücks nach dem Verhältnis der Jahresrohmieten zu ermitteln.

Beispiel: Eine Fabrikhalle war am 1. Januar 1931 für 10 000 *RM* vermietet; im Laufe des Rechnungsjahres 1931 wird in der Fabrikhalle ein Zwischenstock eingezogen, der Wohnzwecken dient. Die Jahresrohmiete des unteren Teils beträgt nunmehr 8000 *RM*, die des (neuen) oberen Teils 4000 *RM*. Der obere Teil ist befreit, während der untere ohne Rücksicht darauf, ob er Wohn- oder gewerblichen Zwecken dient, steuerpflichtig ist. Ein Drittel des Gesamtwerts des Grundstücks einschließlich der Grundfläche (vgl. oben zu 2) ist hiernach für das Rechnungsjahr 1931 steuerfrei, zwei Drittel steuerpflichtig.

Wegen der Anwendung des § 14 Abs. 3 Satz 3 des Realsteuersenkungsgesetzes auf derartige Fälle gelten die Ausführungen oben zu 4 a Abs. 3 entsprechend.

Was diejenigen Umbauten anlangt, durch die eine neue nutzbare Fläche nicht geschaffen wird, wie z. B. Umbau von gewerblichen Räumen in Wohnräume ohne Zwischenstockung, Umbau zwecks Teilung größerer Wohnungen in kleinere und dergleichen, so sind nach den vorstehenden Ausführungen die gesetzlichen Voraussetzungen für die Steuerbefreiung nicht gegeben. Es kann jedoch nicht übersehen werden, daß derartige Maßnahmen sehr oft wirtschaftlich erwünscht sind und besondere Förderung verdienen. Eine solche Förderung wird vielfach bereits durch Hergabe öffentlicher Mittel oder durch Hauszinssteuererleichterung gewährt. Für viele Fälle wird diese Unterstützung jedoch nicht ausreichen; ein Entgegenkommen auch bei der Grundsteuer und den Reichssteuern im Billigkeitswege wird alsdann notwendig werden. Für das Ausmaß des Entgegenkommens wird es von Bedeutung sein, wie groß in der betreffenden Gemeinde das Bedürfnis gerade an Wohnräumen der hergestellten oder herzustellenden Art ist, welche Mittel der Umbau erfordert, welche sonstigen Unterstützungen gewährt werden usw. Für die Landes- und Gemeindegrundsteuer muß die Entscheidung über derartige Anträge dem Lande und der Gemeinde überlassen bleiben. Für die Reichssteuern erkläre ich mich für derartige Fälle damit einverstanden, daß je nach Lage des Einzelfalles eine den Verhältnissen entsprechende Steuererleichterung (§ 131 Abs. 1 AO. 1931) gewährt wird, sofern auch das Land und die Gemeinde ein entsprechendes Entgegenkommen bewilligen. Über den Umfang der Erleichterung werden sich die drei beteiligten Steuergläubiger zweckmäßigerweise zu einigen haben.

II. Besonderheiten bei den einzelnen Steuern.

Grundsteuer.

Bei der Grundsteuer ist zu beachten, daß die Befreiung für die in einem Rechnungsjahr bezugsfertig werdenden Wohngebäude auch schon für die gesamte Grundfläche (oben C I 2) vom Beginn des Rechnungsjahres an eintritt (vgl. jedoch oben A 3). Ferner ist gegenüber der bisherigen Rechtslage in den meisten deutschen Ländern neu, daß die Befreiung nicht nur für die Landesgrundsteuer, sondern auch für die Gemeindegrundsteuer gilt. Um aber solche kleineren Gemeinden, deren Wohngebäude zu einem wesentlichen Teil gerade in der Zeit vom 1. April 1931 bis zum 31. März 1934 fertiggestellt worden sind, in ihrer Finanzlage nicht zu sehr zu schwächen, enthält das Realsteuersenkungsgesetz (§ 14 Abs. 1 Satz 2) die Ermächtigung an die obersten Landesbehörden, für diese Fälle die Befreiung von der Gemeindegrundsteuer auszunehmen, sie also auf die Landesgrundsteuer zu beschränken. Für das Rechnungsjahr 1931 zum mindesten dürften die Voraussetzungen dieser Vorschrift nirgends gegeben sein."

Hierzu wird folgendes bemerkt:

1. Unter Grundsteuer im Sinne des Erlasses ist die Grund- und Haussteuer zu verstehen.

Die Befreiung erstreckt sich — abgesehen von der nachfolgenden Ziff. 6 — auch auf den Zuschlag zur Grundsteuer und die Zuschläge zur Haussteuer (Wohnungsbau- und Geldentwertungsabgabe), ferner auf die Umlagen der Gemeinden, Ortschaften, Bezirke und Kreise zu der Grund- und Haussteuer.

2. Für die formelle Behandlung und die Vormerkung der Grund- und Haussteuerbefreiungsfälle durch die Finanzämter gelten die §§ 5 und 6 der Bekanntmachung vom 8. Juli 1924 (GVBl. S. 184). Die Verzeichnisse über die von der Haussteuer befreiten Gebäude und Gebäudeteile auf Grund der neuen Bestimmungen sind mit der Aufschrift „Haussteuerbefreiungen nach § 14 des Realsteuersenkungsgesetzes vom 1. Dezember 1930 (RGBl. I S. 582)" und mit fortlaufenden Nummern nach dem für Kleinwohnungsbauten vorgeschriebenen Muster (Anlage 5) zur Bekanntmachung vom 9. Juni 1911 über die Haussteuerkataster und die rechnerische Behandlung der Haussteuer (FMBl. S. 445, 461) zu führen. Über die Grundsteuerbefreiungen sind ebenfalls Verzeichnisse mit der Überschrift „Grundsteuerbefreiungen nach § 14 des Realsteuersenkungsgesetzes vom 1. Dezember 1930 (RGBl. I S. 582)" zu führen. Die Abs. V und VI des § 7 der Bekanntmachung zum Vollzuge des Grundsteuergesetzes vom 24. Dezember 1911 (GVBl. S. 1343) gelten entsprechend.

3. **Zu A 3:** In Streitfällen entscheidet im ersten Rechtszuge das Landesfinanzamt (Landesmittelstelle). Die Entscheidung ist mit Gründen und Beschwerdebelehrung zu versehen und hat Ausspruch im Kosten- und Gebührenpunkte zu enthalten. Gegen die Entscheidung des Landesfinanzamts (Landesmittelstelle) ist innerhalb der unerstrecklichen Frist von 14 Tagen,

von der Eröffnung der Entscheidung an gerechnet, Beschwerde an den Verwaltungsgerichtshof zulässig, der in letzter Instanz entscheidet (vgl. Art. 10 Ziff. 26 und Art. 45 Abs. I bis III des Gesetzes vom 8. August 1878 über die Errichtung eines Verwaltungsgerichtshofs und das Verfahren in Verwaltungsrechtssachen — GVBl. S. 369 —, ferner Änderungsgesetz vom 7. März 1924 — GVBl. S. 65 —).

4. **Zu B I:** Für die Grund- und Haussteuer tritt die Befreiung bereits mit Beginn des Rechnungsjahrs ein, in dem das Wohngebäude bezugsfertig geworden ist. Als bezugsfertig gilt ein Neubau in dem Zeitpunkt, in welchem sich das neu errichtete Gebäude oder der neu errichtete Gebäudeteil der Hauptsache nach in einem Zustande befindet, der die Benützung zu jenen Zwecken gestattet, für welche es hergestellt ist. Unberührt bleibt die Vorschrift des § 34 Abs. II des Haussteuergesetzes, wonach u. a. die Abschreibung der Haussteuer beim Verlust oder bei wesentlicher Beeinträchtigung der Mietertragsfähigkeit von Gebäudeteilen von dem auf den Eintritt der Änderung nächstfolgenden Kalendervierteljahr an zu erfolgen hat.

Beispiel: Ein am 10. November 1931 begonnener und am 20. Juli 1932 bezugsfertig werdender Anbau, durch den neuer Wohnraum erstellt wird, hat den Verlust der Mietertragsfähigkeit angrenzender Räume des Hauptbaues vom Beginne bis zum Schlusse der Bauarbeiten zur Folge. Die Grund- und Haussteuerfreiheit des Anbaues beginnt am 1. April 1932, für die erwähnten Räume des Hauptbaues ist die Haussteuer für die Zeit vom 1. Januar mit 30. September 1932 abzuschreiben.

5. **Zu C I 4 a:** Absatz 3 bezieht sich ausschließlich auf die durch An- oder Aufbauten geschaffenen Nebenräume (die Wohnungs-An- oder Aufbauten, durch die neuer Wohnraum erstellt wird, sind in den Abs. 1 und 2 behandelt). Die steuerliche Behandlung der Nebenräume richtet sich nach jener der Räume, für die der An- oder Aufbau Nebenräume schafft. Die landesrechtlichen Vorschriften, insbesondere § 33 des HStG. und die durch die jeweiligen Finanzgesetze aufrechterhaltene und erweiterte Verordnung vom 23. Juni 1924 (GVBl. S. 173), äußern ihre Wirkung nicht nur weiter für die unter ihrer Geltungsdauer, d. i. bis zum 31. März 1931 bezugsfertig gewordenen Gebäude, sondern auch für die diesen Gebäuden an- oder aufgebauten Nebenräume einschließlich solcher gesonderter Nebenräume (z. B. Holzschuppen), die nachträglich in Ergänzung zu einem Wohnungshauptbau errichtet werden.

Die Bestimmung in § 14 Abs. 3 des Realsteuersenkungsgesetzes, wonach bei einem Gebäude, das teils Wohnzwecken, teils anderen Zwecken dient, die Steuerbefreiung nur für den Wohnzwecken dienenden Teil gilt und maßgebend für die Ermittlung des Teilwerts das Verhältnis der Jahresrohmieten ist, findet auch auf Gebäude Anwendung, die in Arealsteuergemeinden liegen und in der Zeit vom 1. April 1931 bis 31. März 1934 bezugsfertig wurden oder werden.

6. **Zu C I 4 b (letzter Absatz):** Erleichterungen für steuerpflichtige Umbauten auf dem Gebiete der Grundsteuer können nicht gewährt werden.

Gesuche um Herabsetzung der Haussteuer im Billigkeitswege für Umbauten, die für die Steuerpflicht von Einfluß sind, werden die Finanzämter unter Ersichtlichmachung des Zeitpunkts und Umfangs etwaiger Ab- und Zuschreibungen (§ 34 Abs. II des HStG.) nach Einvernahme der Gemeinden — vom Standpunkt der Wohnungsfürsorge und der Umlagenerhebung — mit begründetem Antrag bis auf weiteres dem Staatsministerium der Finanzen zur Entscheidung vorlegen und zwar durch Vermittlung der Herren Präsidenten der Landesfinanzämter, die hierzu gutachtlich — auch vom Standpunkt der Reichssteuern — Stellung nehmen werden.

7. **Zu II 1 (Satz 2):** Auf Ziff. 1 Abs. 2 wird verwiesen.

3. Bekanntmachung zum Vollzuge des Grund- und Haussteuergesetzes vom 18. August 1933. (GVBl. S. 222.)

Staatsministerien des Innern, für Unterricht und Kultus und der Finanzen.

I.

Entrichtung der Grund- und Haussteuer.

Auf Grund des § 118 des Grundsteuergesetzes und des § 36 des Hausiersteuergesetzes i. d. F. des Änderungsgesetzes vom 18. August 1933 (GVBl. S. 221) wird mit sofortiger Wirksamkeit Folgendes bestimmt:

Die Grund- und Haussteuer samt Zuschlägen und Kreisumlagen ist mit einem Zwölftel der Jahresschuld am Ersten jeden Monats fällig und bis zum Zehnten des Monats zu entrichten. Für haussteuerzuschlagsfreie Anwesen ist die gesamte Jahresschuld an Grundsteuer samt Zuschlag, Haussteuer und Kreisumlagen je zur Hälfte am 1. Oktober und 1. Januar fällig und in den Fälligkeitsmonaten zu entrichten; soweit die Jahresschuld eines Pflichtigen 10 *RM* nicht übersteigt, ist sie mit dem vollen Betrag am 1. Oktober fällig und im gleichen Monat zu entrichten.

Der Zeitpunkt der Fälligkeit und Einhebung geben die Finanzämter in der üblichen Weise bekannt.

Bezüglich der Verzugs- und Stundungszinsen gelten die reichsrechtlichen Vorschriften.

Die Bekanntmachung vom 31. Juli 1931 Nr. V 34369 (StAnz. Nr. 175) bleibt unberührt.

II.

Haussteuerbefreiung für Gebäude, die der körperlichen Ertüchtigung des Volkes dienen.

(Art. 2 Ziff. 1 des Änderungsgesetzes.)

Die Beseitigung des grundsätzlichen Ausschlusses der Gebäude, die Sportzwecken dienen, von der Haussteuerbefreiung soll die Ertüchtigung des Volkes von der steuerlichen Seite fördern. Nicht jede sportliche Betätigung rechtfertigt jedoch die Steuerbefreiung. Zur Verhütung von Mißbräuchen ist vorgesehen, daß die Gebäude im Eigentume von Unternehmungen stehen müssen, die im Besitze der für die Haussteuerbefreiung erforderlichen Anerkennung der zuständigen Behörde sind. Voraussetzung der Haussteuerbefreiung ist ferner, daß die Gebäude unmittelbar der körperlichen Ertüchtigung dienen und daß nicht Erwerbszwecke verfolgt werden. Im Streitfalle greift das verwaltungsrechtliche Verfahren Platz. Die Gewährung oder Versagung der Anerkennung ist im verwaltungsrechtlichen Verfahren nicht nachprüfbar.

Anerkennungsbehörde ist das Staatsministerium für Unterricht und Kultus, das seine Entscheidung im Benehmen mit dem Staatsministerium der Finanzen treffen wird. Anträge auf Anerkennung sind bei dem zuständigen Finanzamt einzureichen. Das Finanzamt leitet die Verhandlungen mit seiner Stellungnahme an die zuständige Bezirksverwaltungsbehörde weiter, die den Antrag mit ihrer gutachtlichen Äußerung auf dem Dienstweg an das Staatsministerium für Unterricht und Kultus vorlegt.

Für das Ausmaß der Haussteuerbefreiung von Sportgebäuden im Einzelfalle gelten die Richtlinien für die Haussteuerfreiheit der Turngebäude sinngemäß. Nach diesen Richtlinien sind haussteuerfrei Räume, die Zwecken des Turnunterrichts und der Turnübung dienen, wie die Turnsäle, die Umkleideräume, die zur Aufbewahrung der Turngeräte dienenden Räume usw. Auch die Wohnung des Hausmeisters genießt Haussteuerfreiheit. Dagegen sind mit der Haussteuer belegt die Versammlungssäle sowie die Schenkräume, Kegelbahnen u. dgl., da solche Gebäudeteile mehr dem geselligen Verkehr als eigentlichen erzieherischen u. dgl. Zwecken dienen. (Vgl. auch § 5 Abs. II der Vollzugsvorschriften zum HStG. vom 2. März 1911 — GVBl. S. 107 —.)

Bezüglich der Gebäude, die unmittelbar zu Zwecken der öffentlichen Krankenpflege unter Ausschluß von Erwerbszwecken dienen, tritt gegenüber dem bisherigen Rechtszustande nach § 1 der Bekanntmachung vom 19. Februar 1922 (GVBl. S. 177) keine Änderung ein.

III.

Haussteuernachlaß.

(Art. 2 Ziff. 3 des Änderungsgesetzes.)

1. Der Nachlaß ist gegenüber der bisherigen Regelung ausgedehnt auf Mietausfälle (ohne Leerstehen von Räumen) und Billigervermietung. Ferner wird der Nachlaß neu eingeführt für eigengenutzte Wohnungen in Miethäusern und nicht mehr wie bisher für das Kalenderjahr, sondern für das Rechnungsjahr gewährt. Die Ausschlußfrist für die Antragstellung wird verkürzt auf ein Vierteljahr, gerechnet vom Schlusse des Rechnungsjahres ab.

Als Wohnung kommt nach wie vor nicht ein einzelner Wohnraum, sondern eine Gesamtheit von Zimmern in Betracht. Das gleiche gilt für den Begriff der Geschäftsräume, soferne sie bestimmungsgemäß zusammengehören. Die Nichtverwertung einzelner Hotelzimmer oder eines Nebenzimmers (Gesellschaftszimmers) begründet demnach keinen Anspruch auf Nachlaß. Entsprechendes gilt für Räume, bei denen nach der Eigenart des Betriebes mit einer zeit- oder teilweisen Nichtausnützung gerechnet werden muß (Hotels, Pensionen, Wohnungen für Erholungsuchende u. dgl.). Die gesetzlichen Vorschriften über Nachlaß finden auch Anwendung auf Nebengebäude, wie Stallungen, Hinterstellungsräume für Fuhrwerke, Kraftwagen u. dgl., Ateliers und ähnliche Räume.

Bei der Feststellung der Voraussetzungen des Nachlasses ist, wenn es sich um Gebäudekomplexe (Vorder-, Mittel-, Seiten-, Rückgebäude) handelt, stets jene Berechnungsweise zu wählen, die für den Pflichtigen vorteilhafter ist. Die Berechnung hat demnach z. B. für Vorder- und Rückgebäude getrennt zu erfolgen, wenn diese Berechnungsart ein für den Pflichtigen günstigeres Ergebnis hat; dagegen werden die steuerbaren Friedensmieten der Gebäude zusammengerechnet, wenn hiernach ein Nachlaß zuzubilligen wäre. Mietentgänge, gleichviel ob sie durch Leerstehen, Mietausfall oder Billigervermietung verursacht sind, werden zusammengerechnet.

Mietentgang liegt dann nicht vor, wenn vermietbare Räume für einen gewissen Zeitraum unentgeltlich oder zu einem geringeren Preis in der Erwartung oder mit der Verabredung überlassen werden, daß später ein um so höherer Mietzins dafür entrichtet wird, oder wenn der Hauseigentümer als Gegenleistung statt des Mietzinses andere Vermögensvorteile erhält (z. B. Übernahme von Grundstückslasten durch den Mieter, die sonst in der Regel den Eigentümer treffen).

Verschulden des Pflichtigen an dem Mietentgang ist u. a. stets dann anzunehmen, wenn das Leerstehen darauf zurückzuführen ist, daß eine höhere als die unter Zugrundelegung der steuerbaren Friedensmiete sich errechnende gesetzliche Miete verlangt wurde, ferner wenn sich aus den Umständen ergibt, daß es dem Hauseigentümer nicht ernstlich um die Vermietung der Räume zu tun ist.

2. Billigervermietung im Sinne des § 39 des Haussteuergesetzes liegt vor, wenn bei Vereinbarung der jetzigen Miete für Wohn- oder Geschäftsräume nicht von der steuerbaren Friedensmiete, sondern von einem geringeren Betrag ausgegangen ist oder wenn der aus der jetzt vereinbarten Festmiete unter Berücksichtigung des Verhältnisses der gesetzlichen Miete zur Friedensmiete hergeleitete Friedensmietertrag niedriger ist als die tatsächliche Friedensmiete.

Beispiel: Ist bei Vereinbarung der Jetztmiete für Räume mit einer steuerbaren Friedensmiete von 6000 RM von einer Friedensmiete von 3600 RM ausgegangen, so beträgt der Mietentgang für die Zugrundelegung des Nachlasses 2400 RM.

3. Mietausfall wird nur insoweit berücksichtigt als die erzielte Miete hinter der unter Zugrundelegung der steuerbaren Friedensmiete sich errechnenden gesetzlichen Miete zurückbleibt.

Beispiel: Bei Geschäftsräumen mit einer steuerbaren Friedensmiete von 3000 RM werden statt der entsprechenden gesetzlichen Miete von 120 v. H. = 3600 RM lediglich 2400 RM erzielt. Letzterer Betrag entspricht einer Friedensmiete für die gewerblichen Räume in Höhe von 2000 RM nach der Gleichung 2400 : 120 = x : 100 (x = 2000). Der Nachlaß beziffert demnach (aus 3000—2000 = 1000 RM) ein Drittel der treffenden Haussteuer samt Zuschlägen beim Vorliegen der sonstigen Voraussetzungen.

4. Das Nachlaßgesuch hat die Räume, die ertraglos sind oder sonst Mietentgang aufweisen, ferner den Betrag des Mietentgangs sowie den maßgebenden Zeitraum genau zu bezeichnen. Ferner sind die Gründe für die Uneinbringlichkeit der Mietzinse anzugeben und bei Billigervermietung die einschlägigen Mietverträge vorzulegen. Der Nachweis über die Richtigkeit seiner Angaben obliegt dem Pflichtigen. Über die Zeitdauer der Nichtvermietung ist, soweit veranlaßt, eine Bestätigung der Gemeinde zu erbringen. Der Nachweis über Mietausfälle infolge Uneinbringlichkeit der Mietzinse ist tunlichst durch Vorlage der Pfändungsabstandsprotokolle, Anerkenntnisse der Mieter über die Mietzinsrückstände und die Unfähigkeit zur Zahlung der Schuld oder durch Vorlage des rechtsgültigen Verzichts auf den Mietzinsbetrag zu führen. Die Anerkenntnisse und Verzichtserklärungen müssen den Zusatz enthalten, daß sie der Erlangung des Haussteuernachlasses dienen und daß falsche Angaben oder Scheinabmachungen der Verfolgung wegen Steuerbetrugs unterliegen.

Ist der Mieter in der Lage, die volle gesetzliche Miete zu zahlen, so muß dem Vermieter überlassen bleiben, seine Mietforderung einzuklagen. Das Finanzamt kann die vorläufige zinslose Stundung des betreffenden

Teils der Haussteuer davon abhängig machen, daß der Pflichtige die Mietforderungsklage innerhalb einer zu bestimmenden angemessenen Frist erhebt. Wird die Klage fristgemäß erhoben und erweist sich die Miete trotzdem ganz oder teilweise als uneinbringlich, so gilt durch den rechtzeitigen Stundungsantrag die Frist des § 40 Abs. II Satz 1 des HStG. als gewahrt. Wird die Klage innerhalb der Frist nicht erhoben, so muß unter Aufhebung der Stundung die Steuerforderung geltend gemacht werden, es sei denn, daß im Einzelfalle besondere Gründe vorhanden sind, die eine Mietforderungsklage untunlich und einen Nachlaß gerechtfertigt erscheinen lassen.

Wenn Umstände eintreten, die voraussichtlich die Stellung eines Nachlaßgesuches nach Ablauf des Rechnungsjahres rechtfertigen, so empfiehlt es sich, daß der Pflichtige die den voraussichtlichen Nachlaß begründenden Tatsachen dem Finanzamt alsbald anzeigt, damit diesem die Möglichkeit geboten ist, die Richtigkeit der Angaben nachzuprüfen. Die vorläufige zinslose Stundung der anteiligen Haussteuer samt Zuschlägen und Kreisumlagen ist auszusprechen, wenn begründete Zweifel an der Richtigkeit der einen Nachlaß rechtfertigenden Angaben des Pflichtigen nicht bestehen.

Von der Entscheidung über die Nachlaßgesuche sind die Pflichtigen und, soweit Nachlässe gewährt werden, die beteiligten Gemeinden zu verständigen.

5. Übergangsweise wird bestimmt, daß die Nachlaßgewährung für 1933 die Zeit vom 1. Januar 1933 mit 31. März 1934 umfaßt.

IV.

Haussteuervergünstigungen bei Leerstehen von eigengenutzten Räumen und bei Betriebseinschränkungen.

1. Für die nicht zur Vermietung bestimmten Wohn- und Geschäftsräume des Eigentümers, die mindestens ein Vierteljahr lang völlig ungenützt sind, ist die Haussteuer samt Zuschlägen und Kreisumlagen auf Antrag niederzuschlagen, wobei § 39 des Haussteuergesetzes und die Vorschriften unter III Ziff. 1 und 4 entsprechende Anwendung finden. Die Niederschlagung ist demnach zu versagen, wenn auf die Räume unter Zugrundelegung der steuerbaren Friedensmiete nicht mindestens ein Zwölftel der steuerbaren Friedensmiete des ganzen Gebäudes entfällt. Saisonmäßig oder durch die Fabrikationsweise bedingtes Leerstehen, ferner Nichtausnutzung zur Erlangung wirtschaftlicher Vorteile (z. B. Ausschaltung der Konkurrenz) kann nicht berücksichtigt werden. Handelt es sich lediglich um das eine oder andere Zimmer einer Wohnung oder unterläßt der Hauseigentümer die Vermietung, obwohl sie ihm nach den Umständen des Falles zugemutet werden kann, oder findet er einen Ausgleich in dem Ertrag anderer Räume desselben Anwesens, so greift die Vergünstigung ebenfalls nicht Platz.

2. Bei beschränkt genutzten eigengewerblichen Räumen wird Niederschlagung der Haussteuer samt Zuschlägen und Kreisumlagen auf Antrag nach Maßgabe der Betriebseinschränkung gewährt, wenn die Betriebseinschränkung mindestens ein Drittel der normalen Ausnutzung ausmacht, der Betrieb notleidend ist und der Betriebsinhaber seine persönlichen Bedürfnisse sowie die Betriebsunkosten der Notlage des Betriebs angepaßt hat. Die Steuervergünstigung kann nicht in Frage kommen, wenn die beschränkte Ausnutzung durch die Fabrikationsweise, saisonmäßige Einflüsse u. dgl. bedingt ist. Bei Vorkriegsbetrieben ergibt sich die Betriebsein-

schränkung durch Vergleich mit der Vorkriegszeit. Der Wechsel des Betriebsinhabers ist auf die Eigenschaft eines Betriebes als Vorkriegsbetrieb ohne Einfluß. Bei Betrieben, die gegenüber der Vorkriegszeit erheblich verändert oder seit dieser Zeit neu entstanden sind oder für die Feststellungen aus der Vorkriegszeit nicht mehr getroffen werden können, ist die Betriebseinschränkung nach dem Maße des Geschäftsrückgangs unter Berücksichtigung der tatsächlichen Notlage des Betriebs zu bemessen. Besonders günstige Jahre (Jahre der Scheinblüte) sind nicht zum Ausgangspunkt für die Ermittlung der Betriebseinschränkung zu nehmen. Bei neugegründeten Betrieben können Steuervergünstigungen wegen Betriebseinschränkung erst nach einjährigem Bestehen gewährt werden.

Die Steuervergünstigung ist insbesondere zu versagen, wenn die Entnahmen der Betriebsinhaber in bar und in Sachwerten — bei juristischen Personen die Gehälter und Tantiemen der Direktoren und Vergütungen der Aufsichtsräte — der Notlage des Betriebs nicht angepaßt sind, ferner wenn dem Betriebe Kapital zur anderweitigen betriebsfremden Verwendung entzogen wurde.

Den Nachweis des Geschäftsrückgangs kann der Betriebsinhaber insbesondere durch Gegenüberstellung der Umsatzziffern bei normalem Geschäftsgang und bei der geltend gemachten Betriebseinschränkung führen; in vielen Fällen wird hierbei der Durchschnitt der Umsätze in den Jahren 1929 und 1930 den Ausgangspunkt bilden können. Die einschlägigen Arbeitnehmerzahlen können nur behelfsweise verwendet werden und scheiden überall da aus, wo Rationalisierungsmaßnahmen durch Verwendung von Maschinen u. dgl. eine Rolle spielen.

Die Betriebseinschränkung bei Hotels und sonstigen der Fremdenbeherbergung dienenden Gebäuden ist zu bemessen nach dem Verhältnis der normalen zu der tatsächlichen Jahresbelegung. Restaurants, Läden u. dgl., Räume, welche die Gesamtnutzung wesentlich beeinflussen, sind gesondert zu behandeln. Als normale Jahresbelegung gilt bei Jahresbetrieben eine Belegungsziffer von 80 v. H. der jetzt verfügbaren Gastbetten, bei Saisonbetrieben in einem Kur- oder Badeorte, die mindestens 3 Monate im Jahre geschlossen sind, eine solche von 50 v. H.

3. Inhabern von Betrieben in gemieteten Räumen kann grundsätzlich auf dem Gebiete der Haussteuer nicht geholfen werden; geraten sie in Not, so muß ihnen, da sie nicht Schuldner der Haussteuer sind, überlassen bleiben, sich wegen Ermäßigung des Miet-(Pacht-)Zinses an die Hauseigentümer zu wenden, die bei Mietausfall oder Billigervermietung gegebenenfalls Haussteuernachlaß nach § 39 des Haussteuergesetzes beantragen können.

V.

Steuerermäßigung bei Wohnungsteilung und Umwandlung gewerblicher Räume in Wohnräume.

1. Im Falle der Teilung einer großen Wohnung in zwei, drei, vier usw. selbständige Wohnungen durch wesentliche Umbauarbeiten ist auf Antrag ohne Rücksicht auf die erzielten Mietpreise die Hälfte, zwei Drittel, drei Viertel usw. der auf die ursprüngliche Wohnung entfallenden Haussteuer samt Wohnungsbau- und Geldentwertungsabgabe sowie Kreisumlagen von der Vermietung bzw. vom Wiederbeginne der Steuerpflicht (§ 34 Abs. II des HStG.) ab niederzuschlagen.

Jede Teilwohnung muß für sich abgeschlossen sein. Als abgeschlossen gilt eine Wohnung, wenn sie eigene Küche, die erforderlichen Nebenräume und, wo die Möglichkeit dazu gegeben ist, einen eigenen Zugang hat. Bei der Wohnungseinteilung muß es sich um wesentliche Baumaßnahmen handeln; bei der Beurteilung ist wohlwollend zu verfahren und das Hauptgewicht keineswegs allein auf die aufzuwendende Bausumme zu legen. Geringfügige Änderungen, z. B. an Räumen, die bereits der Anlage nach als Doppelwohnungen anzusehen sind, können die Steuerermäßigung nicht auslösen.

2. Die auf einen gewerblichen Raum entfallende Haussteuer samt Wohnungsbau- und Geldentwertungsabgabe sowie Kreisumlagen ist, wenn der Eigentümer den gewerblichen Raum in Wohnungen umwandelt, auf Antrag in demselben Verhältnis niederzuschlagen, in dem die Wohnungsmiete niedriger bemessen ist als die gewerbliche Miete. Bei Einbau von Kleinwohnungen findet Ziff. 1 Abs. 1 entsprechende Anwendung, falls dies für den Pflichtigen günstiger ist. Als Kleinwohnungen gelten Wohnungen mit drei, ausnahmsweise vier Zimmern samt Zubehör mit einem für die minderbemittelte Bevölkerung erschwinglichen Mietpreis.

3. Die Vergünstigungen nach § 34 Abs. II des Haussteuergesetzes bleiben unberührt.

4. Zur Vermeidung von Härten dürfen die Vergünstigungen unter Ziff. 1 und 2 auch für die in den Rechnungsjahren 1931 und 1932 erfolgten Baumaßnahmen, jedoch nicht mit Wirkung vor dem 1. April 1933, auf Antrag zugestanden werden.

5. Die Ermäßigungen sind in einem fortlaufenden Verzeichnis der betreffenden Gebäude mit Angabe des Beginns und der Jahresbeträge der Vergünstigung festzuhalten und als Niederschlagungen zu behandeln.

VI.

Ermäßigung der Geldentwertungsabgabe bei Grundstückserwerb nach der Währungsbefestigung.

Auf Antrag ist im Wege der Niederschlagung der Geldentwertungsabgabe ab 1. April 1933 solchen Pflichtigen eine Erleichterung zu gewähren, die das Gebäude in der Zeit vom 15. November 1923 bis 31. März 1926 zu einem Preis von mehr als 80 v. H. des für die Berechnung der Geldentwertungsabgabe maßgebenden Friedenswertes erworben haben und das Steuerobjekt überwiegend selbst bewohnen oder zu ihren eigenen gewerblichen Zwecken nutzen.

Die Steuererleichterung ist zu bemessen unter Berücksichtigung des Erwerbspreises, der Begleitumstände des Erwerbs sowie des für die Erhebung der Geldentwertungsabgabe maßgebenden Steuersatzes; sie soll keinesfalls über die Ermäßigung der Geldentwertungsabgabe auf den niedrigsten Satz hinausgehen.

Die Vergünstigung kann den Rechtsnachfolgern des Hauseigentümers, der das Grundstück in der fraglichen Zeit erworben hat, in allen jenen Fällen nicht gewährt werden, in denen es den Beteiligten überlassen ist, die Lasten des Grundstücks einschließlich der nichtermäßigten Geldentwertungsabgabe bei der Bemessung des Entgelts zu berücksichtigen. Die allenfallsige Weiterbewilligung ist von einem Antrage des Rechtsnachfolgers abhängig. Hierauf ist bei der Gewährung der Vergünstigung ausdrücklich hinzuweisen.

VII.
Geltendmachung von Grund- und Haussteuerforderungen in der Zwangsversteigerung und Zwangsverwaltung.

(§ 10 Abs. 1 Nr. 3 und 7, § 155 Abs. 2 und § 156 Abs. 1 ZVG.)

1. Die Finanzämter werden ermächtigt und ersucht, die Anmeldung von Grund- und Haussteuerforderungen in der Zwangsversteigerung auf die Rückstände, die in dem letzten Jahre vor der ersten Beschlagnahme des Grundstücks fällig geworden sind, und auf die während des Zwangsversteigerungsverfahrens laufenden Beträge zu beschränken. Liegt zwischen der ersten Beschlagnahme und dem Zuschlagstermin ein Zeitraum von mehr als einem Jahr, so sind im Verteilungstermin nur jene Beträge endgültig als bevorrechtigt geltend zu machen, die in den letzten zwei Jahren vor dem Zuschlagstermin fällig geworden sind.

Der Widerruf von Steuerniederschlagungen aus Anlaß der Zwangsversteigerung unterbleibt, soweit diese nicht auf Grund persönlicher Notlage des Pflichtigen gewährt worden sind (vgl. Abschn. IV bis VI, ferner Mietzinssteuernachlässe für leistungsschwache Mieter). Soweit bereits niedergeschlagene Beträge zur Zwangsversteigerung anzumelden sind, werden hierfür Verzugs- oder Stundungszinsen nicht berechnet.

Während des Zwangsversteigerungsverfahrens kommen Steuerniederschlagungen nicht in Betracht. Die nicht geltend zu machenden Beträge sind als uneinbringlich zu behandeln.

2. Aus Anlaß der Anordnung einer Zwangsverwaltung sind bewilligte Haussteuererleichterungen nicht aufzuheben. Anträge des Zwangsverwalters auf Steuererleichterungen sind nach den allgemeinen Bestimmungen ebenso zu berücksichtigen, wie wenn sie vom Hauseigentümer selbst gestellt wären. Dies gilt für Vergünstigungen in Ansehung der persönlichen Notlage des Hauseigentümers nur insoweit, als sie diesem nachweislich unmittelbar zugute kommen; diese Beträge sind in der Zwangsversteigerung nicht geltend zu machen. Im Falle gleichzeitiger oder anschließender Zwangsversteigerung gilt Ziff. 1 letzter Absatz.

3. Auf bereits abgeschlossene Zwangsversteigerungs- und Zwangsverwaltungsverfahren finden diese Bestimmungen keine Anwendung.

VIII.
Wirkung der Steuervergünstigungen auf die Umlagen.

Der Nachlaß bewirkt die entsprechende Minderung der Gemeinde-, Orts-, Bezirks-, Kreis- und Kirchenumlagen (Art. 10 Abs. IV, 23, 24 Abs. II, 29 Abs. III des Gemeindeabgabengesetzes vom 31. Juli 1931 — GVBl. S. 230 —, Art. 16 des religionsgesellschaftlichen Steuergesetzes vom 1. August 1923 — GVBl. S. 351 —).

Im übrigen (vgl. Abschn. IV, V und VII) wird den umlagenberechtigten Körperschaften empfohlen, sich dem Vorgehen des Staates anzuschließen.

IX.
Steuergutscheine für Grund- und Haussteuerzahlungen.

Auf die Vergünstigung der Steuergutscheine für die Grund- und Hausbesitzer wird besonders hingewiesen. Es liegt im eigenen Interesse der Pflichtigen, die Grund- und Haussteuern rechtzeitig zu entrichten, damit sie in den Genuß der Steuergutscheine gelangen. Die Finanzämter werden die Pflichtigen hierauf in geeigneter Weise aufmerksam machen.

X.

Diese Vorschriften gelten, soweit nichts anderes bestimmt ist, ab 1. April 1933. Gleichzeitig treten außer Kraft:

§ 4 Abs. I der VollzVorschr. zum GrStG. vom 24. Dezember 1911 (GVBl. S. 1433),

§ 32 Abs. I der VollzVorschr. zum HStG. vom 2. März 1911 (GVBl. S. 107),

§ 3 der Bek. vom 6. Oktober 1918 (GVBl. S. 807),

die Bek. vom 19. Februar 1922 (GVBl. S. 177),

die Bek. vom 19. Februar 1932 (GVBl. S. 101) und

die Bek. vom 5. Juni 1932 (GVBl. S. 249).

4. Verordnung über die Senkung der Grundsteuer und der Haussteuer der Landwirtschaft vom 14. Dezember 1933 (GVBl. S. 487).

Gesamtministerium des Freistaates Bayern.

Auf Grund des Abschnittes II § 1 und § 3 des Zweiten Gesetzes zur Verminderung der Arbeitslosigkeit vom 21. September 1933 (RGBl. I S. 651) wird bestimmt:

§ 1.

Die Grundsteuer und die Haussteuer (Staatssteuer) der Landwirtschaft (Landwirtschaft, Forstwirtschaft, Gärtnerei einschließlich Weinbau) bleiben mit Wirkung für die Zeit ab 1. Oktober 1933 bis auf weiteres unerhoben.

§ 2.

I Inwieweit Grundbesitz als der Landwirtschaft dienend anzusehen ist, bestimmt sich nach den Feststellungen beim Vollzuge der Verordnung vom 23. Juni 1926 über die Entrichtung einer Abgabe zum Ausgleich der Geldentwertung bei bebauten Grundstücken (GVBl. S. 329) unter Abschnitt F I Abs. 2 und der Verordnung vom 3. August 1926 über die Entrichtung einer Abgabe zur Förderung des Wohnungsbaues und für Kulturzwecke (GVBl. S. 387).

II Die Grundsteuer (Staatssteuer) bleibt bei Grundbesitz, der zum Teil landwirtschaftlichen, forstwirtschaftlichen oder gärtnerischen, zum Teil gewerblichen oder anderen Zwecken dient, auch dann im vollen Betrag unerhoben, wenn die letzteren Zwecke überwiegen.

§ 3.

Die Nichterhebung der Grundsteuer und der Haussteuer hat auf die Gemeinde-, Orts-, Bezirks-, Kreis- und Kirchenumlagen keinen Einfluß.

B. Geldentwertungsabgabe

5. Verordnung über die Senkung der Abgabe zum Ausgleich der Geldentwertung bei bebauten Grundstücken vom 17. Dezember 1931 (GVBl. S. 387).

Gesamtministerium des Freistaates Bayern.

Auf Grund des § 8 des Gesetzes vom 1. Juni 1926 über den Geldentwertungsausgleich bei bebauten Grundstücken (RGBl. I S. 251) und des § 1 des Vierten Teiles Kapitels I der Dritten Verordnung des Reichspräsidenten zur Sicherung von Wirtschaft und Finanzen und zur Bekämpfung politischer Ausschreitungen vom 6. Oktober 1931 (RGBl. I S. 537, insbesondere S. 551) wird die Abgabe zum Ausgleich der Geldentwertung bei bebauten Grundstücken für die Zeit ab 1. Januar 1932 auf 1320 v. H. der Haussteuer festgesetzt.

Soweit die Abgabe zum Ausgleich der Geldentwertung bei bebauten Grundstücken 1160 v. H. der Haussteuer übersteigt, sind die im Abschn. IV Abs. I der Verordnung vom 23. Juni 1926 über die Entrichtung einer Abgabe zum Ausgleich der Geldentwertung bei bebauten Grundstücken (GVBl. S. 329) vorgesehenen Vergünstigungen ausgeschlossen. Hiernach haben als Abgabe zum Ausgleich der Geldentwertung ab 1. Januar 1932 zu entrichten:

Grundstücke, die am 31. Dezember 1918 unbelastet waren, 160 v. H. der Haussteuer.

Hat am 31. Dezember 1918 die dingliche privatrechtliche Belastung nicht mehr als 40 v. H. des Friedenswertes betragen, so beträgt die Abgabe

bei einer Belastung bis zu 20 v. H. des Friedenswertes 480 v. H. der Haussteuer,

bei einer Belastung bis zu 30 v. H. des Friedenswertes 760 v. H. der Haussteuer,

bei einer Belastung bis zu 40 v. H. des Friedenswertes 1160 v. H. der Haussteuer;

beträgt die Belastung über 40 v. H. des Friedenswertes, so ist die Abgabe im vollen Betrage mit 1320 v. H. der Haussteuer zu entrichten.

Die Senkungen errechnen sich aus dem vollen Jahresbetrage der Abgabe zum Ausgleich der Geldentwertung bei bebauten Grundstücken, der für das Rechnungsjahr 1930 Geltung hatte, ohne Abzug der niedergeschlagenen oder nachgelassenen Beträge.

Im übrigen gelten die Verordnungen vom 23. Juni 1926 über die Entrichtung einer Abgabe zum Ausgleich der Geldentwertung bei bebauten Grundstücken (GVBl. S. 329) sowie vom 4. April 1927 über die Erhebung einer Abgabe zur Förderung des Wohnungsbaues und für Kulturzwecke und über die Entrichtung einer Abgabe zum Ausgleich der Geldentwertung bei bebauten Grundstücken vom 4. April 1927 (GVBl. S. 116).

Die erforderlichen Vollzugsvorschriften erläßt das Staatsministerium der Finanzen im Benehmen mit den beteiligten Staatsministerien.

6. Bekanntmachung über die Senkung der Abgabe zum Ausgleich der Geldentwertung bei bebauten Grundstücken vom 18. Dezember 1931 (GVBl. S. 388).

Staatsministerium der Finanzen.

Zum Vollzuge der Verordnung über die Senkung der Abgabe zum Ausgleich der Geldentwertung bei bebauten Grundstücken vom 17. Dezember 1931 (GVBl. S. 387) wird folgendes angeordnet:

1. Die auf Grund der Verordnung vom 17. Dezember 1931 (GVBl. S. 387) errechneten Senkungsbeträge der Abgabe zum Ausgleich der Geldentwertung bei bebauten Grundstücken für das letzte Viertel des Rechnungsjahrs 1931 sind in den Heberegistern (Sollkarteien) an dem Jahressoll-

betrage der Geldentwertungsabgabe abzusetzen oder durch Eintrag in eine besondere Spalte (Bemerkungsspalte, ersichtlich zu machen.

Die Vorschrift im Abschnitt B Ziffer 4 der Finanzministerialentschließung vom 7. Februar 1931 (GVBl. S. 26) in Verbindung mit der Vorschrift im Abschnitt II Ziffer 3 Satz 2 der Finanzministerialentschließung vom 22. Januar 1930 (GVBl. S. 2), wonach Sollminderungen wegen Minderbelastung oder sonstige Befreiungen auf Grund des Abschnitts F Abs. II mit IV der Verordnung vom 23. Juni 1926 (GVBl. S. 329) bereits bei der Anlage der Heberegister (Sollkarteien) in Abzug zu bringen sind, gilt vom 1. April 1932 ab auch für die Senkung der Geldentwertungsabgabe nach dieser Bekanntmachung.

Die Abgabe zur Förderung des Wohnungsbaues und für Kulturzwecke nach Abschnitt D der Verordnung vom 31. März 1924 (GVBl. S. 133) wird von der Senkung nicht berührt und ist nach wie vor mit dem bisherigen Satze von 850 v. H. der Haussteuer zu erheben (Verordnung vom 4. April 1927 — GVBl. S. 116 —).

2. Die Senkung der Abgabe zum Ausgleich der Geldentwertung bei bebauten Grundstücken hat mit Wirkung vom 1. Januar 1932 ab zu erfolgen. Die Berechnungen sind bis längstens 10. Februar 1932 durchzuführen. Bis dahin sind die Abgabenbeträge noch in der sich nach den Sätzen der Verordnung vom 4. April 1927 (GVBl. S. 116) berechnenden Höhe zu erheben. Die sich bis zu diesem Zeitpunkt errechnenden Senkungsbeträge sind durch Anrechnung auf geschuldete oder künftig anfallende Haussteuern samt Zuschlägen (Wohnungs- und Geldentwertungsabgabe) abzugleichen.

3. Die Senkungen sind aus dem vollen Jahressollbeträge der Abgabe zum Ausgleich der Geldentwertung bei bebauten Grundstücken — für das Rechnungsjahr 1931 mit einem Viertel des Jahressollbetrages — zu errechnen, der für das Rechnungsjahr 1930 Geltung hatte, ohne Abzug der niedergeschlagenen oder nachgelassenen Beträge.

Demgemäß haben alle Minderungen an dieser Abgabe, die im Rechnungsjahr 1930 aus den Gesichtspunkten der §§ 37 und 39 des Haussteuergesetzes im Wege der Niederschlagung oder des Nachlasses zugebilligt wurden, bei der Berechnung der Senkungsbeträge außer Berücksichtigung zu bleiben. Unberücksichtigt bleiben insbesondere auch jene Beträge, um welche die Abgabe zum Ausgleich der Geldentwertung auf Grund der Bekanntmachungen des Staatsministeriums der Finanzen vom 27. Januar 1926 Nr. 49925 (StAnz. Nr. 24) und vom 5. März 1930 Nr. 52049 (StAnz. Nr. 56) infolge der höheren Aufwertung von Hypotheken (Mündelgeldern, Kaufschillingen usw.) aus Billigkeitsgründen ermäßigt wurde, ferner Mietsteuernachlässe auf Grund der Finanzministerialentschließung vom 28. Oktober 1924 Nr. 48310.

Förmliche Sollminderungen wegen Minderbelastung des Anwesens am 31. Dezember 1918 und wegen Befreiungen auf Grund des Abschnitts F Abs. II mit IV der Verordnung vom 23. Juni 1926 (GVBl. S. 329), die erst nach Ablauf des Rechnungsjahrs 1930 in Kraft getreten sind, müssen jedoch von dem Betrage, der für die Senkung der Geldentwertungsabgabe zugrundezulegen ist, abgesetzt werden.

Beispiel: Für ein Anwesen war für das Rechnungsjahr 1930 eine Geldentwertungsabgabe von 600 *RM* geschuldet (nach Abzug von Sollminderungen gemäß Abschnitt F Abs. II mit IV der Verordnung vom 23. Juni 1926 — GVBl. S. 329 —). Wegen Leerstehens von Mietwohnungen sind dem Eigentümer auf Grund des § 39 des Haussteuergesetzes 100 *RM* nachgelassen, ferner wegen schlechter wirtschaftlicher Verhältnisse auf Grund des § 37 des HStG. 100 *RM* niedergeschlagen worden. Am 20. Juni 1931 hatte der Pflichtige auf den Nachweis hin, daß die privatrechtliche dingliche Belastung seines Anwesens am Stichtag (31. Dezember 1918) weniger als 20 v. H. des Friedenswertes betragen hat, mit Wirkung vom 1. April 1931 eine weitere Ermäßigung der Geldentwertungsabgabe im Betrage von jährlich 150 *RM* bewilligt erhalten. Auf Grund des Abschnitts F Abs. III der Verordnung vom 23. Juni 1926 (GVBl. S. 329) war ihm ferner zur Abgeltung der Zinsen für ein hypothekarisches Darlehen in Schweizer Franken ein Betrag von jährlich 80 *RM* auf seinen Antrag hin rückerstattet worden. Der Senkung der Geldentwertungsabgabe wäre der Betrag von (600 — 150 — 80 =) 370 *RM* zugrunde zu legen. Die Senkung beziffert sich demnach jährlich auf 74 *RM* und für das letzte Vierteljahr des Rechnungsjahres 1931 auf den vierten Teil hinaus, mithin auf 18,50 *RM*.

4. Die Mietsteuernachlässe an den Hauseigentümer wegen Vorhandenseins leistungsunfähiger Mieter nach Maßgabe der Finanzministerialentschließung vom 28. Oktober 1924 Nr. 48310 ermäßigen sich **mit Wirkung vom 1. Januar 1932** ab im Höchstbetrag für bebaute Grundstücke

die am 31. Dezember 1918 unbelastet waren, von bisher (17 + 4 =) 21 v. H. der Friedensmiete auf (17 + 3,2 =) 20,2 v. H. der Friedensmiete oder 1010 v. H. der Haussteuer;

die am 31. Dezember 1918 bis zu 20 v. H. des Friedenswertes belastet waren, von bisher (17 + 12 =) 29 v. H. der Friedensmiete auf (17 + 9,6 =) 26,6 v. H. der Friedensmiete oder 1330 v. H. der Haussteuer;

die am 31. Dezember 1918 bis zu 30 v. H. des Friedenswertes belastet waren, von bisher (17 + 19 =) 36 v. H. der Friedensmiete auf (17 + 15,2 =) 32,2 v. H. der Friedensmiete oder 1610 v. H. der Haussteuer;

die am 13. Dezember 1918 bis zu 40 v. H. des Friedenswertes belastet waren, von bisher (17 + 29 =) 46 v. H. der Friedensmiete auf (17 + 23,2 =) 40,2 v. H. der Friedensmiete oder 2010 v. H. der Haussteuer;

die am 31. Dezember 1918 über 40 v. H. des Friedenswertes belastet waren, von bisher (17 + 33 =) 50 v. H. der Friedensmiete auf (17 + 26,4 =) 43,4 v. H. der Friedensmiete oder 2170 v. H. der Haussteuer.

5. Die bisher zum Vollzuge der Verordnung über die Abgabe zum Ausgleich der Geldentwertung bei bebauten Grundstücken vom 23. Juni 1926 (GVBl. S. 329) erlassenen Vorschriften, insbesondere die Bekanntmachungen vom 27. Januar 1926 Nr. 49925 (StAnz. Nr. 24), vom 23. Juni 1926 Nr. 33036 (GVBl. S. 333, StAnz. Nr. 143), vom 18. August 1926 Nr. 37425 — § 2 — (GVBl. S. 417, StAnz. Nr. 191), vom 23. Mai 1927 Nr. 23064 (StAnz. Nr. 118), vom 14. Juli 1928 Nr. 25637 (StAnz. Nr. 163) und vom 5. März 1930 Nr. 52049 (StAnz. Nr. 56) gelten unverändert fort.

Nachtrag

zu

Berolzheimer

Grund- und Haussteuergesetz

1931

München, Berlin u. Leipzig
J. Schweitzer Verlag (Arthur Sellier)

Inhaltsverzeichnis.

---

*) Diese einseitig bedruckten Zettel können ausgeschnitten und in Berolzheimer, Grund- und Haussteuer eingelegt werden.

Die abgeänderten oder neuen Bestimmungen sind fett gedruckt, die gestrichenen lateinisch.

Grundsteuergesetz.

Aus dem Gesetz zur Änderung des Grundsteuergesetzes. Vom 18. Juli 1923 (GVBl. S. 237).

§ 70. Es wird für jeden Steuerpflichtigen ein mit dem definitiven Kataster vollständig gleichlautender Auszug über dessen besteuerten Grundbesitz ausgefertigt und für das erstemal unentgeltlich zugestellt, in der Folge aber **auf Antrag des Beteiligten** durch Umschreibung [ohne Entrichtung einer besonderen Gebühr] laufend erhalten.

Grundsteuergesetz.

Aus dem Gesetz zur Änderung des Grundsteuergesetzes. Vom 18. Juli 1923 (GVBl. S. 237).

§ 81. [Wird gestrichen.]

Grundsteuergesetz.

Aus dem Gesetz zur Änderung des Grundsteuergesetzes. Vom 18. Juli 1923 (GVBl. S. 237).

§ 117. Von jeder Einheit der Steuerverhältniszahl ist ein Betrag von **4 Pfennig** als Jahressteuer zu erheben.

Grundsteuergesetz.

Aus dem Gesetz zur Änderung des Grundsteuergesetzes. Vom 18. Juli 1923 (GVBl. S. 237).

§ 118. I Die Grundsteuer wird mit je einem Vierteile der Jahresschuldigkeit am 1. Januar, 1. April, 1. Juli und 1. Oktober fällig. Den Zeitpunkt der Entrichtung bestimmt die Staatsregierung.

II **Das Staatsministerium der Finanzen wird ermächtigt,**
1. **Anordnungen darüber zu treffen, daß und in welcher Weise bei nicht rechtzeitiger Zahlung Zuschläge zu der Steuerschuld zu entrichten sind,**
2. **die Zahlung von Verzugszinsen für nicht rechtzeitig entrichtete Steuern zu regeln.**

Grundsteuergesetz.

Aus dem Gesetz zur Änderung des Grundsteuergesetzes. Vom 18. Juli 1923 (GVBl. S. 237)

§ 119. I Grundsteuerbeträge können in einzelnen Fällen niedergeschlagen werden, wenn ihre zwangsweise Beitreibung die Steuerpflichtigen in ihrem wirtschaftlichen Fortkommen gefährden, ferner wenn das Beitreibungsverfahren voraussichtlich ohne Erfolg sein würde oder wenn die Kosten der Beitreibung außer Verhältnis zu dem beizutreibenden Steuerbetrage stehen würden.

II **Das Staatsministerium der Finanzen wird ermächtigt, Anordnungen darüber zu treffen, daß und in welcher Weise bei zu Unrecht bezahlten und aus diesem Grunde zu erstattenden Grundsteuern Zinsen zu entrichten sind.**

Die abgeänderten oder neuen Bestimmungen sind fett gedruckt, die gestrichenen lateinisch.

Haussteuergesetz.

Aus dem Gesetz zur Änderung des Haussteuergesetzes. Vom 18. Juli 1923 (GVBl. S. 237).

§ 4 Abs. I, Buchst. a und Abs. II: [Ist außer Wirksamkeit gesetzt.]

Haussteuergesetz.

Aus dem Gesetz zur Änderung des Haussteuergesetzes. Vom 18. Juli 1923 (GVBl. S. 237).

§ 5. [Abs. I außer Wirksamkeit gesetzt.]

II Für den unter lit. b des § 4 Abs. I erwähnten Fall werden als Minimum der überbauten und zu Hofräumen verwendeten Fläche **drei Ar (0,03 ha)** [und als Maximum derselben fünfundzwanzig a (0,03 und beziehungsweise 0,25 ha)] bestimmt.

Haussteuergesetz.

Aus dem Gesetz zur Änderung des Haussteuergesetzes. Vom 18. Juli 1923 (GVBl. S. 237).

§ 6. [Abs. I außer Wirksamkeit gesetzt.]

II Bei den Gebäuden unter lit. b des § 4 Abs. I ist das Produkt aus dem in Aren ohne Bruchteil ausgedrückten Flächeninhalte des überbauten Grund und Bodens sowie der Hofräume und einem Ertragsanschlage von **vierzig Mark** vom Ar die Verhältniszahl für die Haussteuer.

Haussteuergesetz.

Aus dem Gesetz zur Änderung des Haussteuergesetzes. Vom 18. Juli 1923 (GVBl. S. 237).

§ 7. Von jeder Mark der Haussteuerverhältniszahl (§ 6) ist ein Betrag von zwei Pfennig als Jahressteuer zu erheben.

Haussteuergesetz.

Aus dem Gesetz zur Änderung des Haussteuergesetzes. Vom 18. Juli 1923 (GVBl. S. 237).

§ 29. I In allen Gemeinden und Ortschaften, in denen die Mietsteuer eingeführt ist, findet eine Revision statt. Die Revision ist spätestens im dritten Kalenderjahre nach Inkrafttreten des Gesetzes vom 14. August 1910, betreffend die Änderung der Gesetze über die allgemeine Grund- und Haussteuer, in Angriff zu nehmen. [Sie ist von zehn zu zehn Jahren zu wiederholen.]

II Das Staatsministerium der Finanzen wird ermächtigt, in einzelnen Gemeinden oder Ortschaften auf Antrag der Gemeindevertretung vor Ablauf der zehnjährigen Periode eine Steuerrevision vornehmen zu lassen.

III Die zehnjährige Periode beginnt mit Ablauf des Jahres, in dem die Revision vollendet wurde.

Die abgeänderten oder neuen Bestimmungen sind **fett** gedruckt, die gestrichenen *lateinisch*.

Haussteuergesetz.

Aus dem Gesetz zur Änderung des Haussteuergesetzes. Vom 18. Juli 1923 (GVBl. S. 237).

29a. *[Abs. II ist außer Wirksamkeit gesetzt.]*

Haussteuergesetz.

Aus dem Gesetz zur Änderung des Haussteuergesetzes. Vom 18. Juli 1923 (GVBl. S. 237).

§ 33 Abs. III und IV erhalten folgende Fassung:

III Enthält der Kleinwohnungsbau (Abs. II) nicht mehr als sechs Wohnungen oder ist er von einer Gemeinde oder von einer rechtsfähigen gemeinnützigen Vereinigung hergestellt, die sich mit der Erbauung, Beschaffung oder Verbesserung von Wohnungen für die minderbemittelte Bevölkerung befaßt, so beginnt die Steuerpflicht mit Ablauf der dem Jahre, in dem der Neubau vollendet wurde, folgenden zwölf Kalenderjahre. Das gleiche gilt für Wohnungsbauten, die von einer Gemeinde oder einer rechtsfähigen gemeinnützigen Vereinigung zur Unterbringung von einzelstehenden, der minderbemittelten Bevölkerung angehörigen Personen hergestellt werden, wenn für die einzelne Person nicht mehr als ein Zimmer bereitgestellt ist. Eine Vereinigung gilt nicht als gemeinnützig, wenn satzungsgemäß die Einzahlungen der Mitglieder mit mehr als **zehn** vom Hundert verzinst werden oder den Mitgliedern im Falle der Auflösung mehr als die Einzahlungen ausgeantwortet wird.

IV Für Kleinwohnungsbauten und Wohnungsbauten der im Abs. III Satz 2 bezeichneten Art, die in der Zeit vom 1. April 1918 bis zum Ablaufe des **achten** dem allgemeinen Friedensschlusse folgenden Kalenderjahrs erbaut und fertiggestellt werden, beginnt die Steuerpflicht mit Ablauf der dem Jahre, in dem der Neubau vollendet wurde, folgenden 18 Kalenderjahre. Nach Beginn der Steuerpflicht ist für die Dauer der anschließenden sieben Kalenderjahre nur die Hälfte der Jahressteuer zu veranlagen.

Haussteuergesetz.

Aus dem Gesetz zur Änderung des Haussteuergesetzes. Vom 18. Juli 1923. (GVBl. S. 237).

§ 36. I Die Haussteuer wird mit je einem Vierteile der Jahresschuldigkeit am 1. Januar, 1. April, 1. Juli und 1. Oktober fällig. Den Zeitpunkt der Entrichtung bestimmt die Staatsregierung.

II **Das Staatsministerium der Finanzen wird ermächtigt,**

1. **Anordnungen darüber zu treffen, daß und in welcher Weise bei nicht rechtzeitiger Zahlung Zuschläge zu der Steuerschuld zu entrichten sind,**
2. **die Zahlung von Verzugszinsen für nicht rechtzeitig entrichtete Steuern**

zu regeln.

Die abgeänderten oder neuen Bestimmungen sind fett gedruckt, die gestrichenen lateinisch.

Haussteuergesetz.

Aus dem Gesetz zur Änderung des Haussteuergesetzes. Vom 18. Juli 1923. (GVBl. S. 237).

§ 37. I Haussteuerbeträge können in einzelnen Fällen niedergeschlagen werden, wenn ihre zwangsweise Beitreibung die Steuerpflichtigen in ihrem wirtschaftlichen Fortkommen gefährden, ferner wenn das Beitreibungsverfahren voraussichtlich ohne Erfolg sein würde oder wenn die Kosten der Beitreibung außer Verhältnis zu dem beizutreibenden Steuerbetrage stehen würden.

II **Das Staatsministerium der Finanzen wird ermächtigt, Anordnungen darüber zu treffen, daß und in welcher Weise bei zu Unrecht bezahlten und aus diesem Grunde zu erstattenden Haussteuern Zinsen zu entrichten sind.**

Vollzugsvorschriften

A. Grundsteuer.

1. Bekanntmachung zum Vollzuge der Verordnung über die Erhebung der Grund- und der Haussteuer für das Rechnungsjahr 1923 vom 27. Dezember 1923 und zum Vollzuge des Gesetzes zur Änderung des Grundsteuergesetzes vom 18. Juli 1923 (GVBl. S. 237).

Vom 29. Dezember 1923.

(GVBl. 1924 S. 2).

Zum Vollzuge der Verordnung über die Erhebung der Grund- und der Haussteuer für das Rechnungsjahr 1923 und zum Vollzuge des Gesetzes vom 18. Juli 1923 (GVBl. S. 237) zur Änderung des Grundsteuergesetzes in der Fassung des Änderungsgesetzes vom 27. Juli 1921 (GVBl. S. 411), soweit es nicht durch diese Verordnung außer Wirksamkeit gesetzt ist, werden nachstehende Vorschriften erlassen:

§ 1.

(Zu Art. I des Änderungsgesetzes, § 70 des Grundsteuergesetzes.)

I Die nach den bisherigen Vorschriften von Amts wegen zu fertigenden Grundsteuerkatasterauszüge (§§ 70 und 81 des Grundsteuergesetzes und § 44 der Bekanntmachung vom 23. Februar 1905 FMBl. S. 39ff., 68) sind auf Grund der Änderung des § 70 des Grundsteuergesetzes und der Streichung des § 81 dieses Gesetzes künftig nur mehr auf Antrag der Beteiligten zu erteilen.

II Bei der Katastererneuerung, die vom Landesvermessungsamt aus Anlaß von Neumessungen und Flurbereinigungen oder wegen Unübersichtlichkeit der im Gebrauche befindlichen Katasterbehelfe vorzunehmen ist, sind im Hinblick auf die Vorschrift des § 70 des Grundsteuergesetzes neue Katasterauszüge auszufertigen und den Beteiligten nach wie vor unentgeltlich zuzustellen.

III Im Hinblick auf die Streichung der Worte „ohne Entrichtung einer besonderen Gebühr" werden die Grundsteuerkatasterauszüge zu gebührenpflichtigen Leistungen der Behörden erklärt. Für jeden Katasterauszug ist je nach dem Werte des Grundstücks oder der Grundstücke und des Aufwands an Zeit und Schreibbedarf eine Gebühr nach Maßgabe des Art. 143 Abs. I Ziff. 4 des Kostengesetzes zu erheben. Außerdem hat der Antragsteller die Kosten für die Vordruckpapiere zu tragen.

IV Von einer nachträglichen Sollstellung der hiernach für die seit dem 1. April 1923 von Amts wegen oder auf Antrag gefertigten Katasterauszugsergänzungen angefallenen Gebühren und Kosten ist abzusehen.

V Die bisher unerledigt gebliebenen Katasterauszugsergänzungen sind nur mehr auf Antrag vorzunehmen. Die Aufarbeitung der auf diesem Arbeitsgebiet noch bestehenden Rückstände hat zu unterbleiben.

VI Die Ergänzung der Katasterauszüge auf Antrag ist mit möglichster Beschleunigung vorzunehmen; die Gebühren und Kosten hierfür sind im Gebührenregister zu Soll zu stellen und tunlichst bei der Aushändigung des ergänzten Katasters an den Antragsteller zu vereinnahmen. § 44 Abs. I und II der Bekanntmachung vom 23. Februar 1905 (FMBl. S. 39ff.) werden aufgehoben. Über die Anträge auf Ergänzung der Katasterauszüge haben jedoch die Finanzämter nach näherer Anordnung des Landesfinanzamts ein Verzeichnis zu führen.

VII Das Umschreibjahr ist dem Rechnungsjahr anzugleichen und läuft vom 1. April bis 31. März. § 34 Abs. II der Bekanntmachung vom 23. Februar 1905 (FMBl. S. 39ff.) ist hiernach sinngemäß abzuändern. Als Zeitpunkt für die Anzeige über den Vollzug der Umschreibungen im Grundsteuerkataster (§ 45 Abs. I der erwähnten Bekanntmachung) wird jeweils der 1. Juli des Kalenderjahrs bestimmt, in das das Ende des Umschreibjahrs fällt.

§ 2.

(Zu Abschn. A Abs. I der Verordnung, Art. II des Änderungsgesetzes, § 117 des Grundsteuergesetzes, § 2 der Vollzugsvorschriften vom 24. Dezember 1911 — GVBl. S. 1343 —.)

I Die Grundsteuer wird für ein Jahr in der Weise berechnet, daß die im Kataster vorgetragenen Grundsteuerverhältniszahlen mit dem Betrage von 4 ℛ𝓅 vervielfacht werden.

[II Auf Grund der der Staatsregierung im § 117 Abs. II Satz 2 des Änderungsgesetzes erteilten Ermächtigung wird als Mindestbetrag der Grundsteuerschuldigkeit bis auf weiteres ein in Pfennigen ausgedrückter Betrag festgesetzt, der der jeweiligen Briefgebühr entspricht. Briefgebühr ist der Betrag, der jeweils für die Beförderung eines Briefes bis zu 20 Gramm im Fernverkehr zu entrichten ist.] Angenommen die Grundsteuer betrüge nach den katastermäßigen Grundlagen und Abschn. A Abs. I der Verordnung 8 ℛ𝓅, so würde als Steuerschuldigkeit gemäß Abschn. C Abs. I Ziff. 1 der Verordnung der Betrag von 8 ℛ𝓅 zu erheben sein. Mit Rücksicht auf den festgesetzten Mindestbetrag beträgt die Steuerschuldigkeit aber zurzeit 10 ℛ𝓅 mit anderen Worten: unter dem Mindestbetrage zurückbleibende Steuerschuldigkeiten nach der Verordnung sind auf den Mindestbetrag aufzurunden. Der von der Staatsregierung jeweils festgesetzte Mindestbetrag der Grundsteuer (Abs. II) ist auch als Mindestbetrag der Umlagenberechnung zugrunde zu legen. Angenommen, die Grundsteuer würde 7 ℛ𝓅 betragen, so wäre der Mindestbetrag der Grundsteuer 10 ℛ𝓅 und bei einem Umlagenhundertsatze von 650 der Mindestbetrag der Umlagen 65 ℛ𝓅.

§ 3.

(Zu Abschn. C Abs. II der Verordnung, Art. III des Änderungsgesetzes, § 118 Abs. II des Grundsteuergesetzes, § 4 der Vollzugsvorschriften vom 19. Februar 1922 — GVBl. S. 175 —.)

Auf Grund der dem Staatsministerium der Finanzen durch § 118 Abs. II des Grundsteuergesetzes in der Fassung des Art. III des Änderungsgesetzes erteilten Ermächtigung werden hiermit bis auf weiteres nachstehende Anordnungen getroffen:

I Verzugszinsen für nicht rechtzeitig bezahlte Grundsteuern sind nur zu erheben:

1. wenn der fällige Steuerbetrag länger als eine Woche vom Fälligkeitstag an im Rückstande geblieben ist,
2. wenn die Verzugszinsen den Betrag von 10 ℳ übersteigen. Eingezahlte Zinsbeträge unter 10 ℳ werden nicht erstattet.

[II Bei der Berechnung der Verzugszinsen sind 5 v. H. vom Monat vom fälligen Steuerbetrage zu rechnen.]

[III Im übrigen finden die Vorschriften des § 4 Abs. II mit IV der Bekanntmachung vom 19. Februar 1922 (GVBl. S. 175) Anwendung.]

§ 4.

(Zu Art. IV des Änderungsgesetzes, § 119 Abs. II des Grundsteuergesetzes, § 5 der Vollzugsvorschriften vom 19. Februar 1922 — GVBl. S. 175 —.)

Auf Grund der dem Staatsministerium der Finanzen durch § 119 Abs. II des Grundsteuergesetzes in der Fassung des Art. IV des Änderungsgesetzes erteilten Ermächtigung und im Hinblick auf Art. 24 Abs. II des Gesetzes zum Vollzuge des Landessteuergesetzes vom 30. Juni 1921 in der Fassung des Art. II des Änderungsgesetzes hierzu vom 14. August 1923 (GVBl. S. 265) wird folgende Anordnung getroffen:

Sind Grundsteuern zu Unrecht bezahlt und aus diesem Grunde zu erstatten, so sind sie vom Tage der Entrichtung an mit dem gleichen Zinsfuße zu verzinsen, der für die nicht rechtzeitige Einzahlung festgesetzt ist.

§ 5.

(Zu § 118 des Grundsteuergesetzes, § 3 der Vollzugsvorschriften vom 19. Februar 1922 — GVBl. S. 175 —.)

Die Grundsteuer ist, wenn möglich, gemeinsam mit der Haussteuer und den Kreisumlagen, sowie den sonstigen durch das Finanzamt zur Erhebung gelangenden Umlagen aus diesen Steuern in der Regel in zwei Jahreshälften zu entrichten. Den Zeitpunkt der Einhebung hat das Finanzamt unter Rücksichtnahme auf die Verfalltermine festzusetzen und vor der jedesmaligen Einhebung bekanntzugeben. Soweit die Jahresschuldigkeit eines Pflichtigen an Grund- und Haussteuern nebst Kreisumlagen hieraus den Betrag von 3 ℳ nicht übersteigt, ist sie mit dem vollen Betrag am zweiten Einhebungstermin einzuheben.

§ 6.

(Zu § 119 des Grundsteuergesetzes, § 6 der Vollzugsvorschriften vom 19. Februar 1922 — GVBl. S. 175 —.)

Zuständig zur Niederschlagung der Grundsteuer sind die Finanzämter, wenn die niederzuschlagende Jahresschuldigkeit des Pflichtigen mit den Kreisumlagen nicht mehr als 10 ℳ beträgt. Handelt es sich um einen höheren Betrag, so bedarf die Niederschlagung der Genehmigung des Landesfinanzamts (der Landesmittelstelle).

§ 7.

Im übrigen bleiben die Vorschriften der Bekanntmachungen vom 24. Dezember 1911 (GVBl. S. 1343) und vom 19. Februar 1922 (GVBl. S. 175) in Kraft.

2. Verordnung über die Entrichtung der Grundsteuer für das Rechnungsjahr 1924.

Vom 5. Mai 1924.

(GVBl. S. 153).

Auf Grund des § 64 der Verfassungsurkunde des Freistaates vom 14. August 1919 (GVBl. S. 531) werden bezüglich der Entrichtung der Grundsteuer für das Rechnungsjahr 1924 mit Wirkung vom 1. April 1924 ab folgende Anordnungen getroffen:

A. Für das Gebiet des Freistaates Bayern ohne das Gebiet des ehem. Freistaates Coburg:

Die Grundlage für die Bemessung der Grundsteuer ist die Steuerschuldigkeit, wie sie sich nach § 117 des Grundsteuergesetzes in der Fassung der Bekanntmachung vom 4. November 1910 (GVBl. S. 1029, 1030) und § 2 der Vollzugsbekanntmachung hierzu vom 24. Dezember 1911 (GVBl. S. 1343) berechnet. Von jeder Einheit der Steuerverhältniszahl ist hiernach ein Betrag von vier Pfennigen als Jahressteuer zu erheben.

B. Für das Gebiet des ehemaligen Freistaates Coburg:

Die Grundlage für die Bemessung der Grundsteuer für die Liegenschaften nach dem Gesetze vom 25. Mai 1860 und den Nachtragsgesetzen hierzu ist die Grundsteuer mit eineinhalb Steuereinheiten.

C. Der Maßstab für die Berechnung der Steuerschuldigkeiten für das Rechnungsjahr 1924 ist für die in den Abschnitten A und B bezeichneten Steuern der ganze für den Tag der Entrichtung oder Beitreibung der Steuerschuldigkeiten maßgebende Goldumrechnungssatz, den der Reichsminister der Finanzen auf Grund des § 2 Abs. 3 der Aufwertungsverordnung vom 11./18. Oktober 1923 (RGBl. Teil I S. 939, 979) festgesetzt und fortlaufend veröffentlicht.

D. I. Zu den nach Abschn. A und B festgesetzten und nach Abschn. C umgerechneten Steuern wird ein Zuschlag von einhundert vom Hundert für das Jahr erhoben.

II. Die Erhebung von Umlagen (Kreis-, Bezirks-, Gemeinde- und Kirchenumlagen) zu diesem Zuschlage ist unzulässig.

E. I. Für das Rechnungsjahr 1924 werden die Grundsteuer nach den Abschnitten A, B und C und der Zuschlag nach Abschn. D samt den Kreisumlagen je mit einem Vierteile der Jahresschuldigkeit am 1. April, 1. Juli, 1. Oktober und 1. Januar fällig. Die Gesamtschuldigkeiten sind in zwei Jahreshälften einzubezahlen. Die Einhebungstermine werden vom Staatsministerium der Finanzen im Einverständnis mit dem Staatsministerium für Landwirtschaft festgesetzt.

Abs. II und III gegenstandslos.

F. Diese Verordnung tritt mit Wirkung vom 1. April 1924 in Kraft.

Im übrigen s. auch unter B Haussteuer.

B. Haussteuer.

3. Bekanntmachung zum Vollzuge der Verordnung über die Erhebung der Grund- u. der Haussteuer für das Rechnungsjahr 1923 vom 27. Dezember 1923 und zum Vollzuge des Gesetzes zur Änderung des Haussteuergesetzes vom 18. Juli 1923 (GVBl. S. 237).

Vom 29. Dezember 1923.

(GVBl. 1924 S. 3.)

Zum Vollzuge der Verordnung über die Erhebung der Grund- und der Haussteuer für das Rechnungsjahr 1923 und zum Vollzuge des Gesetzes vom 18. Juli 1923 (GVBl. S. 237) zur Änderung des Haussteuergesetzes in der Fassung des Änderungsgesetzes vom 27. Juli 1921 (GVBl. S. 412), soweit es nicht durch diese Verordnung außer Wirksamkeit gesetzt ist, werden nachstehende Vorschriften erlassen:

§ 1.

(Zu Abschn. A Abs. II der Verordnung, § 7 des Haussteuergesetzes, § 8 der Vollzugsvorschriften vom 2. März 1911 (GVBl. S. 107) und § 1 der Vollzugsvorschriften vom 6. Oktober 1918 — GVBl. S. 807 —.)

I Die Haussteuer (Areal- und Mietsteuer) wird für ein Jahr in der Weise berechnet, daß die im Kataster vorgetragenen Steuerverhältniszahlen — bei der Arealsteuer unter Zugrundelegung eines Ertragsanschlags von vierzehn Mark vom Ar des überbauten Grund und Bodens sowie der Hofräume — mit dem Betrag von 2 ₰ vervielfacht werden.

II Für das Rechnungsjahr 1923 ist Besteuerungsgrundlage für die Mietsteuer die Haussteuerverhältniszahl, wie sie nach dem Haussteuergesetze vom 14. August 1910 ermittelt wurde. Für selbstbenützte oder vermietete Räume, deren Mietertrag nach dem 1. Januar 1922 eingeschätzt wurde oder wird, ist die Friedensmiete zu ermitteln und nötigenfalls unter Anwendung der §§ 8ff. des Haussteuergesetzes festzusetzen. Vom 1. April 1924 soll die Friedensmiete (im Sinne des § 2 des Reichsmietengesetzes vom 24. März 1922 (GVBl. S. 273) allgemein als Besteuerungsgrundlage bestimmt werden. Die Vorarbeiten für die Steuerberechnung nach der Friedensmiete sind alsbald in Angriff zu nehmen.

Abs. III und IV gegenstandslos.

§ 2.

(Zu Abschn. A Abs. II Ziff. 2 und Abschn. B Abs. II Ziff. 2 der Verordnung.)

I Die Friedensmieten im Sinne des § 2 des Reichsmietengesetzes vom 24. März 1922 (RGBl. S. 273) werden sich in der weitaus überwiegenden Zahl der Fälle im Büroweg aus den für die Haussteuer vorgemerkten Verhältniszahlen gewinnen lassen. Soweit tunlich, ist von Erhebungen Umgang zu nehmen. Wo sich solche nicht vermeiden lassen, sind die von den gemeindlichen Mieteinigungsämtern gepflogenen Verhandlungen und Feststellungen in weitestem Umfange heranzuziehen.

II Die Höhe der so ermittelten Friedensmiete bildet vom 1. April ab die Steuerverhältniszahl. Sie ist in den Mietertragslisten an geeigneter Stelle mit roter Tinte vorzutragen und der Berechnung der Haussteuer zugrunde zu legen.

III Die Bestimmung, wonach auf das Verfahren für die Ermittlung die Vorschriften in den §§ 8ff. des Haussteuergesetzes Anwendung zu finden haben (§ 1 Abs. II Satz 2) erwies sich insbesondere für jene Fälle geboten, in denen im Hinblick auf § 16 des Reichsmietengesetzes die Friedensmiete nicht festgestellt wird. Für diese Fälle wird sich, soweit nicht nach den Vorschriften des Haussteuergesetzes

Steuerfreiheit einzutreten hat oder Steuerfreijahre laufen, ein Schätzungsverfahren nicht vermeiden lassen. Diese Einschätzungen sollen jedoch in tunlichster Angleichung an vermietete Gebäude wenn irgend angängig im Büroweg erfolgen. Eine Mietenerhebung wird, wenn sich eine solche überhaupt als notwendig erweisen sollte, auf besondere Fälle und auf das Reklamationsverfahren beschränkt werden können.

IV Die Steuerverhältniszahl ist vom 1. April 1924 ab die Friedensmiete; diese ist für alle vermieteten und selbstbenützten Räume durch Vergleich mit jenem Mietzins zu ermitteln, der für die mit dem 1. Juli 1914 beginnende Zeit in der Gemeinde für Räume gleicher Art und Lage regelmäßig vereinbart oder zu erzielen war.

V Nach diesen Grundsätzen ist auch bei allen jenen Gemeinden zu verfahren, in denen an Stelle der Arealsteuer die Mietsteuer zur Einführung gelangt oder in der letzten Zeit gelangt ist. Die infolge der Neueinschätzung gegenüber den Einschätzungen vom Jahre 1911 aufgetretenen Unstimmigkeiten werden dadurch beseitigt werden. Wo die Feststellung der Friedensmieten sich in ehemaligen Arealsteuergemeinden nicht innerhalb kürzester Frist ermöglichen läßt, ist für das Rechnungsjahr 1923 noch die Arealsteuer zu erheben.

VI Im Hinblick auf Abschn. B Abs. II Ziff. 2 der Verordnung ist für das Gebiet des ehemaligen Freistaates Coburg für das Rechnungsjahr 1923 noch der geschätzte mittlere Mietertrag im Sinne des Art. 7 Abs. III des Grundsteuergesetzes vom 25. Mai 1860 und den Nachtragsgesetzen hierzu der Berechnung der Grundsteuereinheit zugrunde zu legen, wie er aus den Grundsteueranschlägen ersichtlich ist. Die Grundsteuereinheit ist hiernach bei der Steuer nach dem Mietertrage der 75. Teil von 2 Dritteilen des geschätzten mittleren Mietertrags. Die Steuer ist jedoch nach eineinhalb Grundsteuereinheiten zu berechnen. Vom 1. April 1924 ab gilt § 1 Abs. II dieser Bekanntmachung entsprechend auch für das Gebiet des ehemaligen Freistaates Coburg.

§ 3.

(Zu Art. III Abs. I des Änderungsgesetzes, § 33 Abs. III Satz 3 des Haussteuergesetzes.)

Zu der im Art. III Abs. I erfolgten Änderung des § 33 Abs. III Satz 3 des Haussteuergesetzes wird auf Art. I § 12 des Gesetzes über die Berücksichtigung der Geltendmachung in den Steuergesetzen vom 20. März 1923 (RGBl. I S. 198) hingewiesen. Es erschien angezeigt, die für das Reichsgesetz durchgeführte Anpassung des Zinsfußes für gemeinnützige Vereinigungen an die Zeitverhältnisse auch im Haussteuergesetz eintreten zu lassen.

§ 4.

(Zu Art. III Abs. II des Änderungsgesetzes, § 33 Abs. IV Satz 1 des Haussteuergesetzes, § 5 Abs. I Ziff. 4 der Vollzugsvorschriften vom 19. Februar 1922, GVBl. S. 177 ff.)

Nach § 33 Abs. IV Satz 1 des Haussteuergesetzes vom 17. August 1918 begann die Steuerpflicht für Kleinwohnungsbauten und Wohnungsbauten der im Abs. III Satz 2 bezeichneten Art, die in der Zeit vom 1. April 1918 bis zum Ablaufe des dritten dem allgemeinen Friedensschluß folgenden Kalenderjahrs erbaut und fertiggestellt werden, mit Ablauf der dem Jahre, in dem der Neubau vollendet wurde, folgenden 18 Kalenderjahre. Das dritte, dem allgemeinen Friedensschlusse folgende Jahr läuft im Hinblick auf die Verordnung vom 14. Februar 1920 über die Auslegung der Begriffe Friedensschluß und Kriegsende im Sinne rechtsgeschäftlicher Erklärungen (RGBl. S. 237) mit dem 31. Dezember 1923 ab. Die neue gesetzliche Vorschrift bezweckt diese bisher auf drei Jahre nach dem allgemeinen Friedensschlusse bemessene Frist zur Förderung des Kleinwohnungsbaues auf weitere 5 Jahre zu verlängern; dadurch wird die Frist auf das Ende des Kalenderjahres 1928 erstreckt.

[§ 5.]

(Zu Art. IV des Änderungsgesetzes, § 36 des Haussteuergesetzes, § 6 der Vollzugsvorschriften vom 19. Februar 1922 — GVBl. S. 177 —.)

[I Die Haussteuer ist, wenn möglich, gemeinsam mit der Grundsteuer und den Kreisumlagen sowie den sonstigen durch das Finanzamt zur Erhebung gelangenden Umlagen aus diesen Steuern in der Regel in 2 Jahreshälften zu entrichten. Den Zeitpunkt der Einhebung hat das Finanzamt unter Rücksichtnahme auf die Verfalltermine festzusetzen und vor der jedesmaligen Einhebung bekanntzugeben. Soweit die Jahresschuldigkeit eines Pflichtigen an Grund- und Haussteuern nebst Kreisumlagen hieraus den Betrag von 3 ℳ nicht übersteigt, ist sie mit dem vollen Betrag im zweiten Einhebungstermin einzuheben.]

[II Für das Rechnungsjahr 1923 wird die Haussteuer samt den Kreisumlagen mit je einem Dritteile der Jahresschuldigkeit am 1. Januar, 1. Februar und 1. März 1924 fällig. Sie ist jeweils innerhalb der ersten 10 Tage der genannten Monate einzubezahlen.]

§ 6.

(Zu Abschnitt C Abs. II der Verordnung, Art. IV des Änderungsgesetzes, § 36 Abs. II des Haussteuergesetzes, § 7 der Vollzugsvorschriften vom 19. Februar 1922 — GVBl. S. 177 —.)

Auf Grund der dem Staatsministerium der Finanzen durch § 36 Abs. II Haussteuergesetz in der Fassung des Art. IV des Änderungsgesetzes erteilten Ermächtigung werden bis auf weiteres nachstehende Anordnungen getroffen:

I Verzugszinsen für nicht rechtzeitig bezahlte Haussteuern sind nur zu erheben,

1. wenn der fällige Steuerbetrag länger als eine Woche vom Fälligkeitstag an im Rückstande geblieben ist,
2. wenn die Verzugszinsen den Betrag von 10 ℳ übersteigen. Eingezahlte Zinsbeträge unter 10 ℳ werden nicht erstattet.

[II Bei der Berechnung der Verzugszinsen sind 5 v. H. vom Monat vom fälligen Steuerbetrage zu rechnen.]

[III Im übrigen finden die Vorschriften des § 7 Abs. II mit IV der Bekanntmachung vom 19. Februar 1922 (GVBl. S. 177) Anwendung.]

§ 7.

(Zu Art. V des Änderungsgesetzes, § 37 Abs. II des Haussteuergesetzes, § 8 der Vollzugsvorschriften vom 19. Februar 1922 — GVBl. S. 177—.)

Auf Grund der dem Staatsministerium der Finanzen durch § 37 Abs. II des Haussteuergesetzes in der Fassung des Art. V des Änderungsgesetzes erteilten Ermächtigung und im Hinblick auf Art. 24 Abs. II des Gesetzes zum Vollzug des Landessteuergesetzes vom 30. Juni 1921 in der Fassung des Art. II des Änderungsgesetzes hierzu vom 14. August 1923 (GVBl. S. 265) wird folgende Anordnung getroffen:

Sind Haussteuern zu Unrecht bezahlt und aus diesem Grunde zu erstatten, so sind sie vom Tage der Entrichtung an mit dem gleichen Zinsfuße zu verzinsen, der für die nicht rechtzeitige Einzahlung festgesetzt ist.

§ 8.

(Zu § 37 des Haussteuergesetzes, § 10 der Vollzugsvorschriften vom 19. Februar 1922 — GVBl. S. 177 —.)

Zuständig zur Niederschlagung der Haussteuer sind die Finanzämter, wenn die niederzuschlagende Jahresschuldigkeit eines Pflichtigen mit den Kreisumlagen nicht mehr als 10 ℳ beträgt. Handelt es sich um einen höheren Betrag, so bedarf die Niederschlagung der Genehmigung des Landesfinanzamts (der Landesmittelstelle).

§ 9.

Im übrigen bleiben die Vorschriften der Bekanntmachung vom 2. März 1911 (GVBl. S. 107), vom 6. Oktober 1918 (GVBl. S. 807) und vom 19. Februar 1922 (GVBl. S. 177) in Kraft.

4. Verordnung über die Entrichtung der Haussteuer und einer Abgabe zum Ausgleich der Geldentwertung bei bebauten Grundstücken für das Rechnungsjahr 1924.

Vom 31. März 1924.

(GVBl. S. 133).

Gesamtministerium des Freistaates Bayern.

Auf Grund des § 64 der Verfassungsurkunde des Freistaates Bayern vom 14. August 1919 (GVBl. S. 531) und des § 31 der 3. Steuernotverordnung vom 14. Februar 1924 (RGBl. I S. 74) werden bezüglich der Entrichtung der Haussteuer und einer Abgabe zum Ausgleich der Geldentwertung bei bebauten Grundstücken für das Rechnungsjahr 1924 mit Wirkung vom 1. April 1924 ab folgende Anordnungen getroffen:

A. Für das Gebiet des Freistaates Bayern ohne das Gebiet des ehemaligen Freistaates Coburg:

Die Grundlage für die Bemessung der Haussteuer ist

I. bei der Arealsteuer die Steuerschuldigkeit, wie sie sich nach § 4 Abs. I Buchst. b und § 6 Abs. II des Haussteuergesetzes vom 17. August 1918 (GVBl. S. 423, 858), dann § 7 des Haussteuergesetzes vom 14. August 1910 (GVBl. S. 1055), sowie § 8 der Vollzugsbekanntmachung hierzu vom 2. März 1911 (GVBl. S. 107) und § 1 der Vollzugsbekanntmachung vom 6. Oktober 1918 (GVBl. S. 807) unter Zugrundelegung eines Ertragsanschlags von vierzig Mark vom Ar des überbauten Grund und Bodens sowie der Hofräume berechnet. Von jeder Mark der Haussteuerverhältniszahl ist hiernach ein Betrag von zwei Pfennigen als Jahressteuer zu erheben;

II. bei der Mietsteuer die Steuerschuldigkeit, wie sie sich unter Zugrundelegung der Friedensmiete nach Maßgabe des § 2 des Reichsmietengesetzes vom 24. März 1922 (RGBl. S. 273) als Haussteuerverhältniszahl und § 7 des Haussteuergesetzes vom 12. August 1910 (GVBl. S. 1055) berechnet. Von jeder Mark der Haussteuerverhältniszahl ist hiernach ein Betrag von zwei Pfennigen als Jahressteuer zu erheben.

B. Für das Gebiet des ehemaligen Freistaates Coburg:

Die Grundlage für die Bemessung der Grundsteuer für die auf dem Grund und Boden errichteten Gebäude nach dem Gesetze vom 25. Mai 1860 und den Nachtragsgesetzen hierzu ist

I. bei der Grundsteuer nach der Stockwerksfläche die Grundsteuer mit viereinhalb Steuereinheiten,

II. bei der Grundsteuer nach dem Mietertrage die Grundsteuer unter Zugrundelegung der Friedensmiete nach Maßgabe des § 2 des Reichsmietengesetzes vom 24. März 1922 (RGBl. S. 273) als mittleren Mietertrags im Sinne des Art. 7 Abs. III Buchstabe b mit eineinhalb Steuereinheiten.

C. Der Maßstab für die Berechnung der Steuerschuldigkeiten für das Rechnungsjahr 1924 ist für die in Abschnitt A und B bezeichneten Steuern der ganze für den Tag der Entrichtung oder Beitreibung der Steuerschuldigkeiten maßgebende Goldumrechnungssatz, den der Reichsminister der Finanzen auf Grund des § 2 Abs. 3 der Aufwertungsverordnung vom 11./18. Oktober 1923 (RGBl. Teil I S. 939, 979) festgesetzt und fortlaufend veröffentlicht.

D. I. Um Mittel zur Förderung des Wohnungsbaues und für Kulturzwecke zu gewinnen, wird zu den nach Abschnitt A und B festgesetzten und nach Abschnitt C umgerechneten Steuern ein Zuschlag von zweihundertfünfzig v. H. für das Jahr erhoben.

II. Die Erhebung von Gemeinde- und Kirchenumlagen zu dieser Abgabe ist unzulässig.

E. I. Für das Rechnungsjahr 1924 wird die Haussteuer nach den Abschnitten A, B und C und der Zuschlag nach Abschnitt D samt den Kreisumlagen mit je einem Zwölfteile der Jahresschuldigkeit am Ersten jeden Monats fällig. Die Gesamtschuldigkeiten sind jeweils innerhalb der ersten zehn Tage des Monats einzubezahlen.

II. und III. gegenstandslos.

F. aufgehoben.

5. Verordnung über Steuervergünstigungen zur Förderung des Wohnungsbaues.

Vom 23. Juni 1924.

(GVBl. S. 173).

Auf Grund des § 64 der Verfassungsurkunde des Freistaates Bayern vom 14. August 1919 (GVBl. S. 531) wird zur Förderung des Wohnungsbaues verordnet:

Für Gebäude mit Mietwohnungen, die in den Jahren 1924 und 1925 neu aufgeführt wurden oder neu aufgeführt werden, beginnt die Haussteuerpflicht mit Ablauf der dem Jahre, in dem der Neubau vollendet wurde, folgenden zehn Kalenderjahre. Gleiches gilt für Eigenheime, die in den Jahren 1924 und 1925 neu aufgeführt wurden oder neu aufgeführt werden, wenn Ausmaß und Ausstattung das beim Mittelstand übliche Maß nicht überschreiten.

Diese Verordnung tritt mit Wirkung vom 1. Januar 1924 in Kraft.

Die zum Vollzuge dieser Verordnung erforderlichen Vorschriften werden vom Staatsministerium der Finanzen im Benehmen mit den beteiligten Staatsministerien erlassen.

6. Bekanntmachung zum Vollzuge der Verordnung vom 23. Juni 1924 über Steuervergünstigungen zur Förderung des Wohnungsbaues (GVBl. S. 173).

Vom 8. Juli 1924.

(GVBl. S. 184).

Zum Vollzuge der Verordnung vom 23. Juni 1924 über Steuervergünstigungen zur Förderung des Wohnungsbaues (GVBl. S. 173) werden im Einverständnis mit den Staatsministerien des Innern, für Soziale Fürsorge und für Handel, Industrie und Gewerbe nachstehende Vorschriften erlassen:

§ 1.

I Die Verordnung vom 23. Juni 1924 verfolgt den Zweck, durch Gewährung von zehn Steuerfreijahren für die in den Jahren 1924 und 1925 neu errichteten Gebäude mit Miet-Wohnungen und Eigenheime die Förderung der Bautätigkeit anzuregen und hierdurch zur Linderung der Wohnungsnot beizutragen.

II Die Vergünstigungen der Verordnung gehen über die Vorschriften des § 33 des Haussteuergesetzes vom 17. August 1918 (GVBl. S. 858) in der Fassung des Art. III des Änderungsgesetzes vom 27. Juli 1921 (GVBl. S. 412 und des Art. III des Änderungsgesetzes vom 18. Juli 1923 (GVBl. S. 237) insofern hinaus, als in den Absätzen II—V des § 33 eine Steuerbefreiung nur für Kleinwohnungsbauten und für Wohnungsbauten der im Abs. III Satz 2 bezeichneten Art gewährt ist, in der Verordnung vom 23. Juni 1924 aber Gebäude mit Mietwohnungen jeder Art ohne Rücksicht auf die Zahl der Zimmer oder die Größe der Wohnfläche die Steuerfreijahre zugebilligt erhalten, ferner daß auch Eigenheime diese Steuervergünstigung genießen, wenn Ausmaß und Ausstattung das beim Mittelstand übliche Maß nicht überschreiten.

III Die Steuerfreiheit erstreckt sich auf die Haussteuer sowohl in der Form der Arealsteuer als auch in der Form der Mietsteuer.

IV Die Gewährung der Steuerfreiheit hat die Befreiung von Zuschlägen im Sinne der Abschn. D und F der Verordnung vom 31. März 1924 über die Entrichtung der Haussteuer und einer Abgabe zum Ausgleiche der Geldentwertung bei bebauten Grundstücken für das Rechnungsjahr 1924 (GVBl. S. 133), also der Zuschläge zur Förderung des Wohnungsbaues und für Kulturzwecke, sowie der Zuschläge zum Ausgleiche der Geldentwertung bei bebauten Grundstücken, ferner die Befreiung von sämtlichen Umlagen (Kreis-, Gemeinde-, Bezirks-, Orts-, Landeskirchen- und Ortskirchenumlagen) von selbst zur Folge (vgl. § 10 Ziff. 7 der Bekanntmachung vom 5. April 1922 zur Ausführung des Gesetzes vom 30. Juni 1921 zum Vollzuge des Landessteuergesetzes — GVBl. S. 225 —).

§ 2.

I Als Mietwohnungen im Sinne der Verordnung sind nicht nur diejenigen Wohnungen anzusehen, für die das Mietrecht des Bürgerlichen Gesetzbuchs oder das Reichsmietengesetz vom 24. März 1922 (RGBl. Teil I S. 273) gilt, sondern auch Wohnungen, die auf Grund eines Pachtvertrags, eines Arbeits- oder Dienstvertrags, eines Genossenschaftsverhältnisses oder sonstwie dritten Personen gegen Entgeld überlassen wurden.

II Zur Gewährung der Steuerfreijahre ist es nicht erforderlich, daß das neuaufgeführte Gebäude ausschließlich Wohnzwecken dient. Die Steuerfreiheit ist nicht verwirkt, wenn sich neben Mietwohnungen in dem Gebäude auch Verkaufsläden, Geschäftsräume, Kontore, Lagerräume und ähnliches befinden. Die Steuerfreiheit erstreckt sich dann aber lediglich auf jene Räume, die zu Wohnzwecken vermietet werden. Für derartige Gebäude ist die Mieteinwertung unter allen Umständen vorzunehmen und eine Ausscheidung der Verhältniszahlen der zu Wohnzwecken einerseits und der zu gewerblichen oder Berufszwecken anderseits dienenden Geschäftsräume zu treffen. Die Ausscheidung kann unterbleiben und vollständige Steuerfreiheit zugebilligt werden, wenn die zu Geschäfts- oder Berufszwecken dienenden Räume nicht mehr als den 6. Teil der ermittelten Haussteuerverhältniszahlen ausmachen. Insoweit nicht steuerfreie Räume in Frage stehen, beginnt die — teilweise — Steuerpflicht des Hauses mit Ablauf des dem Jahre, in dem der Neubau vollendet wurde, folgenden Kalenderjahre. In den Verzeichnissen gemäß § 6 dieser Bekanntmachung ist hierauf in der Bemerkungsspalte besonders hinzuweisen.

§ 3.

I Als Eigenheime im Sinne der Verordnung gelten solche Einfamilienhäuser, die vom Eigentümer oder Erbbauberechtigten selbst bewohnt werden.

II Beträgt die Wohnfläche eines Eigenheims nicht mehr als 200 qm, so ist ohne weiteres anzunehmen, daß Ausmaß und Ausstattung des Eigenheims das beim Mittelstand übliche Maß nicht überschreiten. Bei Eigenheimen mit solcher Wohnfläche ist die Steuervergünstigung nur dann zu versagen, wenn sich aus dem baulichen Zubehör, wie z. B. aus der Errichtung von Garagen, Auffahrtsrampen oder aus der Gartenarchitektur oder aus anderen Anhaltspunkten eine üppige Bauweise oder eine besonders reiche Ausstattung des Anwesens ergibt. Vorbauten, einfach gehaltene Dielen oder Badeeinrichtungen sind nicht hierher zu rechnen.

III Beträgt die Wohnfläche des Eigenheims mehr als 200 qm, so ist an der Hand der Baupläne unter Berücksichtigung der Größe und Zusammensetzung der unterzubringenden Haushaltung zu prüfen, ob die Räume nach Größe, Höhe, Zahl, Anordnung und Ausstattung noch den Verhältnissen des Mittelstandes entsprechen. Dies ist nicht der Fall, wo etwa durch Anbringung von getäfelten Decken, reichen Stukkarbeiten, Einbau von Wintergärten, Empfangs- und Gesellschaftsräumen oder auch durch Einrichtung von großen Büros, größeren Läden, Lager- oder Geschäftsräumen der Grundcharakter eines einfachen aber gediegnen Wohnhauses verlassen ist.

IV Als Wohnfläche gilt bei Eigenheimen die gesamte Grundfläche der Wohnung abzüglich der Wandstärken und abzüglich der Grundfläche des Treppenhauses. Ausgebaute Dachgeschoßräume und Wohnräume in Untergeschossen sind mitzurechnen.

V Durch die Veräußerung des Eigenheims an einen Dritten wird die Steuerfreiheit nicht berührt, wenn auch der neue Erwerber das Haus selbst bewohnt. Muß der Eigentümer des Eigenheims von der Selbstbewohnung absehen und das Gebäude durch Vermietung an dritte Personen nutzbar machen, so genießt es die Steuerfreiheit aus dem Gesichtspunkt eines Gebäudes mit Mietwohnung. Dagegen kommt die Steuerfreiheit in Wegfall, wenn das Gebäude nicht mehr zu Wohnzwecken dient, sondern zu gewerblichen oder Berufs- und sonstigen Erwerbszwecken als Geschäftshaus, Lagerhaus usw. verwendet wird.

§ 4.

I Der Verordnung ist rückwirkende Kraft vom 1. Januar 1924 ab beigelegt. Die Steuerfreijahre werden demnach gewährt für alle neu aufgeführten Gebäude, die in der Zeit vom 1. Januar 1924 bis 31. Dezember 1925 neu aufgeführt wurden oder werden, d. h. deren Bauvollendung in diese Zeit fällt.

II Als vollendet gilt der Neubau in jenem Zeitpunkt, in welchem das neu errichtete Gebäude der Hauptsache nach sich in einem Zustande befindet, der die Benützung zu jenen Zwecken gestattet, für die es hergestellt ist (vgl. § 27 Abs. I der Bekanntmachung vom 2. März 1911 zum Vollzuge des Haussteuergesetzes — GVBl. 1911 S. 107 —).

§ 5.

I Bei den seit dem 1. Januar 1924 neu aufgeführten Gebäuden mit Mietwohnungen und Eigenheimen, die im Zeitpunkte der Verkündung der Verordnung bereits vollendet waren (§ 4), ist an der Hand der Baufallanzeigen vom Finanzamt nach Erholung der Bau- und Lagepläne zu prüfen, ob die Voraussetzungen für die Gewährung der Steuerfreijahre gegeben sind. Gebotenenfalls ist mit der Baupolizeibehörde hierwegen ins Benehmen zu treten.

II Bezüglich aller anderen durch die Verordnung getroffenen Neubauten sind die Finanzämter bereits vor Beginn der Bauarbeiten oder auch vor Erteilung der baupolizeilichen Genehmigung verpflichtet, binnen 2 Wochen nach Vorlage der zur Prüfung der Frage, ob die Voraussetzungen für die Gewährung der Steuerfreijahre gegeben sind, erforderlichen Bau- und Lagepläne — gebotenenfalls nach Einvernahme der Baupolizeibehörde — beschlußmäßig festzustellen, ob das neu aufzuführende Gebäude als unter die Steuervergünstigung fallend anzusehen ist. Die Entscheidung hat gebührenfrei zu ergehen.

III Lautet der Beschluß des Finanzamts ablehnend und wird die Befreiung von der Haussteuer auf zehn Jahre auf Grund der Verordnung beansprucht, so hat im Streitfall das Landesfinanzamt (Landesmittelstelle) über den Anspruch zu entscheiden. Die Entscheidung ist mit Gründen zu versehen und hat einen Ausspruch im Kosten- und Gebührenpunkt zu enthalten. Gegen die Entscheidung des Landesfinanzamts (Landesmittelstelle) ist innerhalb der unerstrecklichen Frist von 14 Tagen von der Eröffnung der Entscheidung an gerechnet Beschwerde an den Verwaltungsgerichtshof zulässig, der in letzter Instanz entscheidet (vgl. Art. 10 Ziff. 26 und Art. 45, Abs. I—III des Gesetzes vom 8. August 1878 über die Errichtung eines Verwaltungsgerichtshofs und das Verfahren in Verwaltungsrechtssachen — GVBl. S. 369 —).

§ 6.

I Die in den Jahren 1924 und 1925 neu aufgeführten Gebäude mit Mietwohnungen und Eigenheime, die während 10 Jahren gänzliche oder teilweise (§ 2 Abs. II) Steuerfreiheit genießen, sind auf Grund der Baufallanzeigen je in ein besonderes Verzeichnis nach dem für Kleinwohnungsbauten vorgeschriebenen Muster (Anl. 5) zur Bekanntmachung vom 9. Juni 1911 über die Haussteuerkataster und die rechnerische Behandlung der Haussteuer — FMBl. 1911 S. 445, 461 —) unter fortlaufender Nummernfolge einzutragen. Die Nummer des Verzeichnisses, unter der die Eintragung erfolgt, ist in der Bemerkungsspalte der Baufallanzeige zu vermerken.

II Ändern sich nach Baubeginn die Verhältnisse oder bestehen sonst Zweifel, ob und in welchem Umfange Steuerfreiheit zu gewähren ist, so hat das Finanzamt die erforderlichen Erhebungen zu pflegen und im Streitfalle nach Einvernahme der Baupolizeibehörde Entscheidung über den Beginn der Steuerpflicht herbeizuführen. Die Mieteinwertung ist abgesehen von den in § 2 Abs. II dieser Bekanntmachung bezeichneten Fällen erst in dem Jahre zu vollziehen, das dem 1. Jahre der Steuerpflicht vorangeht. Bei Veranlagung der Haussteuer ist Nr. und Jahr des Vormerkungsbuchs — § 4 und Anlage 4 hierzu der Bekanntmachung vom 9. Juni 1911, FMBl. S. 445, 457 — in den Verzeichnissen nach Abs. I zu vermerken.

§ 7.

Die Verordnung vom 23. Juni 1924 und diese Bekanntmachung finden auf die im Gebiete des ehemaligen Freistaats Coburg in den Jahren 1924 und 1925 neu aufgeführten Gebäude mit Mietwohnungen und Eigenheime, die nach dem Gesetze vom 25. Mai 1860 und den Nachtragsgesetzen hierzu der Grundsteuer nach der Stockwerksfläche oder nach dem Mietertrag unterliegen würden, entsprechende Anwendung.

§ 8.

Im übrigen finden auf das Verfahren die Vorschriften des Haussteuergesetzes und der hierzu ergangenen Vollzugsbekanntmachungen Anwendung.

7. Finanzgesetz für das Haushaltsjahr 1926.

Vom 9. Juli 1926. (GVBl. S. 355).

Auszug.

§ 5. I Die Bestimmungen der Verordnung des Gesamtministeriums des Freistaates Bayern vom 23. Juni 1924 über Steuervergünstigungen zur Förderung des Wohnungsbaues (GVBl. S. 173) für Gebäude mit Mietwohnungen und Eigenheime, die in den Jahren 1924 und 1925 neu aufgeführt wurden, werden auch auf Gebäude dieser Art und Eigenheime erstreckt, die in den Jahren 1926 und 1927 neu aufgeführt wurden oder neu aufgeführt werden.

II Die Steuervergünstigungen der Verordnung vom 23. Juni 1924 (GVBl. S. 173) und des Abs. I dieses Paragraphen werden auch auf solche durch Um-,

Ein- oder Aufbauten neu erstellte Gebäudeteile erstreckt, durch die Mietwohnungen geschaffen werden.

III Die zum Vollzuge dieser Bestimmungen erforderlichen Vorschriften werden vom Staatsministerium der Finanzen im Benehmen mit den beteiligten Staatsministerien erlassen.

8. Bekanntmachung zum Vollzuge des Grund- und des Haussteuergesetzes und der zu ihrer Änderung ergangenen Gesetze und Verordnungen.

Vom 18. August 1926. (GVBl. S. 417).

Staatsministerium der Finanzen.

Zum Vollzuge des Grundsteuergesetzes in der Fassung der Bekanntmachung vom 4. November 1910 (GVBl. S. 1030), des Haussteuergesetzes vom 17. August 1918 (GVBl. S. 858), des Art. 3 des Gesetzes über Vereinfachung der Staatsverwaltung und über Änderung des Finanzausgleichs zwischen Land und Gemeinden vom 9. Juli 1926 (GVBl. S. 383) und des § 5 des Finanzgesetzes für das Haushaltjahr 1926 vom 9. Juli 1926 (GVBl. S. 355) werden nachstehende Vorschriften erlassen:

I. Zum Vollzuge des Grundsteuergesetzes.

§ 1.

Nach § 13 Abs. II der Bekanntmachung vom 24. Dezember 1911 (GVBl. S. 1343) zum Vollzuge des Grundsteuergesetzes in der Fassung der Bekanntmachung vom 4. November 1910 (GVBl. S. 1030) zählen zu den außerordentlichen Elementarereignissen im Sinne des § 123 des Grundsteuergesetzes jene, deren Eintritt sich zeitlich feststellen läßt und deren schädliche Wirkung sofort erkennbar ist, wie dies z. B. bei Überschwemmung, Wolkenbruch, Hagelschlag, Sturm, Brand und bei der Beschädigung von Rebanlagen durch außergewöhnliche Fröste zutrifft. Ungünstige Witterung, wie anhaltende Kälte, Nässe, Trockenheit, durch die ein ungünstiger Ausfall der Ernte (Mißwachs) veranlaßt wird, ist nach dieser Vorschrift ebensowenig wie Insektenschäden, Mäusefraß und Viehseuchen als außerordentliches Elementarereignis im Sinne des Gesetzes zu erachten.

Nach einem zu dieser Vorschrift gefaßten Beschlusse des Landtags vom 9. Juli 1926 soll nun aber dem § 13 Abs. II der Vollzugsbekanntmachung zu § 123 des Grundsteuergesetzes durch eine allgemeine Entschließung eine neue Fassung dahin gegeben werden, daß auch außerordentliche Frost-, Nässe-, Trocken- oder Insektenschäden als Elementarereignisse im Sinne des Abs. I des § 123 des Grundsteuergesetzes zu betrachten sind.

(Vgl. Verh. d. Bayer. Landt. 1925 26. Beil. 2120, 2195 und 2280, Sten.Ber. vom 9. Juli 1926 Bd. V Nr. 129 S. 803).

Demgemäß wird verfügt, daß bei Eintritt von Schäden infolge der in dem Landtagsbeschlusse bezeichneten Ereignisse die Gewährung eines Grundsteuernachlasses im Sinne des § 123 des Grundsteuergesetzes dann nicht zu versagen ist, wenn sie in ihrer Wirkung auf den Ertrag der Grundstücke den im § 13 Abs. II Satz 1 der Vollzugsvorschriften besonders aufgeführten Beispielen außerordentlicher Elementarereignisse gleichkommen.

II. Zum Vollzuge des Haussteuergesetzes.

§ 2.

Durch Art. 3 Abs. I des Gesetzes über Vereinfachung der Staatsverwaltung und über Änderung des Finanzausgleichs zwischen Land und Gemeinden wurde das Gesamtministerium ermächtigt, landwirtschaftliche Gebäude von der in Abschn. D der Verordnung vom 31. März 1924 über die Entrichtung der Haussteuer und einer Abgabe zum Ausgleich der Geldentwertung bei bebauten Grundstücken (GVBl. S. 133) vorgesehenen Abgabe zur Förderung des Wohnungsbaues und für Kulturzwecke zu befreien. Von dieser Ermächtigung hat das Gesamtministerium durch die Verordnung vom 3. August 1926 Nr. 39445 (St.Anz. Nr. 177, GVBl. S. 387) über die Entrichtung einer Abgabe zur Förderung des Wohnungsbaues und für Kulturzwecke Gebrauch gemacht. Auf diese Verordnung wird hiermit zur entsprechenden Beachtung verwiesen. Dienen bebaute Grundstücke, die zu einer wirtschaftlichen Einheit gehören, zum Teil landwirtschaftlichen, forstwirtschaftlichen oder gärtnerischen Zwecken, zum Teil gewerblichen oder anderen Zwecken, so darf bei Prüfung der Frage, welche Zwecke überwiegen, nicht von einer Vergleichung **der** Größe der Gebäude oder Räume ausgegangen werden. Entscheidend ist vielmehr, welche **wirtschaftliche Bedeutung** der gewerbliche oder landwirtschaftliche Betrieb für den Steuerpflichtigen besitzt. Dabei ist vor allem auch zu berücksichtigen, welcher Ertrag aus dem einen oder anderen Betrieb erzielt wird.

§ 3.

I Durch Art. 3 Abs. II und Art. 4 Abs. I des Gesetzes vom 9. Juli 1926 über Vereinfachung der Staatsverwaltung und über Änderung des Finanzausgleichs zwischen Land und Gemeinden (GVBl. S. 383) wurde die in § 5 Abs. II des Haussteuergesetzes für die Arealsteuer vorgesehene Höchstgrenze mit Wirkung vom 1. April 1926 ab aufgehoben. § 5 Abs. II des Haussteuergesetzes vom 17. Aug. 1918 (GVBl. S. 858) erhält demzufolge nachstehenden Wortlaut:

> „I Für den unter lit. b des § 4 Abs. I erwähnten Fall werden als Minimum der überbauten und zu Hofräumen verwendeten Fläche drei Ar (0,03 ha) bestimmt."

II Diejenigen Arealsteuerverhältniszahlen, die nach § 5 Abs. II in Verbindung mit § 6 Abs. II des Haussteuergesetzes vom 17. August 1918 (GVBl. S. 858) und § 1 Abs. II der Vollzugsbekanntmachung hierzu vom 6. Oktober 1918 (GVBl. S. 807) mit (25 × 14 =) 350, nach Abschn. A Ziff. I der Verordnung vom 31. März 1924 (GVBl. S. 133) über die Entrichtung der Haussteuer und einer Abgabe zum Ausgleich der Geldentwertung bei bebauten Grundstücken für das Rechnungsjahr 1924 aber mit (25 × 40 =) 1000 als Maximum errechnet wurden, sind an der Hand der Kataster darauf nachzuprüfen, ob ihnen ein größerer Flächeninhalt des überbauten Grund und Bodens sowie der Hofräume als 25 Ar (0,25 ha) zugrunde liegt. Bejahendenfalls sind die Haussteuerverhältniszahlen unter Beachtung der Vorschriften in § 8 Abs. I und III der Vollzugsbekanntmachung vom 2. März 1911 (GVBl. S. 107) neu zu berechnen und die neuberechneten Haussteuerverhältniszahlen vom 1. April 1926 ab der Besteuerung zugrunde zu legen.

§ 4.

I Mit Bekanntmachung des Gesamtministeriums vom 4. Januar 1916 Nr. 261 über Steuervergünstigungen zur Förderung des Wohnungsbaues (GVBl. S. 2, StAnz. Nr. 3) wurden vorbehaltlich späterer gesetzlicher Regelung die Bestimmungen der Verordnung vom 23. Juni 1924 über Steuervergünstigungen zur Förderung des Wohnungsbaues (GVBl. S. 173, StAnz. Nr. 144) für Gebäude mit Mietwohnungen und Eigenheime, die in den Jahren 1924 und 1925 neu aufgeführt wurden, auch auf Gebäude dieser Art und Eigenheime erstreckt, die in den Jahren 1926 und 1927 neu aufgeführt werden. Die in dieser Bekanntmachung vorbehaltene gesetzliche Regelung ist nunmehr im § 5 Abs. I des Finanzgesetzes vom 9. Juli 1926 (GVBl. S. 355) getroffen worden.

II Durch § 5 Abs. II bezeichneten Finanzgesetzes wurden weiter die Steuervergünstigungen der Verordnung vom 23. Juni 1924 (GVBl. S. 173) und des

Abs. I des § 5 des Finanzgesetzes für das Haushaltsjahr 1926 auch auf solche durch Um-, Ein- oder Aufbauten neuerstellte Gebäudeteile erstreckt, durch die Mietwohnungen geschaffen werden. Die gesetzliche Vergünstigung des Abs. II des § 5 des Finanzgesetzes kommt demnach allen jenen durch Um-, Ein- oder Aufbauten neuerstellten Gebäudeteilen zugute, die in den Jahren 1924, 1925 und 1926 bisher erstellt wurden, und in den Jahren 1926 und 1927 noch erstellt werden.

III Die Bekanntmachung vom 8. Juli 1924 (GVBl. S. 184, StAnz. Nr. 159) zum Vollzuge der Verordnung vom 23. Juni 1924 (GVBl. S. 173) über Steuervergünstigungen zur Förderung des Wohnungsbaues hat auch für die nunmehr steuerlich begünstigten durch Um-, Ein- und Aufbauten neu erstellten Gebäudeteile durch die Mietwohnungen geschaffen wurden oder werden, entsprechende Anwendung zu finden.

IV Soweit Beträge an Haussteuer, dann an Zuschlägen und Umlagen jeder Art infolge Zugangführung von Haussteuerverhältniszahlen, die auf derartige nunmehr steuerlich begünstigte neuerstellte Gebäudeteile entfielen, zur Einzahlung gelangten, sind sie entweder rückzuerstatten oder auf künftig fällig werdende Schuldigkeiten anzurechnen.

9. Bekanntmachung zum Vollzuge des Grundsteuergesetzes und des Haussteuergesetzes, hier Verzugszuschläge und Verzugszinsen.

Vom 26. November 1926. (GVBl. S. 537).

Staatsministerium der Finanzen.

Auf Grund des § 118 Abs. II des Grundsteuergesetzes in der Fassung des Art. III des Änderungsgesetzes vom 18. Juli 1923 (GVBl. S. 237) und auf Grund des § 36 Abs. II des Haussteuergesetzes in der Fassung des Art. IV des Änderungsgesetzes vom gleichen Tage (GVBl. S. 237/8) wird folgendes bestimmt:

§ 1.

Die Vorschriften, nach denen bisher bei nicht rechtzeitiger Zahlung von Grund- und Haussteuern Verzugszuschläge erhoben wurden (vgl. Abschnitt E Abs. II und III der Verordnung vom 5. Mai 1924 über die Entrichtung der Grundsteuer für das Rechnungsjahr 1924 — GVBl. S. 153 — und Abschnitt E Abs. II und III der Verordnung vom 31. März 1924 über die Entrichtung der Haussteuer und einer Abgabe zum Ausgleich der Geldentwertung bei bebauten Grundstücken für das Rechnungsjahr 1924 — GVBl. S. 133 — dann die Bekanntmachung vom 19. Oktober 1925 Nr. 47161 — GVBl. S. 261, StAnz. Nr. 242 —) treten mitsamt den Bestimmungen über die Schonfrist außer Kraft.

§ 2.

I Wird eine Zahlung, die nach dem Grundsteuer- oder nach dem Haussteuergesetz und den Vollzugsvorschriften hierzu zu leisten ist, nicht rechtzeitig entrichtet, so sind von der Fälligkeit an Verzugszinsen nach Maßgabe des § 3 Abs. I der Bekanntmachung vom 29. Dezember 1923 Nr. 58227 (GVBl. 1924 S. 2, StAnz. Nr. 302/1923) und des § 6 Abs. I der Bekanntmachung vom 29. Dezember 1923 Nr. 58228 (GVBl. 1924 S. 3, StAnz. Nr. 1/1924) zu zahlen.

II Diese Verzugszinsen werden im Anschluß an §§ 2 und 3 der Verordnung des Reichsministers der Finanzen vom 8. November 1926 über Verzugszuschläge und Verzugszinsen (RGBl. I S. 487) vom 1. Dezember 1926 ab auf 10 vom Hundert jährlich festgesetzt.

III Auch in Zukunft sind für die Höhe der Verzugszinsen jeweils die für die Verzinsung rückständiger Einkommensteuern bestehenden Vorschriften maßgebend.

§ 3.

Für die Höhe des Zinsfußes der Stundungszinsen sind jeweils die für die Verzinsung gestundeter Einkommensteuern bestehenden Vorschriften maßgebend (zurzeit Art. I der vierten Verordnung des Reichsministers der Finanzen zur Änderung der Steuerzinsverordnung vom 15. Juli 1926 — RGBl. I S. 412 — zu vergl. auch die Bek. d. Staatsmin. d. Fin. vom 25. Juli 1926 Nr. 38524 über Verzugs- und Stundungszinsen — GVBl. S. 382, StAnz. Nr. 169 —).

§ 4.

I Diese Anordnungen treten mit dem 1. Dezember 1926 in Kraft.

II Für die Zeit vom 1. Dezember 1926 ab findet der Zinsfuß von zehn vom Hundert jährlich auch bei Verzugszinsen von solchen Beträgen Anwendung, die vor dem 1. Dezember 1926 fällig geworden sind.

III Ist vor dem 1. Dezember 1926 eine Verpflichtung zur Zahlung von Verzugszuschlägen entstanden, so werden die Verzugszuschläge nur insoweit erhoben, als die halben Monate, auf die die Verzugszuschläge entfallen, vor dem 1. Dezember 1926 abgelaufen sind; soweit hiernach Verzugszuschläge nicht zur Erhebung kommen, werden Verzugszinsen erhoben.

10. Bekanntmachung zum Vollzuge der Verordnung über die Erhebung der Grund- und der Haussteuer.

Vom 5. November 1927. (GVBl. S. 351).

Staatsministerien des Innern und der Finanzen.

Es ist die Frage aufgeworfen worden, ob die vom 1. August 1927 ab erfolgte Erhöhung der Briefgebühr von zehn auf fünfzehn Reichspfennig im Hinblick auf die Bestimmungen im § 2 Abs. II Satz 1 und 2 der Bekanntmachung vom 29. Dezember 1923 (GVBl. 1924 S. 2ff.) zum Vollzuge der Verordnung vom 27. Dezember 1923 (GVBl. S. 414) auch für den Mindestbetrag der Grundsteuerschuldigkeit für das Rechnungsjahr 1927 und die folgenden Rechnungsjahre maßgebend ist. Diese Frage ist zu verneinen, da der ausschließlich im Interesse der Reichspostverwaltung erfolgten Erhöhung der Briefgebühr ein Einfluß auf die Höhe der Grundsteuerschuldigkeit gerade beim kleinsten Grundbesitz nicht eingeräumt werden kann. Seit der erfolgten Festigung der deutschen Währung hat die Höhe der Briefgebühr ihre Bedeutung für die Festsetzung des Mindestbetrags der Grundsteuerschuldigkeit verloren. Mit Rücksicht hierauf wird der Mindestbetrag der Grundsteuerschuldigkeit unter Aufhebung der Bestimmungen im § 2 Abs. II Satz 1 und 2 der eingangs erwähnten Vollzugsbekanntmachung vom 1. August 1927 an auf zehn Reichspfennig festgesetzt.

Gleichzeitig werden die Bestimmungen im § 1 Abs. III der Bekanntmachung vom 29. Dezember 1923 (GVBl. 1924 S. 3ff.) zum Vollzuge der Verordnung vom 27. Dezember 1923 (GVBl. S. 414) aufgehoben, da zurzeit ein Bedürfnis für die Festsetzung eines Mindestbetrags bei der Haussteuer nicht besteht.

11. Bekanntmachung über Nachholung und Rückvergütung an Grund- und Haussteuer nebst den Zuschlägen hiezu.

Vom 21. März 1928. (GVBl. S. 159).

Staatsministerien des Innern und der Finanzen.

In § 2 der Bekanntmachung vom 19. Februar 1922 (GVBl. S. 175) und in § 9 der Bekanntmachung vom gleichen Tage (GVBl. S. 177) ist bestimmt:

Sind Grund- und Haussteuerbeträge nachzuholen oder rückzuvergüten, die ohne Einrechnung der Umlagen weniger als 10 ℳ betragen, so ist von der Nachholung abzusehen und die Rückvergütung nur auf Antrag des Empfangsberechtigten zu bewirken.

Diese Vorschriften, die durch die damals bereits weit vorgeschrittene Geldentwertung bedingt waren, konnten in den §§ 7 und 9 der Bekanntmachung vom 29. Dezember 1923 (GVBl. 1924 S. 2 und 3) aufrecht erhalten werden, weil nach der Verordnung vom 27. Dezember 1923 über die Entrichtung der Grund- und der Haussteuer für das Rechnungsjahr 1923 (GVBl. S. 414), zu deren Vollzug die erwähnte Bekanntmachung ergangen war, Zuschläge zur Grund- und zur Haussteuer noch nicht erhoben wurden.

Seit dem 1. April 1924 werden jedoch zur Grund- und zur Haussteuer Zuschläge erhoben, die infolge wiederholter Erhöhung bei der Haussteuer nunmehr den in den Bekanntmachungen vom 19. Februar 1922 festgesetzten Normalsteuerbetrag von 10 ℳ als Maßstab auch für die Nachholung und Rückvergütung der Zuschläge nicht mehr als angemessen erscheinen lassen.

Mit Rücksicht hierauf wird unter Aufhebung der eingangs erwähnten Vorschriften mit Rückwirkung vom 1. April 1927 ab bis auf weiteres verfügt, daß von einer Nachholung abzusehen und eine Rückvergütung nur auf Antrag des Empfangsberechtigten zu bewirken ist, wenn der nachzuholende oder rückzuvergütende Betrag (einschließlich der Zuschläge aber ohne die Umlagen) bei der Grundsteuer weniger als 1 Rℳ und bei der Haussteuer weniger als 5 Rℳ beziffert.

12. Finanzgesetz für das Haushaltsjahr 1928.

Vom 27. April 1928. (GVBl. S. 319).

Auszug.

§ 8.

1 I Die Bestimmungen der Verordnung des Gesamtministeriums des Freistaates Bayern vom 23. Juni 1924 über Steuervergünstigungen zur Förderung des Wohnungsbaues (GVBl. S. 173) und des § 5 des Finanzgesetzes vom 9. Juli 1926 für das Haushaltsjahr 1926 (GVBl. S. 355) werden auch auf Gebäude und Gebäudeteile der dort bezeichneten Art sowie auf Eigenheime erstreckt, die in den Jahren 1928 und 1929 neu aufgeführt wurden oder neu aufgeführt werden.

II Die zum Vollzuge der Verordnungen vom 23. Juni 1924 und des § 5 des Finanzgesetzes vom 9. Juli 1926 erlassenen Bekanntmachungen vom 8. Juli 1924 (GVBl. S. 184) und vom 18. August 1926 — § 4 — (GVBl. S. 417) gelten sinngemäß auch für den Vollzug dieses Gesetzes.

13. Finanzgesetz für das Haushaltsjahr 1930.

Vom 1. August 1930. (GVBl. S. 267).

Auszug.

§ 11.

Die Bestimmungen der Verordnung des Gesamtministeriums vom 23. Juni 1924 über Steuervergünstigungen zur Förderung des Wohnungsbaues (GVBl. S. 173) und des § 5 des Finanzgesetzes vom 9. Juli 1926 für das Haushaltsjahr 1926 (GVBl. S. 355) werden auf Gebäude und Gebäudeteile der dort bezeichneten Art sowie auf Eigenheime erstreckt, die im Jahre 1930 neu aufgeführt werden.

C. Wohnungsbau- und Geldentwertungsabgabe.

14. Verordnung über die Entrichtung der Haussteuer und einer Abgabe zum Ausgleich der Geldentwertung bei bebauten Grundstücken

abgedr. unter B Haussteuer Nr. 4.

15. Verordnung über die Entrichtung einer Abgabe zum Ausgleich der Geldentwertung bei bebauten Grundstücken.

Vom 23. Juni 1926.
(GVBl. S. 329).

Gesamtministerium des Freistaates Bayern.

Auf Grund des § 31 der 3. Steuernotverordnung vom 14. Februar 1924 (RGBl. I S. 74) wird Abschnitt F der Verordnung vom 31. März 1924 über die Entrichtung der Haussteuer und einer Abgabe zum Ausgleich der Geldentwertung bei bebauten Grundstücken in der Fassung der Verordnungen vom 19. Mai 1925 (GVBl. S. 152) und vom 29. Juli 1925 (GVBl. 1926 S. 205) mit Wirkung vom 1. Juli 1926 durch folgende Bestimmungen ersetzt:

F. I. An Stelle der in §§ 26 ff. der 3. Steuernotverordnung vorgesehenen Abgabe zum Ausgleich der Geldentwertung bei bebauten Grundstücken werden Zuschläge zur Haussteuer erhoben. Dabei ist bei arealsteuerpflichtigen Gebäuden der Zuschlag nur aus der Hälfte der Arealsteuer zu berechnen, wenn die überbaute und zu Hofräumen verwendete Fläche 10 Ar nicht übersteigt.

Ausgenommen von der Abgabe zum Ausgleich der Geldentwertung sind Grundstücke, die dauernd landwirtschaftlichen, forstwirtschaftlichen oder gärtnerischen Zwecken zu dienen bestimmt sind. Dienen die zu einer wirtschaftlichen Einheit gehörenden bebauten Grundstücke zum Teil landwirtschaftlichen, forstwirtschaftlichen oder gärtnerischen Zwecken, zum Teil gewerblichen oder anderen Zwecken, so sind die Grundstücke nur dann befreit, wenn die ersteren Zwecke überwiegen. Die Wohnung des Landwirts selbst und seines Gesindes gilt zu landwirtschaftlichen Zwecken bestimmt. Die Zuschläge werden vom Staatsministerium der Finanzen im Benehmen mit dem Staatsministerium für Soziale Fürsorge monatlich festgesetzt und sind mit der Haussteuer einzubezahlen. Die für die Entrichtung der Haussteuer maßgebenden Vorschriften gelten auch für diese Zuschläge.

II. Von diesen Zuschlägen sind auf Antrag befreit:

1. Neubauten oder durch Um- oder Einbauten neugeschaffene Gebäudeteile, wenn der Bau erst nach dem 1. Juli 1918 bezugsfertig geworden ist. Die Belastung solcher Neubauten, die mit Beihilfen aus öffentlichen Mitteln ausgeführt worden sind, ist in der Verordnung vom 15. Oktober 1924 über den Vollzug des § 29 der Dritten Steuernotverordnung (GVBl. S. 207) geregelt;
2. öffentliche Körperschaften für die in ihrem Eigentume stehenden und von ihnen für öffentliche Zwecke benutzten Gebäude;
3. inländische Personenvereinigungen und Vermögensmassen, die nach der Satzung, Stiftung oder sonstigen Verfassung ausschließlich gemeinnützigen, mildtätigen, ethischen oder religiösen Zwecken dienen, für die in ihrem Eigentum stehenden und von ihnen für diese Zwecke benutzten Gebäude;

4. Botschaften, Gesandtschaften und Konsulate für die im Eigentum des Entsendestaates stehenden und von ihnen für ihre Zwecke benutzten Gebäude, sofern Gegenseitigkeit gewährt wird;
5. Einfamilienhäuser, die vor dem 1. Juli 1918 bezugsfertig hergestellt und zu diesem Zeitpunkt mit nicht mehr als 20 vom Hundert des Friedenswertes belastet waren, sofern sie ausschließlich vom Eigentümer und seiner Familie bewohnt werden und die Wohnfläche nicht mehr als 70 Quadratmeter beträgt. Die Freistellung wird nicht dadurch ausgeschlossen, daß das Einfamilienhaus zum geringen Teil auf Grund behördlicher Maßnahmen vermietet worden ist.

Liegen die Voraussetzungen in Ziff. 1—4 nur für einen Teil des Gebäudes vor, so bezieht sich die Befreiung nur auf diesen Teil.

III. Soweit vor dem 14. Februar 1924 auf einem Grundstücke eine privatrechtliche wertbeständige Last gemäß der Verordnung über die Eintragung von Hypotheken in ausländischer Währung vom 13. Februar 1920 (RGBl. S. 231) oder dem Gesetze über wertbeständige Hypotheken vom 23. Juni 1923 (RGBl. I S. 407) eingetragen ist, ist der dem Werte der aus der Last sich ergebenden laufenden Geldverpflichtung entsprechende Geldbetrag dem Grundstückseigentümer auf seinen Antrag aus der auf das Grundstück treffenden Abgabe zu erstatten. Das Gleiche gilt für die auf Grund des Gesetzes über das Zusatzabkommen zum Abkommen vom 6. Dezember 1920 zwischen dem Deutschen Reich und der Schweizerischen Eidgenossenschaft, betreffend schweizerische Goldhypotheken in Deutschland und gewisse Arten von Frankenforderungen an deutsche Schuldner, vom 23. Juni 1923 (RGBl. II S. 284) aus der Umwandlung einer schweizerischen Goldhypothek entstandenen Frankengrundschulden sowie für solche Hypotheken in in- oder ausländischer Währung, die der Grundstückseigentümer zur Ablösung dieser Frankengrundschuld aufnimmt. Zu den laufenden Geldverpflichtungen gehören in diesem Falle auch Tilgungsbeträge, die zur Abtragung der Frankengrundschuld angesammelt werden. Die näheren Bestimmungen darüber, in welcher Höhe Tilgungen als angemessen anzusehen sind, trifft das Staatsministerium der Finanzen.

IV. Grundstücke, die am 31. Dezember 1918 unbelastet waren, sind auf Antrag von der Abgabe befreit. Hat am 31. Dezember 1918 die dingliche privatrechtliche Belastung nicht mehr als 40 vom Hundert des Friedenswertes betragen, so wird die Abgabe auf Antrag ermäßigt. Sie beträgt:

bei einer Belastung bis zu 20 vom Hundert des Friedenswertes nicht mehr als 8 vom Hundert der Friedensmiete,

bei einer Belastung bis zu 30 vom Hundert des Friedenswertes nicht mehr als 15 vom Hundert der Friedensmiete,

bei einer Belastung bis zu 40 vom Hundert des Friedenswertes nicht mehr als 25 vom Hundert der Friedensmiete.

Beträgt die Belastung über 40 vom Hundert des Friedenswertes, so ist die Abgabe im vollen Betrage zu entrichten.

Als dingliche privatrechtliche Lasten gelten nicht Hypotheken, die gemäß den §§ 1187, 1190 BGB. zur Sicherung von Schuldverschreibungen auf den Inhaber eingetragen worden sind, und Hypotheken, die nachweislich zum Zwecke der Zeichnung von Kriegsanleihe aufgenommen worden sind.

Bei der Berechnung der Belastung ist von dem Nennbetrage der eingetragenen dinglichen privatrechtlichen Lasten auf Antrag der Nennbetrag der bis zum 31. Dezember 1918 erfolgten Tilgung abzusetzen. Als Tilgung gilt insbesondere die Zahlung des Kapitals oder Ablösungsbetrags, die Vereinigung von Schuld und Forderung in einer Person, die Zahlung von Tilgungsraten.

Das Staatsministerium der Finanzen ist, wenn die Miete 100 vom Hundert der Friedensmiete übersteigt, im Einvernehmen mit dem Staatsministerium für Soziale Fürsorge ermächtigt, die Vergünstigungen nach Abs. 1 dieser Ziffer soweit auszuschließen, als die Steuer auf den Teil der Miete entfällt, der 100 vom Hundert der Friedensmiete übersteigt.

V. Als Friedenswert im Sinne dieser Vorschriften gilt der Wehrbeitragswert oder wo ein solcher nicht festgestellt wurde, der 20fache Betrag der Friedensmiete. Soweit der Wehrbeitragswert für die Berechnung der Vermögenssteuer 1924 berichtigt wurde, ist der berichtigte Wert maßgebend.

VI. Die Befreiungen nach Abschn. II—IV treten, soweit den Anträgen stattgegeben wird, mit Beginn des Rechnungsvierteljahres, in dem der Antrag gestellt wird, in Wirksamkeit. Aus besonderen Billigkeitsgründen kann eine Befreiung auch für die vorangegangene Zeit, jedoch nicht über das laufende Rechnungsjahr zurück, zugestanden werden.

VII. Der Ertrag dieser Zuschläge (Abschn. F) wird zu einem Drittel den Gemeinden nach Maßgabe des örtlichen Aufkommens überwiesen. Die Auszahlung erfolgt unmittelbar durch das Finanzamt. Die Gemeinden können für das einzelne Rechnungsjahr spätestens ein Monat vor Beginn des Rechnungsjahrs beschließen, daß der ihnen zugewiesene Anteil ganz oder teilweise unerhoben bleibt.

VIII. Die Vorschrift in Art. 10 Ziff. 26 VGG. wird auf die Abgabe zum Ausgleich der Geldentwertung nicht ausgedehnt.

Die erforderlichen Vollzugsvorschriften erläßt das Staatsministerium der Finanzen. Die Bekanntmachung vom 18. November 1924 über die Abgabe zum Ausgleich der Geldentwertung bei bebauten Grundstücken, GVBl. S. 234, wird aufgehoben.

16. Bekanntmachung zum Vollzuge der Verordnung des Gesamtministeriums des Freistaates Bayern vom 23. Juni 1926 über die Entrichtung einer Abgabe zum Ausgleich der Geldentwertung bei bebauten Grundstücken.

Vom 23. Juni 1926.

(GVBl. S. 333).

1. Während bisher die Einhebung der Zuschläge zum Ausgleich der Geldentwertung nach der Bekanntmachung vom 18. November 1924 (GVBl. S. 234) für arealsteuerpflichtige Gebäude allgemein ohne Rücksicht auf die Art und die Verordnung des Gebäudes ausgesetzt war, sind ab 1. Juli 1926 von der Abgabe nur noch solche Grundstücke ausgenommen, die dauernd landwirtschaftlichen, forstwirtschaftlichen oder gärtnerischen Zwecken zu dienen bestimmt sind. Gebäude, die anderen, insbesondere gewerblichen Zwecken dienen, z. B. Landhäuser, Gastwirtschaften, Wohngebäude, unterliegen künftighin der Abgabe in Arealsteuergemeinden ebenso wie in Mietsteuergemeinden. Die Arealsteuer kommt jedoch für die Berechnung der Abgabe, wenn die überbaute und zu Hofräumen verwendete Fläche 10 Ar nicht übersteigt, nur mit der Hälfte in Ansatz, d. h. die Abgabe ist in diesen Fällen nur mit der Hälfte zu erheben.

Die Befreiung der landwirtschaftlichen, forstwirtschaftlichen und gärtnerischen Grundstücke ist an keinen Antrag gebunden, sie ist von Amtswegen zu berücksichtigen. Ob die Voraussetzungen für die Befreiung gegeben sind, ist zunächst, vorbehaltlich der Entscheidung des Finanzamts, von der Gemeindebehörde festzustellen. Diese hat dem Finanzamt entweder ein Verzeichnis der steuerpflichtigen oder ein Verzeichnis der steuerfreien Gebäude unverzüglich vorzulegen.

2. Die Abgabe zum Ausgleich der Geldentwertung wird mit der Haussteuer fällig und ist mit dieser einzubehalten. Soweit die Haussteuer in vierteljährlichen Raten zu entrichten ist, ist auch die Abgabe vierteljährlich zu entrichten.

3. Die in Abschn. F Ziff. II—IV der Verordnung erwähnten Befreiungen und Vergünstigungen treten nur auf Antrag ein. Auf die Möglichkeit solcher Befreiungen oder Vergünstigungen ist von den Finanzämtern nicht nur nach Erlaß dieser Bekanntmachung, sondern auch jeweils die Bekanntgabe der Einzahlungstermine öffentlich hinzuweisen.

4. Nach der Verordnung vom 31. März 1924 konnte der Eigentümer eines Grundstückes, das am 1. Juli 1914 entweder unbelastet war oder dessen dingliche privatrechtliche Belastung nicht mehr als 20 vom Hundert des Wehrbeitragswertes betrug, beantragen, daß die Abgabe soweit herabgesetzt wird, daß Haussteuer mit Umlagen und Zuschlägen 20 vom Hundert der Friedensmiete nicht übersteigen. Stichtag ist nunmehr der 31. Dezember 1918. Die Grundstücke, die am 31. Dezember 1918 unbelastet waren, sind auf Antrag von der Abgabe befreit. War das Grundstück am 31. Dezember 1918 zwar belastet, aber nicht höher als 40 vom Hundert des Friedenswertes belastet, so ermäßigt sich die Abgabe nach näherer Vorschrift des Abs. IV der Verordnung. Die für das Grundstück zu entrichtende Haussteuer samt Umlagen sowie die Zuschläge zur Förderung des Wohnungsbaues werden hiedurch nicht berührt. Die erforderlichen Nachweise über die Höhe der Belastung hat der Antragsteller selbst zu beschaffen.

5. Nach Ziff. IV Abs. 2 der Verordnung gelten als dingliche privatrechtliche Lasten nicht Hypotheken, die gemäß den §§ 1187, 1190 BGB. zur Sicherung von Schuldverschreibungen auf den Inhaber eingetragen worden sind. Sonstige Sicherungshypotheken einschließlich der Höchstbetragshypotheken (BGB. § 1190) sind wie gewöhnliche Hypotheken zu behandeln. Bei ihnen gilt als Belastung des Grundstücks der Betrag der Forderung am 31. Dezember 1918.

6. Die bisher zum Vollzuge der Abgabe zum Ausgleich der Geldentwertung erlassenen Vorschriften gelten unverändert fort soweit sie nicht mit der Verordnung vom 23. Juni 1926 und dieser Bekanntmachung in Widerspruch stehen. Hiernach bleiben insbesondere aufrechterhalten die Vorschriften über die Berücksichtigung wirtschaftlicher Not des steuerpflichtigen Hausbesitzers und des Mieters, über die Ermäßigung der Abgabe bei höherer als gesetzlicher Aufwertung und über Ermäßigung der Abgabe für Saisonbetriebe und unbenützte Geschäftsräume.

17. Verordnung über die Entrichtung einer Abgabe zur Förderung des Wohnungsbaues und für Kulturzwecke.

Vom 3. August 1926.

(GVBl. S. 387).

Gesamtministerium des Freistaates Bayern.

Auf Grund des Art. 3 Abs. I des Gesetzes vom 9. Juli 1926 über Vereinfachung der Staatsverwaltung und über Änderung des Finanzausgleichs zwischen Land und Gemeinden (GVBl. S. 383) wird mit Wirkung vom 1. April 1926 folgende Anordnung getroffen:

Von der Abgabe zur Förderung des Wohnungsbaues und für Kulturzwecke nach Abschn. D der Verordnung vom 31. März 1924 (GVBl. S. 133) sind Grundstücke, die dauernd landwirtschaftlichen, forstwirtschaftlichen oder gärtnerischen Zwecken zu dienen bestimmt sind, ausgenommen. Die für diese Grundstücke geltenden Vorschriften der Verordnung vom 23. Juni 1926 über die Entrichtung einer Abgabe zum Ausgleich der Geldentwertung (GVBl. S. 329) und der Vollzugsbekanntmachung hierzu vom 23. Juni 1926 (GVBl. S. 333) finden entsprechende Anwendung.

18. Verordnung über Erhebung einer Abgabe zur Förderung des Wohnungsbaues und für Kulturzwecke und über die Entrichtung einer Abgabe zum Ausgleich der Geldentwertung bei bebauten Grundstücken.

Vom 4. April 1927.

(GVBl. S. 116).

Staatsministerien der Finanzen und für Soziale Fürsorge.

Auf Grund des § 8 des Gesetzes vom 1. Juni 1926 über den Geldentwertungsausgleich bei bebauten Grundstücken (RGBl. I S. 251) werden

die Abgabe zur Förderung des Wohnungsbaues und für Kulturzwecke für die Zeit ab 1. April 1927 auf 700 v. H., für die Zeit ab 1. Oktober 1927 auf 850 v. H. der Haussteuer,

die Abgabe zum Ausgleich der Geldentwertung bei bebauten Grundstücken für die Zeit ab 1. April 1927 auf 1550 v. H., für die Zeit ab 1. Oktober 1927 auf 1650 v. H. der Haussteuer festgesetzt.

Soweit die Abgabe zum Ausgleich der Geldentwertung 1450 v. H. der Haussteuer übersteigt, sind die in Abschn. IV Abs. 1 der Verordnung vom 23. Juni 1926 über die Entrichtung einer Abgabe zum Ausgleich der Geldentwertung bei bebauten Grundstücken (GVBl. S. 329) vorgesehenen Vergünstigungen ausgeschlossen. Hiernach haben als Abgabe zum Ausgleich der Geldentwertung zu entrichten:

Grundstücke, die am 31. Dezember 1918 unbelastet waren, ab 1. April 1927 100 v. H., ab 1. Oktober 1927 200 v. H. der Haussteuer. Hat am 31. Dezember 1918 die dingliche privatrechtliche Belastung nicht mehr als 40 v. H. des Friedenswertes betragen, so beträgt die Abgabe

bei einer Belastung bis zu 20 v. H. des Friedenswertes ab 1. April 1927 500 v. H., ab 1. Oktober 1927 600 v. H. der Haussteuer,

bei einer Belastung bis zu 30 v. H. des Friedenswertes ab 1. April 1927 850 v. H., ab 1. Oktober 1927 950 v. H. der Haussteuer,

bei einer Belastung bis zu 40 v. H. des Friedenswertes ab 1. April 1927 1350 v. H., ab 1. Oktober 1927 1450 v. H. der Haussteuer;

beträgt die Belastung über 40 v. H. des Friedenswertes, so ist die Abgabe ab 1. April 1927 im vollen Betrage mit 1550 v. H., ab 1. Oktober 1927 mit 1650 v. H. der Haussteuer zu entrichten.

Im übrigen gilt die Verordnung vom 23. Juni 1926 über die Entrichtung einer Abgabe zum Ausgleich der Geldentwertung bei bebauten Grundstücken.

Die Bayerischen Ertragssteuergesetze

Band I

Grund- und Haussteuergesetz

mit den Vollzugsvorschriften

Erläutert von

Dr. H. Berolzheimer

Regierungsrat am Landesfinanzamt Würzburg in Speyer a. Rh.

1922

München, Berlin und Leipzig

J. Schweitzer Verlag (Arthur Sellier).

Junge & Sohn, Univ.-Buchdruckerei, Erlangen

Inhaltsverzeichnis.

Abkürzungen.

Begr. 1908	=	Begründung zu den Gesetzentwürfen 1908, Beil. Bd. IV, S. 183.
Begr. 1921	=	Begründung zum Gesetzentwurf 1921, Beil. 1400, S. 3.
BlfFinW.	=	Blätter für das bayrische Finanzwesen.
v. Breunig	=	v. Breunig, Die bayerischen Ertragssteuergesetze vom 14. August 1910. München 1912.
FinMinBl.	=	Bayerisches Finanzministerialblatt.
FinMinEntschl	=	Bayerische Finanzministerialentschließung.
Hock	=	Hock, Handbuch der gesamten Finanzverwaltung, Bd. 2. Bamberg 1883.
VGE.	=	Entscheidungen des bayerischen Verwaltungsgerichtshofs.
VV	=	Vollzugsvorschriften.

I. Grundsteuergesetz.

Einleitung.

I. Die geschichtliche Entwicklung bis zur jüngsten Reform.

Wenn die Dauer des Bestehens eines Gesetzes für dessen Güte maßgebend ist, so gehört das bayerische Grund- und Haussteuergesetz zweifellos zu den besten Steuergesetzen, die wir überhaupt besitzen. Beide datieren vom 15. August 1828.

Die Vorgeschichte des Grundsteuergesetzes darf als bekannt vorausgesetzt und soll hier nicht wiederholt werden[1]). Im Gegensatz zu dem mit Edikt vom 13. Mai 1808 zunächst eingeführten sog. „Provisorium", das den aus dem Kurrentwert des Grundvermögens (Grund- und Hausbesitz) abgeleiteten Reinertrag besteuerte, sich aber in der Praxis nicht bewährt hatte, entschied man sich im Gesetz vom 15. August 1828 für die Besteuerung der Grundstücke nach dem mittleren Ertrag (das „Definitivum"), unter Abspaltung der Besteuerung des Hausbesitzes. Das Grundsteuergesetz besteuert die Grundstücke nach ihrer mittleren Ertragsfähigkeit. Voraussetzung hiefür ist eine genaue Parzellarvermessung und die Einschätzung der Grundstücke nach ihrer Ertragsfähigkeit (Bonitierung); beide Aufgaben wurden mit den damals zu Gebote stehenden Mitteln in anerkannt ausgezeichneter Weise, allerdings unter großem Zeit- und Kostenaufwand, gelöst.

Der mittlere Ertrag wurde nach der natürlichen Lage und Bodenbeschaffenheit des Grundstücks bei gemeinüblichem Wirtschaftsfleiße unter Annahme der alten Dreifelderwirtschaft (also der das 3. Jahr als Brachjahr behandelnden Wirtschaft) ermittelt. Hiebei ging man von dem Ertrag eines Achtels Scheffel Korn auf das Tagwerk gerechnet als Gulden-Einheit aus und bildete verschiedene Bonitätsklassen derart, daß je mit der Anzahl der Achtel Schäffel Korn die Höhe der Klasse bezeichnet erscheint. Die übrigen Getreide- und Kulturarten wurden auf die Korneinheit zurückgeführt. Individuelle Schätzung erfolgte lediglich bei den Mustergründen, während der Ertrag der übrigen Grundstücke durch Vergleich mit den Mustergründen festgestellt wurde.

Der Ertrag besteht also aus dem Produkt von Tagwerksfläche und Bonitätsklasse. Die so gefundene Größe ist die unveränderliche (definitive)

---

1) Vgl. Hoch Bd. 2 S. 5; Seißer, Die Gesetze über die direkten Steuern im Kgr. Bayern, erschienen bei Beck 1887; v. Breunig, Bd. 2; sodann die treffliche Einleitung in der Fürnrohrschen Textausgabe der bayerischen direkten Staatssteuergesetze, erschienen bei J. Schweitzer Verlag 1918.

Steuerverhältniszahl, von der alsdann die Steuer nach dem gesetzlichen Erhebungssatz berechnet wird (die umständliche Berechnung nach Simplen entfiel seit 1881. Vgl. nächsten Absatz).

In diesen wesentlichen Grundzügen ist das Grundsteuergesetz bis auf den heutigen Tag in Kraft geblieben. Wegen der Änderungen bis zur Reform der Steuergesetzgebung 1910, insbes. mit Ges. vom 19. Mai 1881 — vgl. auch die Einleitung zur Hausst. — darf auf die Einleitung zum GrdstGes. bei v. Breunig, Bd. 2 verwiesen werden.

Die Reform der Steuergesetzgebung brachte — ebenso wie für die Haussteuer — insofern eine wesentliche Einzeländerung, als die Grundsteuer neben der allgemeinen Einkommensteuer nur eine Ergänzungssteuer für Vorausbelastung des fundierten Einkommens aus Grund und Boden bildete und daher der Erhebungssatz von zuletzt 9,27 ₰ (einschl. des 22 %igen Zuschlags für 1910 und 1911) auf 4 ₰ von der Steuerverhältniszahl herabgesetzt wurde.

Eine weitere Änderung betraf insbesondere die Einführung von Steuerfreijahren für die Erneuerung von Rebanlagen, ferner für die Umwandlung von gemeindlichen oder ortschaftlichen Grundstücken in Waldgrundstücke (§ 121 des Ges.). Vgl. die Begr. Beil. Bd. IV Beil. 555 S. 183.

II. Die Reform des Jahres 1921.

Nachdem das Landessteuergesetz im wesentlichen außer den Gewerbsteuern nur die Steuern vom Grundvermögen den Ländern zur Ausnützung überlassen hatte, war es klar, daß bei einer Reform des GrdstGes. es sich der Hauptsache nach nur um eine Erhöhung des Steuersatzes handeln könnte (vgl. auch die Einleitung Ziff. II zur Haussteuer, bei der die Verhältnisse ebenso lagen).

Die wichtigste Änderung des Ges. zur Abänderung des GrdstGes. vom 27. Juli 1921 ist denn auch die Erhöhung des Steuersatzes von 4 auf 8 ₰.

Bei der Reform der Steuergesetze war, wie unter Ziff. I vorst. gegen Schluß bemerkt, der Erhebungssatz der Grdst. auf 4 ₰ festgesetzt worden.

Auf Grund der Gesetze vom 2. November 1912 (GVBl. S. 1121, 1122) und vom 23. August 1914 (GVBl. S. 417, 418) war für die Jahre 1912 und 1913, dann für die Jahre 1914 und 1915 die Normalsteuer mit 4 ₰ von der Verhältniszahl zu erheben.

Schon in den Jahren 1916 und 1917 mußte aber mit Rücksicht auf die Lage des Staatshaushalts durch das Gesetz vom 15. August 1916 (GVBl. S. 125 und 126) zu einem Zuschlage von 30 Proz. gegriffen werden, der für das Jahr 1918 durch das Gesetz vom 6. August 1918 (GVBl. S. 395, 396) auf 40 Proz. erhöht wurde.

Die Gesetzgebung vom 17. August 1918 ließ zwar den Normalsatz für die Grundsteuer unverändert. Jedoch wurden für das Jahr 1919 durch das Finanzgesetz vom 16. August 1919 (GVBl. S. 566, 568) die Zuschläge zur Grundsteuer auf 100 vom Hundert festgesetzt. Diese Zuschläge in der Höhe von 100 vom Hundert waren nach dem Gesetze vom

27. März 1920 (GVBl. S. 117, 120) und nach der Verordnung vom 28. Juni 1920 (GVBl. S. 354, 355) auch für das I. Vierteljahr 1920 und bis zur Verabschiedung des Staatshaushalts für das Rechnungsjahr 1920 weiter zu erheben. Hiernach betrug der Steuersatz 8 ₰ von der Verhältniszahl.

Das Gesetz hat nun die bisherigen Zuschläge verewigt und den Erhebungssatz dementsprechend auf 8 ₰ festgesetzt (§ 117 des Ges.).

Weitere Änderungen sind die Verzinsung nicht rechtzeitig entrichteter Steuerbeträge (§ 118) und die Vergütung von Zinsen für zu Unrecht bezahlte und erstattete Steuerbeträge (§ 119).

Der Landtag hat den Entwurf des Abänderungsgesetzes — Beil. 1400 — in seiner 74. Sitzung vom 27. Juli 1921 nach Maßgabe des Entwurfs angenommen; lediglich in Art. IV wurde ein Abs. II betr. die Einführung des GrdstGes. in Coburg eingefügt. Das Gesetz ist im GVBl. vom 4. September 1921 S. 412 verkündet und sofort mit seiner Verkündigung mit Rückwirkung auf den 1. April 1921 in Kraft getreten.

III. Kritik und künftige Gestaltung.

Die bayerische Grund- und Haussteuer ist eine Steuer vom Rohertrag, aber nicht vom wirklichen, sondern vom mittleren, also einem fiktiven Ertrage. Die Steuer kann daher weder die Absatzverhältnisse noch die Betriebskosten noch die Tüchtigkeit des Wirtschafters berücksichtigen. Noch bedenklicher ist, daß die Grundsteuer infolge ihrer Starrheit den wechselnden Wirtschaftsverhältnissen (Absatzmöglichkeit, Ertragsausfall, Preisschwankungen u. s. w.) nicht Rechnung zu tragen vermag. Es ist klar, daß, wenn sich diese Nachteile schon in den achtziger Jahren bemerkbar gemacht haben, dieselben heute bei den revolutionierten Wirtschaftsverhältnissen noch in ganz anderem Maße in die Erscheinung treten.

Daß das Grundsteuergesetz den heutigen Verhältnissen in keiner Weise mehr entspricht, darüber besteht wohl keine Meinungsverschiedenheit; aber ebenso besteht Übereinstimmung, daß in den gegenwärtigen Zeiten und wohl noch auf längere Zeit hinaus, zumal eine Überweisung der Steuer an die Gemeinden jetzt weniger wie je in Frage kommt, die Durchführung einer Neubonitierung der Grundstücke bei dem Umfang und den Kosten eines derartigen Unternehmens ausgeschlossen ist.

Es kann sich für die nächste Zukunft daher nur um die Erhöhung des Erhebungssatzes handeln. Bereits in den Ausschußverhandlungen zum Abänderungsgesetz 1921 [1]) war dies der einzige Punkt, der eine größere Debatte veranlaßt hat. Von sozialdemokratischer Seite war die Einführung einer progressiven Grundsteuer beantragt worden; der Antrag drang jedoch nicht durch. Man hielt demselben entgegen, daß der landwirtschaftliche Betrieb mehr wie jeder andere von den natürlichen Verhältnissen abhängig sei und daß er nicht, wie der Gewerbebetrieb beliebig vermehrt

1) Verhandlungen des Bayer. Landtags in seiner 74. öffentlichen Sitzung vom 27. Juli 1921 S. 488.

und erweitert werden könnte, auch sei zu befürchten, daß bei einer allzuhohen Steuer die Produktion von Grund und Boden nachlasse, insbesondere dürfe die Steuer nicht auf der jetzt gerade bestehenden Konjunktur für die Landwirtschaft aufgebaut werden. Ob die vorgebrachten Gründe stichhaltig sind, soll hier nicht weiter untersucht werden. Sicher aber erscheint, daß der Erhebungssatz von 8 ₰ auch in Berücksichtigung der Zuschläge (Umlagen) zur Grundsteuer angesichts der enormen Preise für landwirtschaftliche Produkte und der fortschreitenden Geldentwertung in einem erheblichen Mißverhältnis zum tatsächlichen Ertrag steht und daher einer beträchtlicheren Steigerung sehr wohl fähig ist[1] [2]).

---

1) Nach dem Finanzgesetz für das Haushaltsjahr 1922, GVBl. S. 401, wird die Grundsteuer mit einem Zuschlag von 250 % erhoben.

2) Vgl. neuestens die Vorschläge von Tantzerr zur landwirtschaftlichen Steuerreform (Frkf. Ztg. v. 28. Sept. 1922, 2. Morgenbl.), gegen die jedoch erhebliche Bedenken bestehen.

Grundsteueränderungsgesetz

(Gesetz zur Änderung des Grundsteuergesetzes in der Fassung der Bekanntmachung vom 4. November 1911) vom 27. Juli 1921. (GVBl. S. 411.)

Der Landtag des Freistaates Bayern hat folgendes Gesetz beschlossen:

Das Grundsteuergesetz in der Fassung der Bekanntmachung vom 4. Nov. 1910 (GVBl. Seite 1030) wird nachstehenden Änderungen unterstellt:

Art. I.

Im § 117 wird das Wort „vier" durch das Wort „acht" ersetzt.

Art. II.

Dem § 118 wird folgender Satz beigefügt:

Von diesem Zeitpunkt ab sind bei nicht rechtzeitiger Zahlung Zinsen zu fünf vom Hundert vom Jahre des geschuldeten Betrags zu entrichten, soweit durch die Vollzugsvorschriften nichts anderes bestimmt wird.

Art. III.

Dem § 119 wird folgender Absatz beigefügt:

II Sind Grundsteuern zu Unrecht bezahlt und aus diesem Grunde zu erstatten, so sind sie, wenn sie den Betrag von 300 Mark übersteigen, von der Entrichtung an mit fünf vom Hundert vom Jahre zu verzinsen. Zinsbeträge unter zehn Mark werden nicht ausbezahlt.

Art. IV.

Dieses Gesetz tritt sofort mit seiner Verkündigung mit Rückwirkung auf den 1. April 1921 in Kraft.

Bis zur Einführung des Grundsteuergesetzes im Gebiete des ehemaligen Freistaates Coburg sind die Steuersätze des dort geltenden Gesetzes über die allgemeine Grundsteuer vom 25. Mai 1860 und den Nachträgen hierzu, soweit erforderlich, entsprechend zu erhöhen. Die Erhöhung erfolgt durch Bekanntmachung des Staatsministeriums der Finanzen[1]).

München, den 27. Juli 1921.

Im Namen des Landtags:
Königbauer, Präsident.

Das Gesamtministerium:
Dr. **v. Kahr.** Dr. **Roth.** J. A. **v. Völk.**
Dr. **Matt.** Dr. **Krausneck. Oswald.**
Wutzlhofer. J. V. Dr. **v. Meinel.**

---

1) Vgl. Finanzges. 1922, GVBl. S. 401, § 2 Abs. I Ziff. 2.

Grundsteuergesetz.*)

In der Fassung vom 4. Nov. 1910 (GVBl. 1910 S. 1030) unter Berücksichtigung der Änderungen v. 27. Juli 1921 (GVBl. 1910 S. 411).

I. Kapitel.

Allgemeine Normen für die Grundbesteuerung.

§ 1.

Das durch Allerhöchstes K. Reskript vom 13. März 1811 angeordnete Grundsteuerdefinitivum[1]) soll [nach und nach] in allen Teilen Unseres Königreichs nach den besonderen Bestimmungen des gegenwärtigen Gesetzes in gleichförmige Anwendung kommen.

1. Vgl. die Einleitung Ziff. I.

§ 2.

Die definitive Grundsteuer ist eine direkte Staatsauflage vom Grund und Boden[1, 2]).

1. Vgl. die Einleitung Ziff. III.

2. Die Grundsteuer wird auch von überbauten Flächen, also neben der Haussteuer erhoben. Im übrigen s. §§ 4 u. 83, sowie die Anm. 4—6 zu § 1 des HsstGes.

§ 3.

Für die Grundsteuer wird nur eine einfache Beitragsgröße[1]) ausgemittelt und es bleibt dieselbe unverändert, solange der Besteuerungsgegenstand dauert[2]).

1. D. i. die Steuerverhältniszahl, aus der die Jahressteuer berechnet wird (§ 117 des Ges.).

2. Ein Charakteristikum der Grundsteuer (im Gegensatz z. B. zur Haussteuer), daher die Bezeichnung Grundsteuer-Definitivum! Auch die Änderung in der Kulturart eines Grundstücks ist auf die einmal ausgemittelte Beitragsgröße ohne Einfluß (Umwandlung von landwirtschaftlich genützten Grundstücken in überbaute und umgekehrt), wogegen der Übergang von steuerfreier zu steuerbarer Fläche und umgekehrt (Alluvionen, Heranziehung von Kulturland

---

*) Die klein gedruckten und eingeklammerten Paragraphen oder Worte sind gegenstandslos geworden (vgl. Bekanntmachung der K. Staatsministerien der Justiz, des Innern und der Finanzen, betreffend die Fassung der Gesetze über die allgemeine Grund- und Haussteuer, GVBl. 1910 S. 1029).

zu Straßen u. s. w.) berücksichtigt wird (§ 79 des Ges.). Bei Flurbereinigungen ist eine Neuverteilung der Steuerverhältniszahl für die Bereinigungsfläche zulässig, jedoch ohne Erhöhung der für die gesamte Bereinigungsfläche sich berechnenden Grundsteuer. Art. 25 FlurbereiniggsGes. v. 5. Aug. 1922, GVBl. S. 433.

§ 4.

I Jeder Grundbesitzer hat die volle Grundsteuer unmittelbar an die Erhebungsbehörde zu entrichten.

II Dagegen ist derselbe, wenn er nicht infolge der Art. 16, 28 und 29 des Grundentlastungsgesetzes vom 4. Juni 1848 die treffende Steuer selbst zu übernehmen hat, befugt, von denjenigen, welche zum Bezuge steuerbarer Reallasten berechtigt sind, ein Fünfzehntel des steuerbaren Bezugs als Steuerbeitrag in Anspruch zu nehmen[1]).

III In der Pfalz hat der Besitzer des mit einer Grundrente beschwerten Grund und Bodens die Grundsteuer allein zu tragen; dagegen darf er dem Besitzer der Grundrente[2]) nach den Bestimmungen der dort bestehenden Gesetze und in den von denselben vorgesehenen Fällen ein Fünftel der Rente in Abzug bringen.

1. Die Bestimmung hängt mit der alten Bodenverfassung zusammen. Ursprünglich hatte das Grundstück nur im freieigenen Zustande allein die ganze nach der Verhältniszahl treffende Grundsteuer als Rustikalsteuer zu tragen, während im belasteten Zustande die Grundsteuer auf die Rustikal-Zehent- und Dominikalsteuer-Verhältniszahlen verteilt war. Nunmehr haben aber die Grundbesitzer durchgängig die Grundsteuer von der ganzen Steuerverhältniszahl zu entrichten, hingegen von den etwaigen Dominikalisten entsprechende Steuerbeiträge zu beanspruchen. Hock Bd. 2 S. 28. Vgl. Art. 1 u. 2 des Ges. v. 28. März 1852, §§ 4 u. 117 des GrdstGes. v. 15. Aug. 1828 (GesBl. S. 165) sowie VollzBek. hiezu v. 20. Mai 1852 bei Geret Bd. 127 S. 108 ff. Der Steuerbeitrag war früher auf 4 kr. vom fl. festgesetzt, was $^1/_{15}$ des steuerbaren Bezugs entspricht.

2. Es handelt sich hier um eigentliche Grundzinse (Feudalabgaben waren in der Pfalz durch die französische Gesetzgebung 1789—90 abgeschafft worden). Näheres s. bei Hock Bd. 2 S. 707.

§ 5.

I Der Maßstab der Besteuerung ist bei allen Grundstücken der aus deren Flächeninhalt und der nach ihrer natürlichen Ertragsfähigkeit erhobene mitteljährige Ertrag derselben[1]).

II Er besteht bei allen Kulturarten nur in dem Hauptprodukt und zwar:

a) bei Äckern in dem mitteljährigen Körnerertrage nach Abzug der Aussaat und unter Freibelassung des Strohes, der Früchte der Brache, der Weide und aller sonstigen ökonomischen Nebennutzungen;
b) bei Wiesen in dem mitteljährigen Ertag an Heu und Grummet;
c) bei Waldungen in dem nachhaltigen Holzertrage nach der der Holzart entsprechenden Wirtschafts-Methode und unter Freibelassung der Forst-Nebennutzungen und
d) bei allen übrigen Gründen in dem den vorstehenden Hauptkulturarten assimilierten Ertrage.

1. Hiefür ist Voraussetzung eine allgemeine genaue Parzellenvermessung und eine Ertragsausmittlung (Bonitierung). S. § 7.

§ 6.

I Der Betrag des steuerbaren Bezugs von Reallasten, welcher den Maßstab für die Inanspruchnahme eines Steuerbeitrags (§ 4 Abs. II) bildet, ist gemäß den Bestimmungen im IV. Kapitel des gegenwärtigen Gesetzes nach dem jährlichen wirklichen oder eingeschätzten Ertrage zu bemessen.

II Die Regulierung dieses Betrags erfolgt auf Verlangen der Beteiligten gebührenfrei durch die Distriktspolizeibehörden gemeinschaftlich mit den Rentämtern, gegen deren Festsetzung binnen 30 Tagen eine Berufung an die einschlägige Kreisregierung, Kammer des Innern, als letzte Instanz gestattet ist.

§ 7.

Der Flächeninhalt der Grundstücke wird durch eine allgemeine, genaue Parzellarmessung und Berechnung, die natürliche Ertragsfähigkeit aber durch wirkliche Ertragsausmittelung (Bonitierung) bei gewissen Grundstücken als Anhaltspunkten (Mustergründen) gefunden, mit welchen alle übrigen Grundstücke verglichen und hiernach in Klassen gebracht werden[1]).

1. Von der Messung und der Bonitierung samt Klassifikation handeln die beiden folgenden Kapitel.

§ 8.

Der Ertrag der Renten aus dem Fischrecht wird durch Liquidation, Fatierung und kontrollierende Schätzung erhoben und ausgeschieden nach abgesonderten Katastern besteuert.

§ 9.

Eine Liquidation und Katastrierung der steuerbaren Reallasten hat [demnach] von Seite der Katasterstelle [ferner] nicht [mehr] stattzufinden.

1. Vgl. Art. 4 des Ges. v. 28. März 1852 (GesBl. S. 165).

II. Kapitel.

Von der Messung.

§ 10.

I Die Grundlage der Messung bildet ein Netz trigonometrisch bestimmter Dreiecke des ersten und zweiten, dann geometrisch bestimmter Dreiecke (Detailnetz) des dritten Ranges.

II An diese knüpft sich die Detailmessung an, welche nach Vierecken (Meßblättern) geschieht, die sich durch den Schnitt von Parallelen bilden, welche, in senkrechten Abständen von 8000 zu 8000 Fuß (2334,8733 Meter) von dem Meridian und Perpendickel durch den nördlichen Frauenturm zu München gezogen, die ganze Landesoberfläche in (1600 Tagwerke — 545,1633 Hektar — in sich begreifende) Vierecke zerlegen.

1. Einschlägig sind nunmehr die Anweisung für die Erneuerung der Landesvermessung v. 9. August 1917, GVBl. S. 417 und die Dienstanweisung für die Messungsämter v. 6. Novbr. 1918, FinMinBl. S. 225.

§ 11.

I Der bayerische Fuß (0,291859 Meter) in 5000 Teile geteilt ist der allgemeine Maßstab für die geometrische Aufnahme. In demselben Maßstabe geschieht die geometrische Punktenbestimmung.

II Jedoch kann die Detailaufnahme der Städte, Märkte und großen Dörfer sowie solcher Partien, deren Detail sich in jenem Maßstabe nicht genau genug ausdrücken läßt, nach dem Gutbefinden der Katasterstelle in 2500teiligem Maßstabe geschehen.

III Bei allen Vermessungen findet durchaus die Horizontalprojektion statt.

§ 12.

Insolange die Katasterstelle den unversehrten Fortbestand der trigonometrischen Signale und geometrischen Abzeichen für nötig erachten wird, haften für alle daran begangenen Frevel die betreffenden Gemeinden vorbehaltlich des Regresses an diejenigen, welche dieselben umwarfen, vom Platze entfernten oder zerstörten.

§ 13.

I Wer überwiesen wird, ein zur Vermessung dienendes Abzeichen umgeworfen, zerstört oder vom Platze entfernt zu haben, unterliegt vorbehaltlich der in dem Strafgesetzbuch ausgesprochenen höheren Strafen[1]), wenn diese Handlungen als Vergehen oder Verbrechen sich beurkunden, einer vom ordentlichen Richter auszusprechenden Geldstrafe von einer Mark achtzig Pfennig bis sechsunddreißig Mark. Er hat außerdem den entstandenen Schaden sowie die Kosten der Wiederherstellung zu tragen.

II Die vorstehende Bestimmung erstreckt sich gleichmäßig auch auf die zu Zwecken der Katastermessung errichteten oder neu zu errichtenden Signal- und Niveausteine.

1. In Betracht kommt § 274 Z. 2 StGB. § 13 verlangt zwar Vorsatz oder Fahrlässigkeit, nicht aber, wie § 274 Z. 2, eine Schädigungsabsicht. Ähnliche Bestimmungen, wie § 13, enthält Art. 93 des FlurbereinigGGes. (GVBl. 1922, S. 433) und Art. 28 des Abmarkungsges. S. Anm. 1 zu § 17.

§ 14.

I Die Bestimmungen der vorstehenden beiden Paragraphen sollen in den betreffenden Gemeinden vor Anstellung der erwähnten Signale jederzeit dreimal verkündet werden.

II Über eine etwaige Beschädigung oder Entfernung derartiger Messungsabzeichen haben die Gemeindebehörden den Rentämtern Anzeige zu erstatten.

§ 15.

Die Kosten der Messung trägt die Staatskasse[1]).

1. Vgl. hiezu § 84.

§ 16.

I Von der vorstehenden Bestimmung sind die Kosten der Verpflockung und Markungsvorweisung der Grundstücke ausgenommen. Die Besitzer derselben sind gehalten, die Grenzbezeichnung mittelst Pflöcken zu bewerkstelligen, welche auf den gegen das Grundstück gekehrten Seiten ihre Hausnummern leserlich angeschrieben enthalten.

II Jeder Grundbesitzer ist für die Markzeichen seiner Besitzungen bis nach vollendeter Messung und Revision verantwortlich und soll daher alle durch irgend einen Zufall zu Verlust gegangenen Grenzzeichen wieder ersetzen.

III Im Falle die Grundbesitzer einer Gemeinde sich hierin saumselig erweisen sollten, ist die letztere zum Ersatze des aus der Verzögerung erwachsenen Schadens unter Vorbehalt des Regresses an den betreffenden Grundbesitzer verbunden.

IV Die Gemeinden sind überdies verbunden, jedem mit der Detailmessung beauftragten Individuum einen markungskundigen Mann (Markungsvorweiser) beizugeben, der jedoch nie zu Gehilfendiensten verwendet werden darf.

§ 17.

Außer der Bezeichnung der Grenzen der Grundstücke selbst sollen die Grenzen der Ortsfluren durch Marken bezeichnet und die Perimeter der Gemeindegrenzen den Messungsindividuen gehörig ausgewiesen werden [1]).

1. Die Abmarkung der Grenzen ist nunmehr geregelt durch das Abmarkungsges. v. 30. Juni 1900, GVBl. S. 553.

§ 18.

Für jede Steuergemeinde muß ein besonderer Plan gefertigt werden, welcher

a) auch die Grenzen der politischen Gemeinden und die Ortsfluren darstellen sowie die Haupt-Feldabteilungen benennen,
b) die unveränderliche laufende Plannumerierung sowie die polizeiliche Haus- oder Besitznummer für jedes einzelne Grundstück enthalten muß.

§ 19.

Von den im vorstehenden Paragraphen gedachten Plänen erhält jede Gemeinde unentgeltlich zwei Abdrücke, wovon der eine die Fertigung der Katasterstelle erhalten und unverändert im Archive der Gemeinde aufbewahrt werden muß, der andere aber zur Nachtragung der Veränderungen bestimmt ist.

§ 20.

Im übrigen wird die Messungsmethode durch die Staatsregierung mittelst einer allgemeinen Vollzugsinstruktion festgesetzt, welche sowie die hierin allenfalls von Zeit zu Zeit anzuordnenden Veränderungen durch das Gesetz- und Verordnungsblatt bekannt gemacht werden sollen.

III. Kapitel.

Von der Bonitierung und Klassifikation der Grundstücke.

§ 21.

I Die Bonitierung oder direkte Ausmittelung der Ertragsfähigkeit geschieht nur bei den Mustergründen.

II Als Mustergründe sollen jedoch nur solche Grundstücke dienen, welchen keine besondere Vorzüge oder Gebrechen eigen sind.

§ 22.

Die Ertragsfähigkeit soll nicht nach zufälligem Aufwand oder künstlichen Verbesserungen oder Vernachlässigungen, sondern nach ihrer natürlichen Entwickelung bei gewöhnlichem gemeinüblichen Wirtschaftsfleiße bemessen werden.

§ 23.

Die Ausmittelung dieser Ertragsfähigkeit geschieht:

a) durch die zu erhebenden eidlichen Angaben der Eigentümer, der Administratoren, Kuratoren und Pächter der Mustergründe, wenn sie solche bebauen;

b) durch die Untersuchung der physischen Beschaffenheit der Gründe nach ihrer Bodengüte und Lage und zwar in letzter Beziehung mit besonderer Berücksichtigung der klimatischen Verhältnisse;

c) durch eine hierauf sich gründende Schätzung von eigens aufgestellten beeideten Taxatoren.

§ 24.

I Die ad a des vorhergehenden Paragraphen bemerkte Angabe der Eigentümer, Administratoren, Kuratoren oder Pächter der zu Musterplätzen ausgewählten Grundstücke muß den Ertrag des ganzen Grundstücks in mittleren Jahren umfassen.

II Die Vernehmlassung darf bei Vermeidung des Realzwanges nicht verweigert werden.

III Die ad c jenes Paragraphen bemerkte Schätzung muß den Ertrag nicht nach dem ganzen Grundstücke, sondern nach dem Tagwerk (0,3407 Hektar) aussprechen.

§ 25.

I Grundstücke, bei denen diese Ertragsausmittelung stattgefunden, sollen nur dann als gültige Muster betrachtet werden, wenn die Gesamtertragsangaben der Eigentümer und der absoluten Mehrheit der Taxatoren nicht um einen Viertel Metzen (9,2649 Liter) Korn bei dem Ertrag eines Tagwerkes (0,3407 Hektar) und ihre einzelnen Angaben über Aussaat und Ernte nicht auffallend voneinander abweichen.

II Diese Mustergründe werden alsdann in allen Gemeinden des Bonitierungsbezirkes von der Distriktspolizeibehörde mit dem Beisatz öffentlich bekannt gemacht, daß ihre Beschreibung sechs Wochen lang zu jedermanns Einsicht und allenfallsiger Erinnerung in dem Geschäftslokale derselben offen liege und nach Verlauf dieser Zeit keine Einwendung mehr dagegen stattfinde. Die vorgebrachten Erinnerungen sollen von der Bonitierungskommission noch einmal genau geprüft und definitiv erledigt werden.

III Die als Muster gültigen Gründe werden und bleiben bis nach Verlauf der gesetzlichen Reklamationsfrist ordentlich verpfählt. Die betreffenden Gemeinden bleiben insolange für den unversehrten Stand der Verpfählung verantwortlich.

§ 26.

I Die Bonitätsklassen laufen nach der Größe des mittleren Körnerertrages auf das bayerische Tagwerk zu 40 000 Quadratschuhen (3407,27 Quadratmeter).

II Bei Äckern gibt ein mitteljähriger Ertrag von einem Achtelschäffel (27,7947 Liter) Korn oder gleichen Wertes an anderen Getreidesorten nach Abzug der Aussaat je eine Klasse, jedes weitere Achtelschäffel solchen Ertrags — eine Klasse mehr.

III Bei Wiesen ist ein mitteljähriger Ertrag von 1⅔ Zentner (93⅓ Kilogramm) Heu und Grummet vom Tagewerk in ökonomischer Nutzbeziehung dem Ertrag eines Achtel-Schäffels Korn gleichzusetzen und bildet sonach je eine Klasse; jede weiteren 1⅔ Zentner solchen Ertrages geben — eine Klasse mehr.

IV Der Satz, daß 1⅔ Zentner Heu dem Ertrage von einem Achtel-Schäffel Korn gleich sei, soll zum gesetzlichen Anhaltspunkte für den Schätzer dienen, demselben aber gleichwohl freigelassen bleiben, auf die Qualität des Heues billige Rücksicht zu nehmen.

V Bei Waldungen wird durch die Sachverständigen und Eigentümer erhoben, welche Qualität Holzes auf dem Stamme in ökonomischer Nutzbeziehung mit Rücksicht auf die Preise des Ortes, wo das Holz steht, einem Achtel-Schäffel Korn gleich zu achten sei, woraus sodann der Klassenfuß für diese Grundstücke sich findet[1]).

1. Um einen ziffernmäßigen Ausdruck für den mitteljährigen Ertrag eines Grundstücks zu finden, wurden Bonitätsklassen gebildet und eine Klasse als der Ausdruck der Ertragsfähigkeit von ⅛ Scheffel Korn = 1 fl. angenommen, so daß mit der Anzahl der Achtel Scheffel Korn die Höhe der Klasse bezeichnet erscheint (vgl. Hock S. 18). Die übrigen Getreide- und Kulturarten wurden ebenfalls auf Kornertrag zurückgeführt. Bonitätsklasse × Tagwerkszahl gibt also die Verhältniszahl, ausgedrückt in Guldeneinheiten. Vgl. § 86 Beispielsweise beträgt für 10 Tagwerk 8. Bonität die Steuerverhältniszahl 80 fl. = 137 ℳ 10 ₰ — den Gulden zu 1 ℳ 71,3 ₰ gerechnet — und die Steuer nach dem jetzigen Erhebungssatz von 8 ₰ der Steuerverhältniszahl 6 ℳ 40 ₰. Es ergibt sich ohne weiteres, daß diese Berechnung in krassestem Widerspruch zu den gegenwärtigen Preisverhältnissen steht; denn dieselbe basiert auf einem Anschlag des Schäffels Korn zu 8 fl. = 13 ℳ 71 ₰, während derselbe nach den heutigen Preisen, wenn man nur den Umlagenpreis zu 6900 ℳ für die Tonne zugrunde legt, mit ca. 1100 ℳ anzunehmen ist, also nahezu dem Hundertfachen!

§ 27.

Zum Behufe der Berechnung des steuerbaren Ertrages soll für das ganze Königreich eine gleiche Rotation der Feldwirtschaft angenommen und deshalb immer das dritte Jahr abgezogen werden.

§ 28.

I Zur Verwandlung der verschiedenen Getreidesorten in Geld sind folgende Normalverhältnisse für das ganze Königreich in gleichförmige und unveränderliche Anwendung zu bringen.

II Das Schäffel (222,3576 Liter) Korn (Roggen) kommt zu acht Gulden ($13^5/_7$ Mark) in Ansatz und ist gleich zu setzen $^2/_3$ Schäffel (4 Metzen — 148,2384 Liter —) Waizen oder Kern oder $1^1/_3$ Schäffel (8 Metzen — 296,4768 Liter —) Gerste oder 2 Schäffel (12 Metzen 444,7152 Liter —) Haber oder Fesen (Dinkel, Spelz).

§ 29.

Der Ertrag aus den eigentümlichen Alpen wird nach Zahl und Art des Viehes, welches in dieselben nach den Alpenordnungen getrieben werden kann, dann nach der Triebzeit und dem Futterbedarf erhoben oder vielmehr dem Wiesenertrag assimiliert.

§ 30.

I Die Klassifikation erfolgt nach den für die drei Hauptkulturen als Äcker, Wiesen und Waldungen aufgestellten Mustergründen unter gehöriger Berücksichtigung der natürlichen Bodengüte, Lage und Klima der zu klassifizierenden Grundstücke.

II Außer den Acker- Wiesen- und Holzgründen unterliegen auch alle übrigen Kulturen der Klassifikation, indem sie behandelt werden, als gehören sie zu jenen Hauptkulturarten.

§ 31.

I Eine Klassifikation nach großen zusammenhängenden Flächen oder Durchschnitten (sogenannte Komplexualschätzung) soll durchaus nicht stattfinden.

II Bei großen Grundstücken sollen die Taxatoren dieselben nur dann in eine und dieselbe Klasse setzen dürfen, wenn durch sorgfältige Untersuchung des Grundstücks an vielen Orten dessen durchaus gleichförmige Güte und Lage dargetan ist.

§ 32.

I Gärten, sie mögen bloß zur Zierde oder mit Obst und Gemüse oder mit Handelsgewächsen bestellt sein, sowie die auf solche Weise bestellten Äcker, dann die Hopfengärten werden nach der natürlichen Beschaffenheit ihres Bodens bei gewöhnlichem Kulturaufwande wie jedes andere Ackerland nach ihrem Kornerertrag in die betreffende Bonitätsklasse eingereiht. Bei jenen, wo kein Getreidebau möglich ist, geschieht ihre Klassifizierung ohne Rücksicht auf Körnerertrag in die bessere Klasse der Ortsflur.

II Für Angleichung der Weinberge zum Ackerlande wird ein Schätzungsgremium aus Weinbauverständigen und Landwirten zusammengesetzt, welches die einzelnen Weinberge mit den daran- oder umliegenden Äckern zu vergleichen und die Klasse im Vergleich zu den Äckern auszusprechen hat.

III Tiergärten und Gartenparks, sie mögen in bestimmte Grenzen eingeschlossen sein oder nicht, werden auf keinen Fall unter die Gärten sondern soferne sie mit Holz bewachsen sind, als Wald, soferne sie aber Äcker, Wiesen und Weinland bilden, in dieser Eigenschaft besteuert.

§ 33.

I Ödungen, Heiden, Filzen und andere ähnliche Gründe werden nach ihrer Beschaffenheit und Lage den vorhandenen Acker- und Wiesenmustergründen angereiht und ihrer geringeren Nutzung wegen selbst in die Bruchklasse gesetzt.

II Die kleineren nach dem Gutachten der Sachverständigen keiner regelmäßigen Forstwirtschaft fähigen Gehölze werden ebenso behandelt.

§ 34.

I Kies-, Lehm-, Mergel- und Sandgruben, Torfstechereien, Steinbrüche, die durch den Bergbau verödeten Flächen und dergleichen werden in die geeigneten Klassen der Ortsflur gesetzt.

II Teiche, welche durch Fischzucht einen Ertrag geben, werden nach diesen unter Abzug der Setzlinge eingeschätzt.

III Teiche, die abgelassen, und Pfützen, die leicht trocken gelegt werden können, werden nach Beschaffenheit ihres Grund und Bodens mit den übrigen Grundstücken der Ortsflur klassifiziert.

§ 35.

I Die Grundfläche aller Wohn- und Nebengebäude, sowie der wirklichen Hofräume werden in die Klasse der besten Grundstücke der Ortsflur eingereiht.

II Die Hausgärten und bloße Bauplätze werden nach den übrigen Grundstücken der Ortsflur klassifiziert.

§ 36[1]).

(§ 11 Vollz.B. 1911.) Straßen[2]), Wege, öffentliche Plätze, Kirchhöfe[2]), kahle Felsen und durch Naturereignisse unwiederbringlich überkieste oder verschüttete Plätze und dergleichen[3]), dann unausgetrocknete Sümpfe, insoferne sie keinen Ertrag an Weide und Streu gewähren und sich also nicht unter die Bestimmungen der §§ 33 und 34 reihen, sowie die unterirdischen Grubenfelder der Bergwerke unterliegen keiner Bonitätsklassifikation[4]).

1. Es handelt sich um sachliche Befreiungen.

2. Zu den Straßen gehören auch die Bahnkörper. In der FinMinEntschl. v. 9. April 1863, Weber Bd. 6 S. 164 ist ausgesprochen, daß der Bahnkörper der Staats- wie der Privateisenbahnen mit seinen untrennbaren Bestandteilen an Gräben, Böschungen Doppelbahn u. s. w., dann die Seiten- und Längswege der Bahn inner- und außerhalb der Stationen und die an den Bahn-

höfen befindlichen Plätze und Straßen, welche dem öffentlichen Verkehr dienen, grundsteuerfrei sind, daß dagegen alles übrige Bahneigentum, wie namentlich die außerhalb des Bahnkörpers gelegenen Gründe, die Gebäude mit den dazu gehörigen Hofräumen und Gärten in und außerhalb der Bahnhöfe nach Maßgabe der gesetzlichen Bestimmungen der Besteuerung unterliegen. Die Steuerfreiheit der nunmehrigen Reichseisenbahnen ergibt sich aus § 15 des Staatsvertrags v. 30. April 1920, RGBl. S. 773. Kirchen und Leichenhäuser sind ebenfalls steuerfrei.

3. Z. B. Abschwemmung mit der Folge dauernder Ertragsunfähigkeit. — Wegen der Nachlässe bei vorübergehenden Elementarereignissen s. § 123 des Ges.

4. Wegen der Zuständigkeit in Streitfällen s. § 11 VB. 1911. Die Zu- und Abschreibung bemißt sich nach § 79 des Ges.

§ 37.

Zum Behufe der Bonitierung und Klassifizierung werden besondere Bezirke gebildet, deren Umfang die Staatsregierung bestimmt.

§ 38.

I Für einen jeden derselben werden eigene Taxatoren aufgestellt. Diese Taxatoren müssen selbständige im Bonitierungsbezirke ansässige und praktische Landwirte sein und gehen hervor aus der freien Wahl der Gemeinden. Jede Steuergemeinde stellt zu diesem Behuf einen zum Taxator geeigenschafteten Wahlmann; sämtliche Wahlmänner werden sodann aus ihrer Mitte unter Leitung der Distriktspolizeibehörde vierundzwanzig Schätzleute erwählen, woraus die Zentralkatasterstelle die erforderliche Anzahl beruft.

II Die Wahl zum Taxator kann nur aus den im § 44 des Edikts X der Verfassungsurkunde bezeichneten Gründen und in der Art, wie sie die §§ 45—47 jenes Edikts vorschreiben, abgelehnt werden.

§ 39.

I Für jeden Bonitierungsbezirk wird außerdem von der Staatsregierung ein besonderer Obertaxator aufgestellt, welcher jedoch in demselben nicht ansässig sein darf; er kann übrigens in mehreren Bezirken nach und nach in dieser Eigenschaft verwendet werden, steht in Eid und Pflicht und wird bei dem Übergang in einen neuen Bonitierungsbezirk jedesmal seines Eides feierlich erinnert.

II An den Grenzen dieser Bezirke sollen immer mehrere Mustergründe aufgestellt und dieselben überhaupt in solcher Anzahl und Verteilung bestimmt werden, daß sie für Klassifikationen und Reklamationen allenthalben zureichend seien.

§ 40.

Die Ausmittelung der Bodengüte der verschiedenen Bezirken gemeinschaftlichen Mustergründe (Grenzmusterplätze) erfolgt unter Zusammentritt der Schätzer der betreffenden Bezirke und geschieht vor der Ausmittelung der Bodengüte der übrigen Mustergrundstücke.

§ 41.

Die Geschäfte der Bonitierung (Musteraufstellung) werden durch K. Kommissäre geleitet, welchen Geometer zugeteilt und untergeordnet werden.

§ 42.

Den Verhandlungen über Ausmittelung und Bonitierung der Mustergründe muß der Vorstand der betreffenden Distriktspolizeibehörde in Person beiwohnen oder sich hierbei durch eine delegierte amtliche Person vertreten lassen.

§ 43.

I Über die Angaben der Eigentümer und Schätzer bei der Musteraufstellung müssen vollständige Protokolle abgehalten werden, auf deren Grund ausführliche Musterbeschreibungen angefertigt und diese abschriftlich bei den Distriktspolizeibehörden und Steuergemeinden hinterlegt werden.

II Die Originalverhandlungen und Musterbeschreibungen, von dem Kommissär, den Obertaxator, sämtlichen Taxatoren und dem Geometer unterfertigt, deren Unterschrift die Distriktspolizeibehörde beglaubigt, werden zu den Akten gelegt.

§ 44.

Die Klassifikation geschieht unter Leitung des Obertaxators und beginnt bei den Grenzmusterplätzen des Bezirkes unter Zuziehung der Schätzer des angrenzenden Bezirkes. Es entscheidet hierbei die Mehrheit der Stimmen der Taxatoren. Im Falle bei den Aussprüchen der Schätzungsgremien Stimmengleichheit oder Disparität eintritt, wird zur Erzielung eines Majoritätsspruchs einer der Ersatzmänner in das Gremium berufen. In der Flur, wo ein Taxator begütert ist, hat derselbe nur eine beratende Stimme. Die Klassifikation kann unter Verteilung der Taxatoren in kleinere Gremien (Sektionen) geschehen, welche der Obertaxator ab- und zugehend leitet; hierbei müssen jedoch die Grenzplätze der Sektionsbezirke durch die Schätze beider Sektionen und, wo sie zugleich Grenzplätze der Bonitierungsbezirke sind, durch Zusammentritt der Schätzer der betreffenden Bezirke taxiert werden.

§. 45.

Die Obertaxatoren haben kein Stimmrecht, dagegen sind sie ermächtigt und verpflichtet, ihre Meinung zur Sprache und behufs einer Offizialreklamation in Vormerkung zu bringen, wenn sie durch den Ausspruch der Taxatoren zufolge § 92 gegenwärtigen Gesetzes eine Reklamation begründen zu können glauben.

§ 46.

Sämtliche Taxatoren erhalten für ihr Dienstleistung und etwaige Reisekosten eine Entschädigung, deren Höhe durch das Staatsministerium der Finanzen geregelt wird.

[IV. Kapitel.]*)

[Von der Veranschlagung der Renten aus dem Dominikalverbande, Dienstbarkeiten und anderen nutzbaren Rechten.]

[§ 47.]

Unter Dominikalrenten werden alle und jede ständige sowohl als unständige Reichnisse an Geld und Naturalien verstanden, welche dem Rentenbesitzer aus dem geteilten Eigentume fließen.

[§ 48.]

Die Renten aus allen anderen Realrechten, wie sie immer Namen haben mögen, werden den Dominikalrenten gleichgeachtet.

[§ 49.]

Der jährliche Betrag der ständigen Geldrenten nach Abzug der Gegenreichnisse, welche die Empfänger dieser Gegenreichnisse zu versteuern haben, ist zugleich ihr steuerbarer Ertrag.

[§ 50.]

I Bei unständigen Geldgefällen kommt der entsprechende Durchschnittsbetrag, insbesondere aber bei Gutsveränderungsgefällen von den bei der letzten Veränderung erhobenen Laudemien und zwar bei erbrechtigen, freistiftigen und neustiftigen Gütern der zwanzigste, bei leibrechtigen Gütern von dem einfachen Leibgelde der fünfzehnte und bei Lehen von den Gebühren des letzten Haupt- und Nebenfalls zusammen der zwanzigste Teil als jährlicher Ertrag in Ansatz.

II Wenn Laudemien nicht von jedem Falle erhoben werden, soll eine verhältnismäßig geringere Quote des letzten Laudemiums als jährlicher Ertrag angenommen und insbesondere bei Ausmittelung des jährlichen Handlohnbetrags das Verhältnis der Handlohnspflicht in und außer dem Erbgange gehörig berücksichtigt werden.

III Bei leibfälligen Gütern, welche nur auf einen Leib verliehen sind, wird der zwanzigste Teil des letzten Leibgeldes als jährlicher Ertrag angenommen.

[§ 51.]

I Die Getreidereichnisse werden nach den im § 28 bestimmten Normalwerten veranschlagt. Alle übrigen Naturalreichnisse werden nach den üblichen Ablösungspreisen, wo solche hergebracht sind, oder, wo dieses nicht der Fall ist, nach folgenden Preisen in Geldanschlag gebracht, als:

ein Kalb	4 fl.	— kr.
ein Lamm	— „	36 „
eine Gans	— „	36 „
eine Ente	— „	20 „
ein Huhn	— „	12 „
ein Ei	— „	$^1/_2$ „
ein Pfund Fische	— „	12 „
ein Pfund Schmalz	— „	20 „
ein Pfund Käse	— „	4 „
das 100 Krebse und Schnecken . .	— „	24 „

II Jene Artikel, welche hier nicht besonders genannt sind, werden im Verhältnisse zu den genannten angeschlagen.

---

*) Siehe Anmerkung * oben am Kopfe des Grundsteuergesetzes.

[§ 52.]

Die Naturalfronen werden nach der Zahl und Art der Fuhren bei Spannfronen und nach der Zahl der Arbeitstage bei den Handfronen nach den hergebrachten Ablösungspreisen, wo aber keine solchen Preise bestehen, nach den im Bonitierungsbezirk erhobenen Durchschnittspreisen der letzten zehnjährigen Spann- und Handfronen angeschlagen, davon aber die herkömmlichen Gegenreichnisse in Abzug gebracht.

[§ 53.]

Wenn auf den Dominikal- oder Zehentrenten selbst wieder Reallasten haften, welche von einem Dritten bezogen werden, so trägt dieser Dritte nach dem Maße seiner Bezüge einen Anteil an der Dominikal- und Zehentsteuer. Die Steuer des Zehentbesitzers mindert sich auf jeden Fall im Verhältnisse dieser Reallasten zum vollen Zehentertrage, sie mögen an Private, Kirchen, Stiftungen oder sonst zu Staatszwecken abgereicht werden.

[§ 54.]

Zur Einrechnung oder zum Abzuge sind aber nicht geeignet die auf unbenannte Kontrakte begründeten, durch bedungene Gegendienste oder Leistungen kompenzierten Reichnisse, als da sind: Pensionen, Besoldungen, Austräge, Almosen, Entschädigungen, Lid- und Taglöhne u. s. w.

[§ 55.]

Dominikalabgaben von Realgewerben und Gerechtigkeiten werden gleich den übrigen Dominikalabgaben behandelt.

[§ 56.]

Die jährlichen Holzrechtsbezüge kommen nach Maß der für den Bezirk der dienstbaren Holzgründe bei der Bonitierung ausgemittelten Holzwerte in Anschlag.

[§ 57.]

Die Alpenweide aus Berechtigung (Servitut) unterliegt derselben Veranschlagung und Ertragsberechnung wie die Weide auf eigentümlichen Alpen (§ 29).

[§ 58.]

Die Klein- und Blutzehenten sollen ihrem Ertrage nach durch Fatierung der Berechtigten und durch kontrollierende Liquidierung mit den Pflichtigen hergestellt werden.

[§ 59.]

Der Ertrag aus der Jagdgerechtsame wird durch Fatierung und Schätzung und dann bei Jagden, welche verpachtet sind, unter Berücksichtigung der Pachtschillinge erhoben.

[§ 60.]

Die Fischrechte kommen nach ihrem durch Fatierung und Schätzung erhobenen jährlichen Ertrag über Abzug der allenfalls erforderlichen Setzbrut in Anschlag.

V. Kapitel.

Von der Liquidierung, Katastrierung und Umschreibung.

A. Liquidierung.

§ 61.

Die Anlage der Kataster gründet sich auf eine allgemeine Liquidation, wodurch mittelst legaler Verhandlungen für jeden einzeln vermessenen und in Plan gelegten Grundbesitz spezifisch nach Verschiedenartigkeit der Benennung und des Erwerbstitels von dem Besitzer die Anerkennung der Richtigkeit erzweckt wird.

§ 62.

Jeder Polizeibezirk bildet zugleich einen Liquidierungsbezirk, innerhalb dessen mehrere Steuergemeinden nach Ermessen der Staatsbehörden nach unwandelbaren, kein Grundstück durchschneidenden, an sich geographisch geschlossenen Grenzen gebildet werden.

§ 63.

Das Liquidationsgeschäft wird durch besondere Kommissarien, welche die Staatsregierung ernennt, in der Art besorgt, daß solches für die Zukunft vollen Glauben hat.

[§ 64.]*)

I Bei den Liquidationsverhandlungen haben die Beteiligten persönlich oder durch legal Bevollmächtigte zu erscheinen.

II Als Beteiligte werden betrachtet alle Besitzer von steuerbaren Grundrealitäten sowie von steuerbaren Fischereien. Zeitpächter und Nutznießer müssen von dem Eigentümer bevollmächtigt sein.

[§ 65.]

I Es soll bei der Liquidation nur der Besitzstand des Zeitpunkts der Verhandlungen berücksichtigt werden.

II Bei in Streit befangenen Grundstücken und Rechten müssen die Rechtsansprüche des Gegenteils gehörig zu Protokoll vorgemerkt werden.

III Herrenlose und von niemand in Besitz und Eigentum angesprochene Gründe werden dem Staate zugeschrieben.

[§ 66.]

I Vor dem wirklichen Beginne der Liquidationsverhandlungen sind jeder Steuergemeinde zur Einleitung des Geschäfts:

1. der vollständig numerierte Steuerplan,
2. das Repertorium der laufenden Plan- und Hausnummern,
3. die Namenliste und
4. die Besitzlisten (über die jedem Besitzer zugeschriebenen Grundstücke) mit dem Auftrage zuzustellen, daß sämtliche Grundbesitzer innerhalb einer festzusetzenden Frist
   a) den Plan im voraus einsehen und sich in demselben über dessen Begrenzung, Inbegriff, Unterabteilung und Numerierung näher informieren;

---

*) Siehe Anmerkung * oben am Kopfe des Grundsteuergesetzes.

b) die Richtigkeit der in den Besitzlisten einem jeden zugeschriebenen Grundstücke prüfen und nach Befund die abgängig oder unrichtig zugeschriebenen darin besonders bemerken;
c) die schon bestehenden oder erst zu schöpfenden eigenen Namen der Grundstücke in den Besitzlisten wirklich eintragen;
d) alle jene einzelnen Grundstücke, welche bei der Messung unausgeschieden unter einer Plannummer vermischt vorkommen, behufs der Wiederausscheidung besonders anmerken;
e) bei vorhandenen mehreren Güterkomplexen die zu jedem besonders gehörigen Parzellennummern ausscheiden sowie die walzenden Stücke, Gemeinde- und Forstteile bezeichnen; endlich
f) sich durch alles Obige gehörig vorbereiten und dazu beitragen sollen, daß die wirkliche kommissionelle Liquidationsverhandlung ohne Anstand und förderlichst vor sich gehen könne.

II Zur Aus- und Beihilfe dieser Verrichtungen wird den Gemeinden von der Liquidationskommission ein Geometer beigegeben. Zum Beweise richtiger Durchgehung der Besitzlisten werden diese bei der Wiedereinlieferung von den Besitzern, Gemeindevorstehern und dem Geometer unterzeichnet.

B. Katastrierung.

§ 67.

Die Katastrierung der definitiven Grundsteuer geschieht unter unmittelbarer Leitung der Katasterstelle.

§ 68.

Für jede Steuergemeinde wird ein eigenes Kataster augefertigt[1]).

1. Wegen der rechtlichen Natur des Grundsteuerkatasters vgl. Bl.f.VF. 17,203. Die Einsicht des Grundsteuerkatasters ist Jedem gestattet. Art. 134 AGBGB., § 47 der Bek. v. 23. Febr. 1905, FinMinBl. S. 39 — Für die an Stelle der Katastereinsicht erteilten einfachen oder beglaubigten Abschriften aus dem Grundsteuerkataster sind die in Art. 161 Abs. II u. III des Kostenges. v. 16. Febr. 1921 (GVBl. S. 134) bestimmten Gebühren zu entrichten.

§ 69.

Die rein abgeschlossenen Steuerkataster werden samt Duplikat und Plänen der obersten Verwaltungsstelle des treffenden Bezirkes ausgeantwortet; dieser liegt sodann die Pflicht und Sorge ob, durch Umschreibung Kataster und Pläne stets der Gegenwart treu zu erhalten.

§ 70.

Es für wird jeden Steuerpflichtigen ein mit dem definitiven Kataster vollständig gleichlautender Auszug über dessen besteuerten Grundbesitz ausgefertigt und für das erste Mal unentgeltlich zugestellt, in der Folge aber durch Umschreibung ohne Entrichtung einer besonderen Gebühr laufend erhalten[1]).

1. Vgl. § 81 des Ges. u. § 44 der Bek. v. 23. Febr. 1905, FinMinBl. S. 39. Die Gebühr beträgt für Duplikate und weitere Ausfertigungen für das 1. Blatt 1 ℳ und für jede weitere angefangene Seite 50 ₰. Art. 161 Abs. IV des Kostenges. v. 16. Febr. 1921, GVBl. S. 134.

C. Umschreibung.

§ 71.

Als Gegenstände der Umschreibungen sind alle Veränderungen zu betrachten, welche sich entweder mit den Personen der Besitzer oder in der Art und Weise des Besitzes oder mit den katastrierten Besitzungen selbst wirklich ereignen[1]).

1. Das Umschreibwesen ist diejenige Tätigkeit der Finanzämter, die die Evidenthaltung des Grundsteuerkatasters durch Nachtragung der Besitzwechsel u. s. w. bezweckt. Das Umschreibwesen ist geregelt durch die Bek. betr. die Fortführung des GrdstKat. v. 23. Febr. 1905, FinMinBl. S. 39. Vgl. weiter § 80 des Ges.

§ 72.

I Die Umschreibung eines Grundstücks auf einen neuen Besitzer setzt den Nachweis voraus, daß der neue Besitzer Eigentümer des Grundstücks ist.

II Die Umschreibung auf den neuen Besitzer erfolgt, wenn zu dem Erwerbe des Eigentums die Eintragung in das Grundbuch erforderlich ist, auf Grund der Eintragung im Grundbuche. In den übrigen Fällen muß das Eigentum des neuen Besitzers in der für die Eintragung in das Grundbuch vorgeschriebenen Weise nachgewiesen werden.

III Zur Eintragung einer Änderung in dem Bestand eines Grundstücks, abgesehen von der Vereinigung ganzer Grundstücke, insbesondere zur Eintragung einer Teilung, ist die Vorlage eines von der Messungsbehörde angefertigten Planes, in welchem die Änderung ersichtlich gemacht ist, und eines Auszugs aus dem Messungsverzeichnis erforderlich.

§ 73.

I Jede Änderung, durch die nach § 71 eine Umschreibung veranlaßt wird, ist bei der Umschreibbehörde anzumelden.

II Die Anmeldepflicht obliegt bei Änderungen, zu denen die Eintragung in das Grundbuch erforderlich ist, den Grundbuchämtern, bei anderen Änderungen den Behörden oder Notaren, von welchen eine die Änderung betreffende Urkunde aufgenommen oder eine die Änderung betreffende Entscheidung erlassen wird, im Falle einer neuen Messung der Messungsbehörde, in den übrigen Fällen den Parteien.

III Die Art der Anmeldung wird durch Ministerialvorschrift bestimmt.

§ 74.

I Unterlassen die Parteien die ihnen nach § 73 Abs. II obliegende Anmeldung, so hat die Umschreibbehörde sie unter Festsetzung einer von mindestens zwei Wochen und Androhung der im § 75 bestimmten Ordnungsstrafe zu der Anmeldung aufzufordern.

II Ausgenommen sind Fälle von Berichtigungen fehlerhafter Messungen, Flächenangaben und Katastervorträge, hinsichtlich deren die Umschreibbehörden das Erforderliche von Amts wegen vorzukehren haben.

§ 75.

I Wird der Aufforderung der Umschreibbehörde innerhalb vorgestreckter Frist nicht genügt, so ist gegen die verschuldende Partei oder, wenn die Unterlassung sowohl dem Besitzvorgänger als dem neuen Besitzer zur Last fällt, gegen jede der beteiligten Parteien eine Ordnungsstrafe von fünf bis fünfzig Mark zu verhängen.

II Diese Ordnungsstrafe kann im Wiederholungsfalle bis zum einmaligen Betrage von zweihundert Mark so oft verhängt werden, bis der Anmeldepflicht Genüge geleistet wird.

§ 76.

I Die vorerwähnten Ordnungsstrafen sind vom Rentamte zu verhängen. Eine Umwandlung derselben in Freiheitsstrafe findet nicht statt.

II Gegen den rentamtlichen Strafbeschluß ist binnen zweiwöchentlicher Ausschlußfrist, vom Tage der Eröffnung desselben gerechnet, Beschwerde zur Regierung, Kammer der Finanzen, zulässig, welche hierüber in zweiter und letzter Instanz entscheidet.

§ 77.

Notare, welche den ihnen durch gegenwärtiges Gesetz auferlegten Verpflichtungen zuwiderhandeln, werden mit Ordnungsstrafen und bei fortgesetztem pflichtwidrigen Verhalten mit Disziplinarstrafen nach Maßgabe der einschlägigen gesetzlichen Bestimmungen geahndet.

§ 78.

Wenn Grundstücke als ursprünglich steuerfrei mit keiner Bonitätsklasse versehen z. B. Straßen, Wege, öffentliche Plätze, Kirchhöfe usw. in nutzbares und steuerbares Eigentum übergehen, so sind dieselben bei der Umschreibung nach den im Kap. III §§ 33 und 34 angegebenen Normen anzugleichen und ist hiernach die Verhältniszahl und Steuerbelegung auszuwerfen.

§ 79.

(§ 1, 11 Vollz.B. 1911.) Veränderungen hinsichtlich der Nutzbarkeit eines Grundstücks, die sich infolge des Überganges steuerfreier Fläche zur steuerbaren ergeben und umgekehrt, sind von dem auf die Änderung nächstfolgenden Kalendervierteljahr an zu berücksichtigen. Wenn der Zeitpunkt der Änderung nicht mehr bestimmt werden kann, hat die Zu- und Abschreibung mit Wirkung von dem auf den Zeitpunkt ihrer Feststellung folgenden Kalenderjahr an zu erfolgen; in gleicher Weise sind die durch Flächen- und Planberichtigungen veranlaßten Zu- und Abschreibungen zu behandeln[1]).

1. Es wird also unterschieden zwischen Zu- und Abgangführungen infolge Änderung der Nutzbarkeit eines Grundstücks einerseits und infolge bloßer Flächen- und Planberichtigungen andererseits. Im ersteren Fall wird die Veränderung regelmäßig mit dem auf die Änderung folgenden Kalendervierteljahr, im letzteren Fall von dem auf den Zeitpunkt der Feststellung folgenden Kalenderjahr an berücksichtigt. Beispiele der ersteren Art von Fällen

sind Vermurung, Ansandungen und Wegspülungen von Ufergrundstücken, Trockenlegung von Sümpfen, Heranziehung von Kulturland zum Straßenkörper und umgekehrt. (Begr. 1908 S. 184). Vgl. hiezu § 36. Wegen der Zuständigkeit in Streitfällen s. § 11 VB. 1911.

§ 80.

Die Umschreibungen müssen in eigenen Umschreibkatastern behandelt werden; nur ausnahmsweise geschehen sie im Urkataster; diese Ausnahmen werden reglementär bestimmt.

§ 81.

Alle und jede Umschreibungen, welche im Umschreib- oder Urkataster geschehen, müssen in reinen und getreu vollständigen Abschriften von den Umschreibbehörden auch in die Katasterauszüge des Beteiligten auf offizielle Weise unentgeltlich übertragen und dadurch das Partialkataster mit dem amtlichen Gesamtkataster in fortwährender Übereinstimmung und Gleichlautigkeit erhalten werden.

[Ebenso sollen in besonders gehaltenen Quittungsbüchern der Steuerpflichtigen die durch die Umschreibung veranlaßten Abänderungen der Steuersimplen unentgeltlich nachgetragen werden.]*)

§ 82.

Die zu erhebenden Umschreibgebühren richten sich nach den bestehenden Gesetzen¹).

1. Die Umschreibgebühren sind im Art. 162 des Kostenges. v. 16. Febr. 1921 (GVBl. S. 134) geregelt.

§ 83.

I Hinsichtlich der von der Anmeldung der Veränderungen bis zur wirklichen Umschreibung fällig werdenden Steuern wird sich immer an den Besitzer gehalten und den Parteien überlassen sich über diesen Punkt untereinander auszugleichen.

II Die Zahlung der Umschreibgebühren obliegt dem neuen Erwerber.

III Überläßt der Eigentümer das Grundstück einem Anderen ohne Übertragung des Eigentums zum Eigenbesitze, so bleibt er neben dem Besitzer für die Grundsteuer haftbar¹).

1. Vgl. Anm. 5 zu § 1 HsStGes.

§ 84

Wenn die Umschreibungen vorläufige Messungen der Grundstücke erfordern, so tragen die Beteiligten die Kosten¹).

1. Im Gegensatz zu § 15 des Ges. handelt es sich hier um Messungen lediglich im Interesse bestimmter Privater, die daher für die Kosten aufzukommen haben (z. B. Grundstücksteilungen). Der im FinMinBl. 1907 S. 117 ff. abgedr. Messungskostentarif ist inzwischen durch verschiedene FinMinEntschl. überholt.

---

*) Siehe Amerkung * oben am Kopfe des Grundsteuergesetzes.

§ 85.

I Auf den Steinplatten, worauf die Katasterpläne lithographiert sind, sollen für alle Zukunft die sich ergebenden Figurenänderungen der Vermessungsobjekte nachgetragen und hierdurch die lithographierten Steuerpläne stets der Gegenwart treu erhalten werden.

II Diese Steine bleiben sämtlich im Zentralpunkte der Monarchie und werden dort durch fortgeführte Gravierung evident erhalten.

VI. Kapitel.

Von der Steuerverhältniszahl und Quotisation.

§ 86.

I Die definitive Steuerverhältniszahl ist bei Grundstücken das Produkt aus ihrer Fläche in ihre Bonitätsklasse.

II Die Steuerverhältniszahl stellt demnach den jährlichen Ertrag in Achtel-Schäffeln (27,7947 Liter) Korn oder Gulden ($1^5/_7$ Mark) dar. Ihre Einheit repräsentiert eine Produktionsfähigkeit von $^1/_8$ Schäffel Korn oder einen mitteljährigen Ertrag eines Katastergulden[1]).

1. Vgl. Anm. 1 zu § 26.

VII. Kapitel.

Von den Reklamationen.

§ 87.

Reklamationen sind gestattet:

a) gegen eine fehlerhafte Flächenbestimmung;
b) gegen die unrichtige Klassifikation einzelner Grundstücke im Gegenhalte zu den Mustergründen;
c) gegen Irrtümer in der Liquidierung und
d) gegen fehlerhafte Berechnungen und Vorträge im Kataster.

§ 88.

Reklamationen werden nicht gestattet:

a) gegen die nach § 25 exzeptionsfrei gesetzten Mustergründe;
b) gegen das Steuerverhältnis ganzer Gutskomplexe, Fluren und Distrikte;
c) gegen solche kleine Differenzen in der Besteuerung, welche selbst dem geübten Sinne der Sachverständigen mit Gewißheit nicht mehr erkennbar sind.

§ 89.

Eine angeblich fehlerhafte Messung wird durch einen von der Katasterstelle abgeordneten Geometer revidiert und das Resultat dem Beschwerdeführer zur Kenntnis gebracht. Begnügt letzterer sich hiermit nicht, so steht ihm frei, einen geprüften Feldmesser in Vorschlag zu bringen, welcher zugleich mit einem von der Katasterstelle zu diesem Zwecke aufgestellten Geometer genaue Nachmessung pflegt. Vereinigen sich beide Feldmesser in ihren Resultaten nicht, so steht die Entscheidung in letzter Instanz bei der Katasterstelle.

§ 90.

Irrtümer in der Liquidation, in den Berechnungen und Katastervorträgen werden durch nachträgliche genaue Untersuchung und Nachbesserung berichtigt.

§ 91.

Beschwerden wider eine unrichtige Klassifikation der Grundstücke werden durch eine wiederholte Klassifizierung abgetan, wie weiter unten näher bestimmt wird.

§ 92.

I Die Klassifikation wird als unrichtig erkannt:

a) wenn bei höheren Bonitäten und zwar von der vierten Klasse an aufwärts das Mißverhältnis der einem Grundstücke gegebenen Klasse in Vergleichung zu den betreffenden Mustergründen wenigstens zwei volle Klassen, bei niederen Bonitäten aber und zwar von der vierten Klasse an abwärts eine ganze Klasse und von der ersten Klasse abwärts selbst eine Bruchklasse beträgt;
b) wenn ein Grundstück von großer Fläche und von verschiedenen Bonitäten ohne eine vorausgegangene Ausscheidung ordnungswidrig im Komplexe geschätzt und demnach dafür eine Durchschnittsklasse ausgesprochen worden ist.

II Jede Reklamation, welcher die nach diesem Paragraphen erforderliche Begründung mangelt, ist schlechterdings unzulässig.

§ 93.

Jeder Steuerpflichtige hat das Recht, gegen unverhältnismäßige Besteuerung innerhalb der Grenzen der Verfügungen der §§ 87, 88 und 92 zu reklamieren.

§ 94.

Dasselbe Recht und in derselben Weise steht der Staatsbehörde gegen eine verhältnismäßig zu niedrige Belegung, vielmehr Klassifikation zu.

§ 95.

Der Reklamationstermin wird auf ein Jahr und drei Monate festgesetzt, ist präklusiv und beginnt von dem Tage an, wo in der Gemeinde die Einführung proklamiert wird.

§ 96.

Beschwerden gegen eine fehlerhafte Messung und unrichtige Berechnung der Katastersätze können jederzeit angebracht werden.

[§ 97.]*)

I Zur Erledigung der Beschwerden wegen angeblich irriger Liquidation der Dominikalien, Zehenten und anderer nutzbarer Rechte jeder Art wird zur Herstellung eines sichern definitiven Besitzstandes verordnet, daß alle Besitzer solcher Rechte, es mögen dieselben der Staat, Stiftungen, Gemeinden und andere Korporationen oder Private sein, von der einen Seite und alle Pflichtigen von der andern Seite verbunden seien, innerhalb einer Frist von drei Jahren, von dem Tage des ausgeflossenen oben bestimmten Reklamationstermins an gerechnet, alle Unrichtigkeiten in dem ganzen Umfang ihrer Rechte und Lasten dem Steuerkontrollamte zur Berichtigung und Vervollständigung des Katasters anzuzeigen.

II Nach dem Ablaufe dieser Fristen sind alle nicht angemeldeten Ansprüche und Reklamationen ausgeschlossen und das Grundsteuerkataster sowie das mit demselben in Verbindung stehende Umschreibkataster, insoferne sie die gesetzlichen Erfordernisse haben, gelten als Saal- und Lagerbuch mit Beweiskraft nicht nur in Ansehung der Steuerverhältnisse, sondern auch über die Rechte und Verbindlichkeiten der Beteiligten für die Zukunft.

[§ 98.]

I Die innerhalb des vorgesetzten Termins angemeldeten Ansprüche und Differenzen sollen neuerdings durch die Katasterliquidationskommission genau untersucht oder nachträglich liquidiert und im Umschreibkataster berichtigt oder nachgetragen werden.

II Im Falle, daß auf dem Wege der Untersuchung oder Liquidation ein entsprechendes Resultat nicht erzielt, auch zwischen den Berechtigten und Pflichtigen eine gütliche Ausgleichung nicht herbeigeführt werden könnte, sollen dergleichen Differenzen zur richterlichen Austragung verwiesen, einstweilen im Urkataster vorgemerkt und nach Ausgang der Sache im Umschreibkataster berichtigt werden.

[§ 99.]

Für die bereits definitiv besteuerten Landesteile gelten die Bestimmungen des vorstehenden Paragraphen in der Art, daß der Präklusionstermin mit dem Tage zu laufen anfängt, an welchem die in einem Liquidierungsbezirke nach § 125 des Grundsteuergesetzes vorgenommene Katasterberichtigung als vollendet proklamiert wird.

§ 100.

Die Reklamationen gegen fehlerhafte Klassifikationen müssen bei den einschlägigen Distriktspolizeibehörden zu Protokoll angemeldet werden. Dabei sind die einzelnen überschätzten Grundstücke, ihre Kulturart, ihr Flächeninhalt, ihre Plannummern, ihre ursprünglichen Bonitätsklassen und das Maß der Überschätzung bestimmt anzuzeigen. Jedem Reklamanten wird von der Behörde ein Anmeldeschein, worin die Grundstücke, über welche reklamiert wird, speziell bezeichnet sind, ausgestellt.

§ 101.

Nach dem Ablaufe des Reklamationstermins schließen die Distriktspolizeibehörden die Anmeldungsprotokolle ab und senden sie an die Katasterstelle ein, welche sonach die erforderlichen Anordnungen zur Erledigung der Reklamationen zu treffen hat.

---

*) Siehe Anmerkung * oben am Kopfe des Grundsteuergesetzes.

§ 102.

Die Untersuchung und definitive Bescheidung der Reklamationen wird einem Kompromißgerichte von Sachverständigen übertragen.

§ 103.

Dieses Kompromißgericht wird zusammengesetzt:

a) aus einem Obertaxator, der von der Distriktspolizeibehörde requiriert wird und nicht der nämliche sein darf, welcher die ursprüngliche Klassifikation geleitet hat, und

b) aus zwei Taxatoren, wovon den einen der Obertaxator, welcher die ursprüngliche Klassifikation geleitet hat, aus den bei dieser Klassifikation verwendet gewesenen Schätzern bestellt und den anderen Reklamant ernennt.

Auf Verlangen der Reklamanten kann die Zahl der Taxatoren von beiden Seiten in gleichem Verhältnis auch verdoppelt werden.

§ 104.

Gegen den Obertaxator und die Taxatoren finden dieselben Einwendungen wie gegen Zeugen statt.

§ 105.

Für den Fall der Exzeptionsmäßigkeit oder einer sonstigen Verhinderung der Taxatoren werden Ersatzmänner im Voraus ernannt.

§ 106.

Die Vereidung der Taxatoren erfolgt von dem ordentlichen Richter. Die formelle Leitung des Kompromißgerichts steht in der Regel den Distriktspolizeibehörden zu. Bei besonderen Veranlassungen und Umständen wird es jedoch der Katasterstelle vorbehalten, dazu eigene Kommissäre abzuordnen.

§ 107.

Wenn das Kompromißgericht konstituiert ist, schreitet es zur Untersuchung der Reklamationen an Ort und Stelle. Sie geschieht bei jedem einzelnen Grundstücke durch eine genaue Prüfung der Beschaffenheit des Bodens nach seiner Güte und Lage und durch Vergleichung mit den Mustergründen.

§ 108.

Die Stimmenmehrheit setzt die Bonitätsklasse fest und dieser Ausspruch ist inappellabel.

§ 109.

Die Kompromißschätzer sind bei Erlassung ihrer Sprüche an die Bestimmungen des § 92 Abs. I lit. a gebunden.

§ 110.

Ergibt sich, daß ein Grundstück, gegen dessen Klassifikation reklamiert worden ist, nicht nur keiner tiefern Klasse, sondern vielmehr einer höheren

Klasse, als die ursprüngliche ist, angehört, so ist das Kompromißgericht verpflichtet, auch die höhere Klasse, jedoch nur innerhalb des im § 92 Abs. I lit. a vorgeschriebenen Maßes, auszusprechen.

§ 111.

Die leitende Behörde nimmt die Verhandlungen und die Kompromißsprüche protokollarisch auf und eröffnet die letzteren den Reklamanten.

§ 112.

Die Reklamationsverhandlungen und Bescheide sind gebührenfrei.

§ 113.

Die Kosten auf Reklamationen und deren Bescheidung werden auf die sämtlichen zur Reklamation gebrachten Parzellen, jedoch nicht nach ihren Steuerverhältniszahlen, sondern bloß nach ihrer Anzahl ausgeschlagen. Die Besitzer jener Parzellen, deren Reklamationen als unbegründet verbeschieden wird, tragen den sie treffenden Kostenanteil, die übrigen Kosten fallen der Staatskasse zur Last.

VIII. Kapitel.

Von Umlagen und Erhebung der Katastrierungskosten.

§ 114.

Für die allgemeine Regie der Katasterstelle, dann für das Geschäft der Messung, der Lithographierung der Pläne und der Flächenberechnung sowie der Konservation und Mutationsgravierung der Steine wird der erforderliche Bedarf aus der Staatskasse bestritten und in dem jederzeitigen Finanzgesetze festgesetzt.

§ 115.

Ebenso übernimmt die Staatskasse die Kosten der Katastrierung selbst, d. i. die Kosten der Bonitierung, Klassifizierung, Liquidierung und Katasteranfertigung.

IX. Kapitel.

Von Erhebung der Grundsteuer.

[§ 116.]*)

I Wenn in einem Polizei- oder Liquidierungsbezirke das Grundsteuerkataster geschlossen ist, so wird die definitive Steuer sogleich in Perzeption gesetzt und die bisherigen Gesetze über die Besteuerung der Grundstücke, Fischwässer, Jagden, Bergwerke, Dominikalrenten und andere Realrechte auf Grund und Boden treten von diesem Zeitpunkt an bezüglich dieses Bezirks außer Wirkung.

II Der Eintritt der definitiven Grundsteuer ist in der Gemeinde förmlich zu proklamieren und darüber ein Protokoll aufzunehmen.

---

*) Siehe Anmerkung * oben am Kopfe des Grundsteuergesetzes.

§ 117.

(§ 1 VV. 1922.) Von jeder Einheit der Steuerverhältniszahl ist ein Betrag von **acht** Pfennig als Jahressteuer zu erheben.

1. Vgl. die Einleitung, sowie die Anm. zu §§ 3, 86.

§ 118.

(§ 4 Abs. II u. III VV. 1911, §§ 2, 3, 4 VollzBek. 1922.) Die Grundsteuer wird mit je einem Vierteile der Jahresschuldigkeit am 1. Januar, 1. April, 1. Juli und 1. Oktober fällig. Den Zeitpunkt der Entrichtung bestimmt die Staatsregierung.

Von diesem Zeitpunkt ab sind bei nicht rechtzeitiger Zahlung Zinsen zu fünf vom Hundert vom Jahre des geschuldeten Betrags zu entrichten, soweit durch die Vollzugsvorschriften nicht anderes bestimmt wird[1]).

1. Abs. 2 wurde durch das AbändGes. 1921 beigefügt. S. die entsprechenden Bestimmungen des HsstGes. § 36.

§ 119.

(§ 5, 6 VollzBek. 1922.) I Grundsteuerbeträge können in einzelnen Fällen niedergeschlagen werden, wenn ihre zwangsweise Beitreibung die Steuerpflichtigen in ihrem wirtschaftlichen Fortkommen gefährden, ferner wenn das Beitreibungsverfahren voraussichtlich ohne Erfolg sein würde oder wenn die Kosten der Beitreibung außer Verhältnis zu dem beizutreibenden Steuerbetrage stehen würden.

II **Sind Grundsteuern zu Unrecht bezahlt und aus diesem Grunde zu erstatten, so sind sie, wenn sie den Betrag von 300 Mark übersteigen, von der Entrichtung an mit fünf vom Hundert vom Jahre zu verzinsen. Zinsbeträge unter zehn Mark werden nicht ausbezahlt**[1]).

1. Abs. 2 wurde durch das Abänderungsges. 1921 beigefügt. Im übrigen vgl. § 37 HsstGes.

§ 120.

(§ 6, 11 VV. 1911.) I Von dem Eigentume des Staates wird keine Grundsteuer erhoben, jedoch sollen hierfür wie von den übrigen Grundsteuerobjekten die Verhältniszahlen ausgemittelt und im Kataster vorgetragen werden.

II Das Gleiche gilt für die unmittelbar zur Erfüllung öffentlicher Aufgaben dienenden Grundstücke der Kreisgemeinden, der Distriktsgemeinden, der Gemeinden und der Ortschaften[1])[2])[3]).

1. Es handelt sich um persönliche Befreiungen (Abs. I) bezw. persönlich-sachliche Befreiungen (Abs. II). Die VV. 1911 bedürfen insofern der Berichtigung, als zivilistische Grundstücke — Abs. I lit. b u. Abs. II lit. c — entfallen — vgl. § 2 HsstGes. — und als die Umlagenfreiheit der Erträge aus den unmittelbar zur Erfüllung öffentlicher Aufgaben dienenden Grundstücke der Gemeinden u. s w sich nunmehr aus den betr. Bestimmungen des VollzGes. z. LandesstGes. v. 30. März 1920 (GVBl. S. 361) ergibt. Außer den Befreiungen des § 120 kommt noch die Grundsteuerfreiheit der Grundstücke des Reichs gem § 2 RBestGes. v. 15. April 1911 (RGBl. S. 186)

und der Versicherungsträger für die unmittelbar zur Erfüllung öffentlicher Aufgaben dienenden Grundstücke gem. Art. 63 Abs. I AusfGes. zur RVO. (GVBl. 1912 S. 1135) in Betracht. Wegen der Grundsteuerfreiheit der Reichseisenbahnen s. Anm. 2 zu § 36.

2. Durch die Bestimmung in Abs. II in Verbindung mit den einschl Bestimmungen des VollzGes. zum LandesstGes. (s. Anm. 1 vorst.) ist eine gleichmäßige Behandlung der für die Grundsteuer in Frage kommenden, unmittelbar öffentlichen Aufgaben dienenden gemeindlichen u. s. w. wie staatlichen Grundstücke herbeigeführt, so daß die ersteren von der Grundsteuer, die letzteren von den Umlagen frei belassen werden. (Im übrigen dagegen beeinflußt die Umlagenfreiheit die Grundsteuerpflicht nicht.) — Wegen der Zuständigkeit in Streitfällen s. § 11 VB. 1911.

3. Für die Frage, ob ein Grundstück der Erfüllung einer öffentlichen Aufgabe dient, ist dessen bestimmungsgemäße tatsächliche Verwendung für diesen Zweck maßgebend. Ein unmittelbares Dienen ist nur gegeben, wenn die Erfüllung der öffentlichen Aufgabe im Grundstück und durch dasselbe ihre Verwirklichung findet. Die Erzielung eines Nebenertrags von Grundstücken, die unmittelbar zur Erfüllung öffentlicher Aufgaben dienen, schließt die sonst gerechtfertigte Befreiung von der Grundsteuer nicht aus. VGE. 36., 172.

Unter die Vorschrift des Abs. II fallen z. B. öffentliche Parkanlagen, Schmuckplätze, Alleen, Kinderspielplätze, soweit sie nicht nach § 36 des Ges. überhaupt steuerfrei sind, ferner die Grundflächen von Gebäuden, die unmittelbar zur Erfüllung öffentlicher Aufgaben dienen (vgl. § 2 Ziff. 4 HsstGes.). Weiter hat der VGE. als steuerfrei gem. Abs. II erklärt: Die Jungviehweide einer Distrikts(Bezirks)gemeinde samt den dazugehörigen Wärterhaus (letzteres gem. § 2 Ziff. 5 HsstGes.) — 35, 118 —, die der Wasserversorgung einer Stadt dienenden Grundstücke derselben — 36, 172 —, die der Beschäftigung von Anstaltspfleglingen zu Heilzwecken gewidmeten landwirtschaftlichen Grundstücke einer kreisgemeindl. Heil- und Pflegeanstalt (Irrenanstalt) — 38, 131.

§ 121.

(§ 7, 8, 9, 11 VB. 1911.) I Wenn auf einem als Weinberg bewirtschafteten Grundstücke nach Inkrafttreten des Gesetzes vom 14. August 1910, betreffend die Änderung der Gesetze über die allgemeine Grund- und Haussteuer, die Rebanlagen auf einer zusammenhängenden Fläche von mindestens 3 Ar vollständig erneuert werden, so bleibt diese Fläche von dem auf die Vollendung der Erneuerung folgenden Kalenderjahr an auf Antrag des Steuerpflichtigen sieben Jahre lang von der Grundsteuer frei.

II Ferner sind im Eigentume von Gemeinden oder Ortschaften stehende Grundstücke, die nach Inkrafttreten des Gesetzes vom 14. August 1910, betreffend die Änderung der Gesetze über die allgemeine Grund- und Haussteuer, in Waldgrundstücke umgewandelt werden und eine zusammenhängende Fläche von mindestens 1 ha umfassen, auf Antrag von dem auf die Vollendung der Umwandlung folgenden Kalenderjahr an zwanzig Jahre lang von der Grundsteuer frei zu belassen: die Befreiung setzt voraus, daß der Weidegang ausgeschlossen ist. Unter den gleichen Voraussetzungen kann für Waldbaugenossenschaften von der Staatsregierung auf die nämliche Zeitdauer Befreiung von der Grundsteuer bewilligt werden; die Steuerverhältniszahlen gelten in diesem Falle zur Begründung der Umlagenpflicht als vorgemerkt[1]).

II Fallen vor Ablauf der in Abs. I, II bezeichneten Zeiträume die Voraussetzungen für die Steuerfreiheit weg, so erlischt diese mit Beginn des nächstfolgenden Kalendervierteljahrs.

1. Die Steuerbefreiung der Waldgenossenschaften steht im Gegensatz zu den sonstigen Befreiungen dieser Vorschrift im Ermessen der Regierungsfinanzkammern, weshalb auch hier die Anrufung des Verwaltungsgerichtshofs in letzter Instanz ausgeschlossen ist (§ 11 II VB. 1911); außerdem hat die Befreiung der Waldgenossenschaften die Umlagenfreiheit nicht zur Folge. Allen Steuerbefreiungen — auch der des folgenden § 122 — ist eigen, daß sie nur auf Antrag erfolgen, aber ohne Rücksicht auf die Vermögensverhältnisse des Antragstellers (Begr. 185).

§ 122.

(§§ 10, 11, 12 VB. 1911.) I Für ein Grundstück, das im Grundsteuerkataster als Weinberg vorgetragen, jedoch seit mehr als sieben Jahre nicht mehr als Weinberg bebaut ist, sind die Steuerverhältniszahlen, solange es einer anderen Kulturart zugeführt ist, mit der Hälfte, wenn es aber dauernd Ödland geworden ist, mit einem Drittel ihres Betrags der Steuerberechnung zugrunde zu legen.

II Diese Steuerberechnung tritt nur auf Antrag mit Wirkung von dem auf die Antragstellung folgenden Kalenderjahr ein. Der Antragsteller hat die erforderlichen Nachweise zu erbringen[1]).

1. Wegen der Zuständigkeit in Streitfällen s. § 11 VollzBek. 1911 — Anlangend § 12 VB., so kommen nunmehr die entsprechenden Vorschriften des VollzGes. zum LandstGes. v. 30. Juni 1921, GVBl. S. 361 — Art. 11, 25, 27, 31 — in Betracht. Wegen der Steuerfreiheit der Grundstücke der Versicherungsträger s. Anm. 1 zu § 120.

X. Kapitel.

Steuernachlässe.

§ 123.

(§ 13 VB. 1911.) I Nachlaß an der Grundsteuer wird vorbehaltlich der Vorschrift im Art. 12 Abs. II des Hagelversicherungsgesetzes auf Ansuchen gewährt, wenn infolge außerordentlicher Elementarereignisse:

1. die gewöhnliche Jahresrente landwirtschaftlich benützter Grundstücke mindestens zum vierten Teile beschädigt oder
2. der Wert des zum Wirtschaftsbetrieb eines Landguts dienenden beweglichen Inventars um mindestens den vierten Teil vermindert wurde.

II Ist im Falle des Abs. I Ziff. 1 die Beschädigung an der eingebrachten Ernte eingetreten und nicht nachweisbar, von welchen einzelnen Grundstücken des Landguts die beschädigte Ernte stammt, so ist die Ernte sämtlicher Grundstücke der gleichen Kulturart als beschädigt anzusehen.

III Die Schadensquote ist nach Zwölfteilen zu ermitteln; hierbei sind Bruchteile der Hälfte und darüber für voll zu rechnen. Etwaige gesetzliche oder vertragsmäßige Entschädigungen sind in Berücksichtigung zu ziehen.

IV Der Nachlaß beträgt in den Fällen des Abs. I Ziff. 1 eine der Schadensquote gleichkommende Quote der Jahresgrundsteuer der beschädigten Grundstücke, in den Fällen des Abs. I Ziff. 2 eine der Schadensquote gleichkommende Quote der Jahresgrundsteuer des in Frage stehenden Landguts.

V Der Nachlaß wird nur für das Kalenderjahr bewilligt, in dem die Beschädigung eingetreten ist. Im Falle der unverschuldeten Fortdauer der Wirkung der Beschädigungen in dem unter Abs. I Ziff. 1, 2 erwähnten Umfang über das Nachlaßjahr hinaus kann jedoch auch für das folgende Jahr ein Nachlaß gewährt werden.

§ 124.

(§ 14 VV. 1911.) I Die Nachlaßgesuche sind bei Vermeidung des Ausschlusses bei der Gemeindebehörde zu einer Zeit schriftlich oder mündlich anzubringen, wo der erlittene Schaden vollständig erhoben werden kann.

II Von der Gemeindebehörde sind die Gesuche mit gutachtlicher Äußerung dem Rentamte vorzulegen.

III Die Schadensfeststellung erfolgt nach den hierüber von der Staatsregierung ergehenden Anordnungen. Über die Gewährung des Nachlasses und über dessen Höhe entscheidet die Regierung Kammer der Finanzen. Gegen deren Entscheidung ist Beschwerde an das Staatsministerium der Finanzen zulässig.

Schlußbestimmungen.

[§ 125.]*)

In jenen Teilen des Königreichs, in welchen das Steuerdefinitivum bereits eingeführt ist, bleiben die Kataster in ihrem Hauptbaue unverändert, doch müssen sie alle jene Änderungen und Zusätze nachträglich erhalten, welche sich infolge des gegenwärtigen Gesetzes zu ihrer Gleichstellung mit dem Kataster der übrigen Teile des Reichs als notwendig ergeben.

[§ 126.]

I Die Summe der Grundsteuerminderungen, welche sich im Laufe der gegenwärtigen Finanzperiode durch den Vollzug des § 116 ergibt, wird nach Abzug der allenfallsigen Mehrungen auf sämtliche definitiv katastrierte Steuerbezirke desselben Kreises nach dem Maßstabe des Definitivums ausgeschlagen, mittelst gleichmäßiger Steuerprozente erhoben und der Staatskasse ersetzt.

II Über die Art der Behandlung dieser Minderungen in den späteren Finanzperioden wird durch das jederzeitige Finanzgesetz Vorsehung getroffen.

[§ 127.]**)

I Die in den Text des gegenwärtigen Gesetzes aufgenommenen Vorschriften des Gesetzes vom 19. Mai 1881, einige Abänderungen an den Gesetzen über die allgemeine Grund- und Haussteuer betreffend, treten am 1. Januar 1882 in Kraft.

---

*) Siehe Anmerkung * oben am Kopfe des Grundsteuergesetzes.

**) Einführungs- und Übergangsvorschriften aus Anlaß des Gesetzes vom 19. Mai 1881 (GVBl. S. 657).

II Die Bestimmungen der §§ 71—76*) finden auf Besitzänderungen, welche vor dem 1. Januar 1882 stattfanden, ohne daß den gesetzlichen Vorbedingungen für die Katasterumschreibung genügt worden wäre, Anwendung, wenn die bestehenden Umschreibhindernisse nicht binnen längstens sechs Monaten, vom obigen Einführungstag an gerechnet, beseitigt sind.

§ 128.

Unser Staatsministerium der Finanzen ist mit dem Vollzuge gegenwärtigen Gesetzes beauftragt und es soll letzteres durch das Gesetz- und Verordnungsblatt verkündet werden.

Vollzugsvorschriften zum Grundsteuergesetz.

1. Bekanntmachung der K. Staatsministerien der Finanzen und des Innern zum Vollzuge des Grundsteuergesetzes**).

Vom 24. Dezember 1911. (GVBl. S. 1343.)

Zu- und Abschreibung von Grundsteuerverhältniszahlen

§ 1. I Die Grundsteuerverhältniszahlen sind im Falle des Überganges steuerfreier Fläche zur steuerbaren in Zugang und im Falle des Überganges steuerbarer Fläche zur steuerfreien in Abgang zu führen. Vgl. §§ 36, 78 des Gesetzes. Die Zu- und Abgangführung hat mit Wirkung von dem der Änderung nächstfolgenden Kalendervierteljahr an und, wenn der Zeitpunkt der Änderung nicht mehr bestimmt werden kann, mit Wirkung von dem auf den Zeitpunkt ihrer Feststellung folgenden Kalenderjahr an zu erfolgen. Der Zeitpunkt der Änderung ist sofern er bestimmt werden kann, in dem Messungsverzeichnisse vorzumerken, in dem die Änderung behandelt wird.

II Hat sich der Übergang steuerbarer Fläche zur steuerfreien unabhängig von dem Willen der Beteiligten vollzogen (Abschwemmung von Grundflächen, Flußbettverlegungen durch Wassergewalt, Vermurung oder Überkiesung von Grundflächen durch Naturereignisse u. s. w.), so ist die Änderung auf Antrag des geschädigten Grundeigentümers ohne Aufrechnung von Messungsgebühren geometrisch zu behandeln. Bei Flußläufen hat die gebührenfreie geometrische Behandlung erst einzutreten, wenn die neu entstandenen Flußufer zu dauerndem Bestande gelangt sind. Mangels dieser Voraussetzung ist die geometrische Behandlung davon abhängig zu machen, daß von dem Antragsteller die Messungsgebühren übernommen werden.

III Ergeben sich an den Grundsteuerverhältniszahlen Zu- oder Abgänge durch Flächen- und Planberichtigungen, so sind die Änderungen mit Wirkung von dem auf den Zeitpunkt der Berichtigung folgenden Kalenderjahr an zu berücksichtigen. Für die geometrische Behandlung der Flächen- und Planberichtigungen haben Messungsgebühren außer Ansatz zu bleiben. Vgl. § 74 Abs. II des Gesetzes.

---

*) In der Fassung der Bekanntmachung vom 10. Juni 1881 (GVBl. S. 670).

**) Was in eckige Klammern gesetzt ist, gilt nicht mehr.

Berechnung der Grundsteuer.

[**§ 2.** Die Grundsteuer wird für ein Jahr in der Weise berechnet, daß die im Kataster vorgetragenen Grundsteuerverhältniszahlen mit dem Betrage von vier Pfennig vervielfacht werden. Die bei der Berechnung sich ergebenden Bruchteile von Pfennigen werden zu einem ganzen Pfennig angesetzt, wenn sie einen halben Pfennig oder mehr betragen; Bruchteile unter einem halben Pfennige bleiben außer Ansatz.] [1])

Nachholung und Rückvergütung der Grundsteuer.

[**§ 3.** Sind Grundsteuerbeträge nachzuholen oder rückzuvergüten, die ohne Einrechnung der Umlagen weniger als 1 ℳ beziffern, so ist von der Nachholung abzusehen und die Rückvergütung nur auf Antrag des Empfangsberechtigten zu bewirken.] [2])

Entrichtung der Grundsteuer.

[**§ 4.** I Die Grundsteuer ist gemeinsam mit der Haussteuer und den Kreisumlagen aus diesen Steuern in der Regel in zwei Jahreshälften zu entrichten. Den Zeitpunkt der Einhebung hat das Rentamt unter Rücksichtnahme auf die Verfalltermine festzusetzen und vor der jedesmaligen Einhebung bekanntzugeben. Soweit die Jahresschuldigkeit eines Pflichtigen an Grund- und Haussteuern nebst den Kreisumlagen hinaus 3 ℳ nicht übersteigt, ist sie mit dem vollen Betrag im zweiten Einhebungstermin einzuheben.] [3])

II Vorauszahlungen bereits berechneter Schuldigkeiten sind von den Rentämtern und den mit der Einhebung der Steuern und Kreisumlagen betrauten pfälzischen Einnehmereien jederzeit anzunehmen. Ebenso haben die Rentämter nachträgliche Zahlungen an bereits abgeschriebenen oder niedergeschlagenen Steuern und Kreisumlagen jederzeit anzunehmen.

III Die Rentämter sind befugt, zahlungswilligen Pflichtigen, die zur rechtzeitigen Entrichtung der Steuern und Kreisumlagen nicht imstande sind, Stundung zu gewähren. Stundungen über den Schluß des Rechnungsjahrs hinaus bedürfen der Genehmigung der Regierungsfinanzkammer.

Niederschlagung der Grundsteuer.

[**§ 5.** Zuständig zur Niederschlagung der Grundsteuer sind die Rentämter, wenn die niederzuschlagende Jahresschuldigkeit eines Pflichtigen samt den Kreisumlagen nicht mehr als 10 ℳ beträgt. Handelt es sich um einen höheren Betrag, so bedarf die Niederschlagung der Genehmigung der Regierungsfinanzkammer.] [4])

Grundstücke des Reichs, des Staates und der Gemeinden.

§ 6. I Für sämtliche Grundstücke, die nicht auf Grund des § 36 des Gesetzes Befreiung von der Grundsteuer genießen, werden die Grundsteuerverhältniszahlen im Kataster vorgetragen. Diese Vorschrift gilt auch für die Grundstücke, von denen keine Grundsteuer erhoben wird. Hierzu zählen abgesehen von den Grundstücken, die nach § 121 des Gesetzes grundsteuerfrei sind:

a) die Grundstücke des Reichs (§ 2 des Reichsbesteuerungsgesetzes vom 15. April 1911 — RGBl. S. 187.—);
b) die Grundstücke des bayerischen Staates [mit Einschluß der Grundstücke, die zur K. Zivilliste²) gehören]; [5])

---

1) S. nunmehr § 1 der Bek. v. 19. Febr. 1922, abgedr. S. 45.
2) S. nunmehr § 2 wie vor.
3) S. nunmehr § 3 u. ferner § 4 wie vor.
4) S. nunmehr § 6 und außerdem § 5 der Bek. v. 19. Febr. 1922.

c) die unmittelbar zur Erfüllung öffentlicher Aufgabe dienenden Grundstücke der Kreisgemeinden, der Distriktsgemeinden, der Gemeinden und der Ortschaften.

II Die für die Grundstücke des Reichs und des Staates vorgetragenen Verhältniszahlen dienen zur Begründung der Umlagenpflicht, soweit nicht Umlagenfreiheit besteht. Umlagenfrei sind die Erträge

[a) aus Schlössern und Gärten, die zur K. Zivilliste gehören][5]),

b) aus Grundstücken des Reichs und des Staates, die unmittelbar zur Erfüllung öffentlicher Aufgaben dienen.

Umlagenfrei sind auch die Erträge aus den unmittelbar zur Erfüllung öffentlicher Aufgaben dienenden Grundstücken der Kreisgemeinden, der Distriktsgemeinden, der Gemeinden und der Ortschaften. [Vgl. Art. 4 Ziff. 1, 2, 5, Art 37 Abs. I, 39 Abs. I Ziff. 2 und Art. 44 Abs. I Ziff. 1 des Umlagengesetzes vom 14. August 1910 (GVBl. S. 581), § 6 Abs. II Ziff. 1 Buchst. a, b, §§ 16, 17, 18 Abs. I, III der Vollzugsanweisung zum Umlagengesetze vom 12. Juni 1911 (GVBl. S. 820).]

III Die Grundsteuerverhältniszahlen jener Grundstücke des Reichs, des Staates, der Kreisgemeinden, der Distriktsgemeinden, der Gemeinden und der Ortschaften, für die weder Grundsteuer noch Umlagen geschuldet werden, sind im Kataster in Klammern ( ) zu setzen, im Katasterabschluß außer Rechnung zu bringen und mit Wirksamkeit vom 1. Januar 1912 an im Änderungs- und Sollausweise der Grundsteuer abzuschreiben. Ergeben sich die Voraussetzungen für die Steuer- und Umlagenfreiheit erst in einem späteren Zeitpunkte, so sind die Verhältniszahlen von dem der Änderung nächstfolgenden Kalendervierteljahr an außer Soll zu bringen.

IV Tritt in Ansehung der im Abs. III bezeichneten Grundstücke eine Änderung ein, die den Wegfall der Steuer- oder Umlagenbefreiung zur Folge hat, so erlischt die Befreiung mit Beginn des der Änderung nächstfolgenden Kalendervierteljahrs. In diesem Falle sind die Verhältniszahlen wieder in Zugang zu führen.

V Bestehen Zweifel, ob Grundstücke des Reichs, des Staates, der Kreisgemeinden, der Distriktsgemeinden, der Gemeinden oder der Ortschaften unmittelbar zur Erfüllung öffentlicher Aufgaben dienen, so hat das Rentamt von Amts wegen die erforderlichen Erhebungen zu pflegen. Dient ein Grundstück verschiedenen Verwendungszwecken, so ist die überwiegende Zweckbestimmung maßgebend.

Steuerfreiheit für junge Weinberge.

§ 7. I Für die Befreiung junger Weinberge von der Grundsteuer wird vorausgesetzt, daß die Rebanlagen auf einer zusammenhängenden Fläche von mindestens 3 Ar (0,030 ha) nicht bloß teilweise, sondern vollständig erneuert worden sind, daß die Fläche vor Erneuerung der Rebanlagen tatsächlich als Weinberg bewirtschaftet worden ist und daß die Erneuerung nicht schon vor dem 1. Januar 1912 stattgefunden hat. Ob die Fläche im Kataster als Weinberg oder als anderes steuerbares Grundstück vorgetragen ist, begründet für die Anwendung des Gesetzes keinen Unterschied. Grundstücke, die unter Änderung ihrer Bebauungsart neu als Weinberge angelegt werden, genießen die Steuerfreiheit nicht, wenn sie auch in früheren Jahren schon als Weinberge angelegt waren.

---

5) S. Anm. 1 zu § 120.

II Die Befreiung von der Grundsteuer tritt nur auf Antrag des Steuerpflichtigen ein. Der Antrag hat zu enthalten:

a) die Plannummern und den Flächeninhalt der Grundstücke, für welche Steuerfreiheit beansprucht wird,
b) die Erklärung, daß die Rebanlagen vollständig erneuert worden sind und die Fläche vor Erneuerung der Rebanlagen tatsächlich als Weinberg bewirtschaftet worden ist,
c) das Jahr, in dem die Erneuerung der Rebanlagen vollendet worden ist.

Der Antrag ist unter Beigabe des Katasterauszugs an das Rentamt zu stellen. Wenn dem Antrag eine Äußerung der Gemeindebehörde über die Richtigkeit der tatsächlichen Angaben nicht bereits beigefügt ist, hat das Rentamt eine solche Äußerung zu erholen.

III Erstreckt sich der Antrag auf mehrere Grundstücke, von denen das eine oder andere einen geringeren Flächeninhalt als 3 Ar hat, so ist vom Rentamte das Messungsamt um Aufschluß zu ersuchen, ob der nach dem Gesetz erforderliche Flächenzusammenhang besteht. Den Aufschluß hat das Messungsamt auf Grund des Katasterplans gebührenfrei zu erteilen.

IV Für die Teilfläche eines Grundstücks kann die Steuerbefreiung unter den gesetzlichen Voraussetzungen nur gewährt werden wenn der Antragsteller sich verbindlich gemacht hat, die Messungsgebühren für die geometrische Flächenausscheidung zu tragen. In diesem Falle hat das Rentamt die Flächenausscheidung beim Messungsamte zu veranlassen. Im Interesse der Kostenminderung ist vom Messungsamte die Ausscheidungslinie gelegentlich anderweitiger Dienstgeschäfte in der Gemeinde einzumessen und die Flächenberechnung auf Grund des Katasterplans zu vollziehen.

V Die Verhältniszahlen jener Grundstücke, die nach § 121 Abs. I des Gesetzes von der Grundsteuer befreit werden, sind im Kataster in Klammern ( ) zu setzen, im Katasterabschluß außer Rechnung zu bringen und mit Wirksamkeit von dem auf die Vollendung der Erneuerung der Rebanlagen folgenden Kalenderjahr an im Änderungs- und Sollausweise der Grundsteuer abzuschreiben.

VI Die Steuerfreiheit nach § 121 Abs. I des Gesetzes hat die Umlagenfreiheit zur Folge und wirkt auf die Dauer von sieben Jahren. Nach Ablauf dieses Zeitraums, der in einem Verzeichnisse nach dem anliegenden Muster*) vorzumerken ist, sind die Verhältniszahlen wieder in Zugang zu führen. Fallen die Voraussetzungen für die Steuerfreiheit (z. B. infolge Änderung der Bebauungsart) vor Ablauf von sieben Jahren weg, so erlischt die Steuerfreiheit mit Beginn des nächstfolgenden Kalendervierteljahrs.

Steuerfreiheit für aufgeforstete Gemeinde- oder Ortschaftsgründe.

§ 8. I Grundstücke, die im Eigentume von Gemeinden oder Ortschaften stehen, eine zusammenhängende Fläche von mindestens 1 ha umfassen und nach dem 31. Dezember 1911 in Waldgrundstücke umgewandelt werden, sind von der Grundsteuer zu befreien, wenn in den neuen Waldgrundstücken der Weidegang ausgeschlossen ist. Die Steuerfreiheit kommt jenen Grundstücken der Gemeinden oder Ortschaften nicht zu, die abgeholzt und sodann wieder aufgeforstet werden, auch wenn sie vor der Wiederaufforstung vorübergehend einer anderen Bebauungsart zugeführt waren.

II Die Steuerbefreiung tritt nur auf Antrag der steuerpflichtigen Gemeinden oder Ortschaften ein. Der Antrag hat zu enthalten:

*) Anlage 1, hier nicht abgedruckt. (S. GVBl. 1911 S. 1355).

a) die Plannummern und den Flächeninhalt der Grundstücke, für welche die Steuerfreiheit beansprucht wird,
b) die Bebauungsart, der die Grundstücke vor der Umwandlung in Waldgrundstücke gewidmet waren,
c) das Jahr, in dem die Umwandlung in Waldgrundstücke vollendet worden ist,
d) die Erklärung, daß in den neuen Waldgrundstücken der Weidegang ausgeschlossen ist.

Der Antrag ist unter Beigabe des Katasterauszugs an das Rentamt durch Vermittelung des Forstamts zu stellen. Dieses hat gelegentlich anderweitiger Dienstgeschäfte örtliche Erhebungen über die tatsächlichen Verhältnisse zu pflegen und dem Rentamte mitzuteilen, ob gegen die Angaben eine Erinnerung besteht.

III Die Vorschriften des § 7 Abs. III bis V dieser Bekanntmachung finden entsprechende Anwendung.

IV Die Steuerfreiheit nach § 121 Abs. II Satz 1 des Gesetzes hat die Umlagenfreiheit zur Folge und wirkt auf die Dauer von zwanzig Jahren. Nach Ablauf dieses Zeitraums, der in einem Verzeichnisse nach dem anliegenden Muster*) vorzumerken ist, sind die im Grundsteuersoll abgeschriebenen Verhältniszahlen wieder in Zugang zu führen. Fallen die Voraussetzungen für die Steuerfreiheit (z. B. infolge Veräußerung der Waldgrundstücke an einen Privaten oder infolge Zulassung des Weideganges) vor Ablauf von zwanzig Jahren weg, so erlischt die Steuerfreiheit mit Beginn des nächstfolgenden Kalendervierteljahrs. Wird vom Forstamte wahrgenommen, daß in aufgeforsteten Gemeinde- oder Ortschaftsgründen, die von der Grundsteuer befreit sind, der Weidegang zugelassen wird, so ist dem Rentamte Mitteilung zu machen.

Steuerfreiheit für aufgeforstete Grundstücke der Waldbaugenossenschaften.

§ **9.** I Den Waldbaugenossenschaften kann für Grundstücke, die sie in Waldgrundstücke umwandeln, unter den gleichen Voraussetzungen und auf die nämliche Zeitdauer wie den Gemeinden oder Ortschaften Befreiung von der Grundsteuer bewilligt werden. Zur Bewilligung dieser Steuerbefreiung werden die Regierungsfinanzkammern für zuständig erklärt. Die Bewilligung darf nur erteilt werden, wenn die gesetzlichen Voraussetzungen erfüllt sind und nachgewiesen ist, daß die Aufforstung nach der Lage der aufgeforsteten Grundstücke der wirtschaftlichen Zweckmäßigkeit entspricht.

II Die Steuerbefreiung, die den Waldbaugenossenschaften nach Abs. I bewilligt wird, hat die Umlagenfreiheit nicht zur Folge. Es sind daher die am Grundsteuersoll abzuschreibenden Verhältniszahlen bei der Berechnung der Umlagen wieder in Zugang zu führen.

III Im übrigen finden die Vorschriften des § 8 dieser Bekanntmachung entsprechende Anwendung. Das Forstamt hat sich gutachtlich darüber zu äußern, ob die Aufforstung nach der Lage der aufgeforsteten Grundstücke der wirtschaftlichen Zweckmäßigkeit entspricht. Die abgeschlossenen Verhandlungen sind vom Rentamte der Regierungsfinanzkammer zur Verbescheidung vorzulegen.

Steuerermäßigung für frühere Weinberge.

§ **10.** I Die Ermäßigung der Grundsteuer für einen früheren Weinberg setzt voraus, daß das Grundstück im Kataster als Weinberg vorgetragen, jedoch seit mehr als sieben Jahren nicht mehr als Weinberg bebaut ist.

---

*) Anlage 1, hier nicht abgedruckt (S. GVBl. 1911 S. 1355).

II Die Steuerermäßigung tritt nur auf Antrag des Steuerpflichtigen ein. Der Antrag hat zu enthalten:

a) die Plannummer und den Flächeninhalt des Grundstücks, für das die Steuerermäßigung beansprucht wird,
b) das Jahr, in dem das Grundstück zum letzten Male als Weinberg bebaut war,
c) die Erklärung, ob das Grundstück einer anderen Bebauungsart (Kulturart) zugeführt ist oder dauernd Ödland geworden ist.

Der Antrag ist unter Beigabe des Katasterauszugs an das Rentamt zu stellen. Wenn dem Antrag eine Äußerung der Gemeindebehörde über die Richtigkeit der tatsächlichen Angaben nicht bereits beigefügt ist, hat das Rentamt eine solche Äußerung zu erholen.

III Die Steuerermäßigung tritt mit Wirkung von dem auf die Antragstellung folgenden Kalenderjahr ein und hat die entsprechende Umlagenminderung zur Folge. Die Steuerverhältniszahlen werden, solange das Grundstück einer anderen Bebauungsart zugeführt ist, mit der Hälfte, wenn es aber dauernd Ödland geworden ist, mit einem Drittel ihres Betrags der Steuerberechnung zugrunde gelegt. Im Kataster sind die bisherigen Verhältniszahlen in Klammern ( ) zu setzen und die verbleibenden Verhältniszahlen unter die eingeklammerten Verhältniszahlen zu schreiben; der Katasterabschluß ist entsprechend zu berichtigen. Die in Abgang kommenden Verhältniszahlen sind im Änderungs- und Sollausweise der Grundsteuer mit Wirkung von dem auf die Antragstellung folgenden Kalenderjahr an abzuschreiben.

IV Wird die Steuerermäßigung für die Teilfläche eines Grundstücks beantragt, so findet § 7 Abs. IV dieser Bekanntmachung entsprechende Anwendung.

V Wird ein Grundstück, dessen Grundsteuer nach § 122 des Gesetzes ermäßigt worden ist, wieder als Weinberg bebaut, so erlischt die Steuerermäßigung mit Beginn des nächstfolgenden Kalendervierteljahrs. Wird Ödland, dessen Verhältniszahlen nach § 122 des Gesetzes auf ein Drittel ihres Betrags ermäßigt worden sind, zwar nicht dem Weinbau, aber einer anderen Bebauungsart wieder zugeführt, so sind die Verhältniszahlen mit Beginn des nächstfolgenden Kalendervierteljahrs auf die Hälfte ihres ursprünglichen Betrags zu erhöhen.

Streit über gänzliche oder teilweise Befreiung von der Grundsteuer.

§ 11. I Wird Befreiung von der Grundsteuer auf Grund der §§ 36, 79, 120 Abs. II, 121 Abs. I, II Satz 1 und Abs. III oder Steuerermäßigung (teilweise Befreiung von der Grundsteuer) auf Grund des § 122 des Gesetzes beansprucht, so hat im Streitfalle die Regierungsfinanzkammer über den Anspruch zu entscheiden. Die Entscheidung ist mit Gründen zu versehen und hat einen Ausspruch im Kosten- und Gebührenpunkte zu enthalten. Gegen die Entscheidung der Regierungsfinanzkammer ist innerhalb einer unerstrecklichen Frist von vierzehn Tagen, von Eröffnung der Entscheidung an gerechnet, Beschwerde an den Verwaltungsgerichtshof zulässig; dieser entscheidet in letzter Instanz. Vgl. Art. 10 Ziff. 26 und Art. 45 Abs. I bis III des Gesetzes über den Verwaltungsgerichtshof vom 8. August 1878.

II Im Falle des § 121 Abs. II Satz 2 des Gesetzes ist gegen die Entscheidung der Regierungsfinanzkammer Beschwerde an das Staatsministerium der Finanzen zulässig.

Behandlung der Grundsteuerpflichtigen, jedoch umlagenfreie Grundstücke.

§ 12. I Bei der Berechnung der Umlagen ist die Grundsteuer für solche Grundstücke, die grundsteuerpflichtig, jedoch umlagenfrei sind, vom Grundsteuersoll abzurechnen. [Vgl. hierzu Art. 4 Ziff. 4, Ziff. 5 (unmittelbar zur Erfüllung öffentlicher Aufgaben dienende Grundstücke der Träger der gesetzlichen Arbeiterversicherung, Ziff. 6 und 7, Art. 37 Abs. I, 39 Abs. I Ziff. 2, Art. 44 Abs. I Ziff. 1 des Umlagengesetzes vom 14. August 1910 (GVBl. S. 581)] [1]).

II Bestehen Zweifel, ob steuerpflichtige Grundstücke umlagenfrei zu behandeln sind, so hat das Rentamt die erforderlichen Erhebungen von Amtswegen zu pflegen.

Nachlaß an der Grundsteuer.

§ 13. I Für die Gewährung eines Nachlasses an der Grundsteuer wird vorausgesetzt, daß infolge außerordentlicher Elementarereignisse entweder die gewöhnliche Jahresernte landwirtschaftlich benützter Grundstücke mindestens zum vierten Teile beschädigt oder der Wert des zum Wirtschaftsbetrieb eines Landguts dienenden beweglichen Inventars um mindestens den vierten Teil vermindert worden ist.

II Zu den außerordentlichen Elementarereignissen zählen jene, deren Eintritt sich zeitlich feststellen läßt und deren schädliche Wirkung sofort erkennbar ist, wie dies z. B. bei Überschwemmung, Wolkenbruch, Hagelschlag, Sturm, Brand und bei der Beschädigung von Rebanlagen durch außergewöhnliche Fröste zutrifft. Wegen Hagelschadens kann nach Art. 12 Abs. II des Hagelversicherungsgesetzes ein Steuernachlaß nur gewährt werden, wenn dem Beschädigten der Eintritt in die Landes-Hagelversicherungsanstalt verweigert worden war. Ungünstige Witterung, wie anhaltende Kälte, Nässe, Trockenheit, durch die ein ungünstiger Ausfall der Ernte (Mißwachs) veranlaßt wird, ist ebensowenig wie Insektenschäden, Mäusefraß und Viehseuchen als außerordentliches Elementarereignis im Sinne des Gesetzes zu erachten.

III Die Schadensgröße ist nach Zwölfteilen zu ermitteln; hierbei sind Bruchteile der Hälfte und darüber für voll zu rechnen. Schadensgrößen unter $^3/_{12}$ begründen keinen Anspruch auf Steuernachlaß. Bei Ernteschäden, die im Jahre 1912 oder in einem späteren Jahre eintreten, ist die Schadensgröße für die von der Beschädigung betroffenen Grundstücke festzustellen; dabei kommt es nicht mehr darauf an, ob die Beschädigung für den gesamten in der Gemeinde gelegenen Grundbesitz eines Pflichtigen mindestens ein Viertel des gewöhnlichen Jahresertrags beziffert. Ergibt sich die Beschädigung an der eingebrachten Ernte, wie es bei Brandfällen vorkommen kann, und ist nicht nachweisbar, von welchen einzelnen Grundstücken des Landguts die beschädigte Ernte stammt, so ist die Ernte sämtlicher Grundstücke der gleichen Bebauungsart als beschädigt anzusehen. Bei Inventarschäden ist zur Berechnung der Schadensgröße zu ermitteln, welchen Wert das zum Wirtschaftsbetriebe des Landguts dienende bewegliche Inventar vor und nach der Beschädigung beziffert. Als bewegliches Inventar kommt außer der Baumannsfahrnis das zum Wirtschaftsbetriebe dienende Vieh in Betracht. Bei Ernteschäden sowie bei Inventarschäden sind gesetzliche oder

---

1) Vgl. Anm. 1 zu § 122 des Ges.

vertragsmäßige Entschädigungen, die einem Pflichtigen zukommen, in der Weise zu berücksichtigen, daß die Schadensgröße nur für den verbleibenden Schaden festgestellt wird.

IV Der Nachlaß beträgt bei Ernteschäden eine der Schadensquote gleichkommende Quote der Jahresgrundsteuer der beschädigten Grundstücke, bei Inventarschäden eine der Schadensquote gleichkommender Quote der Jahresgrundsteuer des Landguts. Treffen Ernte- und Inventarschäden zusammen, wie es bei Brandfällen vorkommen kann, so darf der für das einzelne Kalenderjahr zu bewilligende Nachlaß keinesfalls die Jahresgrundsteuer des Landguts übersteigen. Der Steuernachlaß bewirkt die entsprechende Minderung der Kreisumlagen, nicht auch der sonstigen Umlagen.

Die Behandlung der Nachlaßgesuche.

§ **14**. I Nachlaß an der Grundsteuer wird nur auf Ansuchen des Steuerpflichtigen gewährt. Das Nachlaßgesuch ist bei Vermeidung des Ausschlusses bei der Gemeindebehörde zu einer Zeit schriftlich oder mündlich anzubringen, wo der erlittene Schaden vollständig erhoben werden kann. Das Gesuch soll außer der Ursache und Zeit der Beschädigung enthalten:

a) bei Ernteschäden die Plannummern der Grundstücke, deren Ernte beschädigt wurde, die Bezeichnung der beschädigten Fruchtgattung und die Schadensgröße in Zwölfteilen,
b) bei Inventarschäden die Bezeichnung der zum Landgute gehörigen Grundstücke, die Bezeichnung des beweglichen Inventars, dessen Wert vermindert wurde, und die Schadenssumme, die sich durch Gegenüberstellung des vor und nach der Beschädigung vorhandenen Inventarwerts ergibt.

Hat der Gesuchsteller aus Anlaß des Schadensfalles eine gesetzliche oder vertragsmäßige Entschädigung erhalten oder zu beanspruchen, so ist in dem Nachlaßgesuche das Entsprechende anzugeben.

II Die Gemeindebehörde hat sich über den Umfang und die Größe des angemeldeten Schadens durch örtliche Einsichtnahme zuverlässige Kenntnis zu verschaffen und zur Behandlung des Grundsteuernachlasses ein Verzeichnis anzufertigen, das nach Maßgabe des Gesuchs der Anlage 2a oder 2b*) entspricht. Das Verzeichnis nebst dem etwa schriftlich angebrachten Nachlaßgesuche soll dem Rentamte binnen einer Woche nach der Schadensanmeldung vorgelegt werden. Bei der Vorlage hat die Gemeindebehörde zu berichten, ob der Gesuchsteller aus Anlaß des Schadensfalles eine gesetzliche oder vertragsmäßige Entschädigung erhalten oder zu beanspruchen hat, ob die allenfallsige Entschädigung bei Bemessung der Schadensgrößen schon in Berücksichtigung gezogen ist und gegebenenfalls welche Gründe Veranlassung gegeben haben, die Schadensgrößen abweichend von den Angaben des Gesuchstellers zu begutachten. Werden Nachlaßgesuche so verspätet angebracht, daß der erlittene Schaden nicht mehr vollständig erhoben werden kann, so ist hierüber dem Rentamt ohne weitere Erhebungen Bericht zu erstatten.

III Das Rentamt hat die Vorlage der Gemeindebehörde einer vorläufigen Prüfung zu unterstellen, die etwa veranlaßten weiteren Erhebungen zu pflegen und erforderlichenfalls bei Ernteschäden ein Gutachten des Landwirtschaftlichen Bezirksausschusses einzuholen. Sobald die Erhebungen abgeschlossen sind, hat das Rentamt den Nachlaß, den es für veranlaßt erachtet, zu berechnen und die Verhandlungen der Regierungsfinanzkammer zur Entscheidung vorzulegen.

IV Von der Regierungsfinanzkammer sind verspätet angebrachte Nachlaßgesuche als unzulässig zurückzuweisen. Im übrigen hat sie über die Gewährung und die Höhe des Nachlasses zu entscheiden und den Gesuchsteller von der Entscheidung verständigen zu lassen. Gegen die Entscheidung der Regierungsfinanzkammer ist Beschwerde an das Staatsministerium der Finanzen zulässig; diese kann der Pflichtige bei dem Rentamte schriftlich einreichen oder zu Protokoll erklären.

2. Bekanntmachung der Staatsministerien des Innern und der Finanzen zum Vollzug des Gesetzes zur Änderung des Grundsteuergesetzes vom 27. Juli 1921.

Vom 19. Februar 1922 (GVBl. S. 175).

Zum Vollzuge des Gesetzes vom 27. Juli 1921 (GVBl. S. 411) zur Änderung des Grundsteuergesetzes in der Fassung der Bekanntmachung vom 4. November 1910 (GVBl. S. 1030) werden nachstehende Vorschriften erlassen:

§ 1.

(Zu Art. I des Änderungsgesetzes, § 117 des Grundsteuergesetzes, § 2 der Vollzugsvorschriften vom 24. Dezember 1911 — GVBl. S. 1343.)

Die Grundsteuer wird für ein Jahr in der Weise berechnet, daß die im Kataster vorgetragenen Grundsteuerverhältniszahlen mit dem Betrage von 8 Pfennigen vervielfacht werden. Die bei der Berechnung sich ergebenden Bruchteile von Pfennigen werden zu einem ganzen Pfennig angesetzt, wenn sie einen halben Pfennig oder mehr betragen. Bruchteile unter einem halben Pfennig bleiben außer Ansatz.

§ 2.

(Zu Art. II des Änderungsgesetzes, § 118 des Grundsteuergesetzes, § 3 der Vollzugsvorschriften vom 24. Dezember 1911.)

Sind Grundsteuerbeträge nachzuholen oder rückzuvergüten, die ohne Einrechnung der Umlagen weniger als 10 ℳ beziffern, so ist von der Nachholung abzusehen und die Rückvergütung nur auf Antrag des Empfangsberechtigten zu bewirken.

§ 3.

(Zu § 118 des Grundsteuergesetzes, § 4 Abs. I der Vollzugsvorschriften vom 24. Dezember 1911).

Die Grundsteuer ist gemeinsam mit der Haussteuer und den Kreisumlagen, sowie sonstigen durch das Finanzamt zur Erhebung gelangenden Umlagen aus diesen Steuern in der Regel in 2 Jahreshälften zu entrichten. Den Zeitpunkt der Erhebung hat das Finanzamt unter Rücksichtnahme auf die Verfalltermine festzusetzen und vor der jedesmaligen Einhebung bekanntzugeben. Soweit die Jahresschuldigkeit eines Pflichtigen an Grund- und Haussteuern nebst Kreisumlagen hieraus den Betrag von 10 ℳ nicht übersteigt, ist sie mit dem vollen Betrag im zweiten Einhebungstermin einzuheben.

§ 4.

(Zu Art. II des Änderungsgesetzes, § 118 des Grundsteuergesetzes, § 4 Abs. I der Vollzugsvorschriften vom 24. Dezember 1911.)

I Verzugszinsen für nicht rechtzeitig bezahlte Grundsteuern sind nur zu erheben,

1. wenn der fällige Steuerbetrag länger als einen Monat vom Fälligkeitstag an im Rückstande geblieben ist,
2. wenn die Verzugszinsen den Betrag von 10 ℳ übersteigen. Eingezahlte Zinsbeträge unter 10 ℳ werden nicht erstattet.

II Als Fälligkeitstag gilt gemäß § 118 des Grundsteuergesetzes der 1. April, 1 Juli, 1. Oktober und 1. Januar oder, wenn die Steueranforderung erst nach diesem Zeitpunkt erfolgt, der für die Steuerentrichtung bestimmte Zeitpunkt. Bei der Berechnung der Verzugszinsen sind 5 v. H. vom Jahre vom fälligen Steuerbetrage zu rechnen und das Jahr zu 360 Tagen, der Monat zu 30 Tagen anzunehmen; der Tag, an dem die Zahlung erfolgt, ist bei der Berechnung der Zahl der Tage nicht mitzuzählen. Die berechneten Verzugszinsen sind auf 10 Pfennige nach unten abzurunden. Auf die Verzinsungspflicht ist in der Bekanntmachung über die Einhebungstermine ausdrücklich hinzuweisen.

III Die Verzugszinsen sind im Einnahmebuch (Einnahmeliste — den bisherigen Subjournalien —) in einer besonderen Spalte nachzuweisen; in der Bemerkungsspalte des Einnahmebuchs ist die für die Berechnung der Verzugszinsen in Betracht kommende Zeit kurz zu vermerken. Die Vereinnahmung der Verzugszinsen hat auf Rechnung des Haushalts der direkten Steuern unter dem Titel „Verzugszinsen für nicht rechtzeitig eingezahlte Steuern“ zu erfolgen.

IV Von der Festsetzung und Einhebung der Verzugszinsen kann auf Antrag des Schuldners in besonderen Fällen aus Billigkeitsgründen Abstand genommen werden, z. B. wenn der Schuldner nachweist, daß er durch Krankheit oder wirtschaftliche Notlage an der rechtzeitigen Zahlung der Steuer verhindert ist oder war; gegebenenfalls sind die bereits erhobenen Verzugszinsen wieder zu erstatten.

§ 5.

(Zu Art. III des Änderungsgesetzes, § 119 des Grundsteuergesetzes.)

Die Zinsvergütungen für erstattete Beträge sind auf Rechnung des Haushalts der direkten Steuern unter dem Titel „Zinsvergütungen für erstattete Steuern“ zu verausgaben.

§ 6.

(Zu § 119 des GrundstGes., § 5 der Vollzugsvorschriften vom 24. Dezember 1911.)

I Zuständig zur Niederschlagung der Grundsteuer sind die Finanzämter, wenn die niederzuschlagende Jahresschuldigkeit eines Pflichtigen samt den Kreisumlagen nicht mehr als 50 ℳ beträgt. Handelt es sich um einen höheren Betrag, so bedarf die Niederschlagung der Genehmigung des Landesfianzamts (Landesmittelstelle). Hierbei wird auf die Bekanntmachung vom 21. Juli 1921 (FMBl. S. 168) zur Beachtung hingewiesen. Hiernach dürfen rückständige Gefälle unter 1 ℳ von der verrechnenden Behörde ohne weiteres niedergeschlagen werden, wenn die Einforderung nicht mit anderen Gefällen zusammen oder etwa bei Anwesenheit des Pflichtigen bei Amt oder sonst ohne besonderen Kostenaufwand möglich ist. Außerdem ist die Bekanntmachung vom 27. April 1905 (FMBl. S. 148), die Einhebung rückständiger Gefälle betreffend, zu beachten.

II Steuerniederschlagungen und Steuernachlässe bewirken die entsprechende Minderung oder Aufhebung der Kreisumlagenpflicht (Art. 30. Abs. III des Gesetzes zum Vollzuge des Landessteuergesetzes — GVBl S. 361, 368).

III Steuernachlässe bewirken die entsprechende Minderung oder Aufhebung der Gemeinde-, der Orts- und der Bezirksumlagenpflicht; die Niederschlagung von Gemeindeumlagen bleibt der Gemeinde vorbehalten und bewirkt auch die entsprechende Minderung oder Aufhebung der Bezirksumlagenpflicht (Art. 10 Abs. IV, 24 Abs. I, 25, 26 Abs. III des Gesetzes zum Vollzuge des Landessteuergesetzes GVBl. S. 361, 364, 367, 368).

IV Steuernachlässe bewirken die entsprechende Minderung oder Aufhebung der religionsgesellschaftlichen oder religionsgemeindlichen Umlagenpflicht. Die Niederschlagung von Umlagen aus Billigkeitsgründen oder wegen Aussichtslosigkeit der Beitreibung bleibt der Vertretung des Steuerverbandes vorbehalten. Im Falle der Übertragung der Umlagenverwaltung können wegen der Zuständigkeit zur Niederschlagung besondere Vereinbarungen mit den Behörden getroffen werden, welche die Verwaltung übernehmen (Art. 16, 17 Abs. I des religionsgesellschaftlichen Steuergesetzes vom 27. Juli 1921 — GVBl. S. 459, 464).

§ 7.

Im übrigen bleiben die Vorschriften der Bekanntmachung vom 24. Dezember 1911 (GVBl. S. 1343) in Kraft.

II. Haussteuergesetz.

Einleitung.

I. Die Entwicklung bis zur jüngsten Reform.

Die bayerische Haussteuer hat sich ebenso, wie die Grundsteuer, aus der zu Anfang des 19. Jahrhunderts geschaffenen Grundvermögensbesteuerung (dem „Provisorium") entwickelt und datiert, wie die Grundsteuer vom 15. August 1828[1]). Den Maßstab für die Besteuerung bildete die Mietertragsfähigkeit der Gebäude, die an den Orten, in denen Mietmuster vorhanden waren, durch Erhebung bezw. Schätzung der Mietpreise (Mietsteuer), an Orten, wo dies nicht der Fall war, nach einer fingierten Ertragsgröße, nämlich dem Produkt aus dem Flächeninhalt der überbauten und zu Hofräumen verwendeten Plätze und aus einem bestimmten Ertragsanschlag pro Aar Fläche — zunächst 5 ℳ — (Arealsteuer) ermittelt wurde. Die so gefundene Mietertragsgröße bildete die Haussteuerverhältniszahl. Abzüge von Instandhaltungskosten u. dgl. hatten nicht statt. Die ausgemittelte Verhältniszahl stellte jedoch nicht — wie bei der Grundsteuer — eine unabänderliche Größe dar; vielmehr war unter bestimmten Voraussetzungen eine neue Erhebung der Mieten oder eine Umwandlung der Mietsteuer in Arealsteuer und umgekehrt zugelassen.

In diesen wesentlichen Grundzügen blieb das Gesetz bis auf den heutigen Tag erhalten. Einzelne, aber nicht wesentliche Änderungen brachten die Gesetze vom 28. Dezember 1831, vom 25. Juli 1850, vom 10. Januar 1856 und namentlich vom 19. Mai 1881. Details hierüber, die aber nurmehr rein historischen Wert haben, finden sich bei v. Breunig in der Einleitung zum Haussteuergesetz, auf die daher verwiesen wird.

Eine wesentlichere Einzeländerung des HstGes. hatte die Reform der direkten Steuern im Jahre 1910 zur Folge. Während nämlich bis dahin die Haussteuer einen erheblichen Teil des gesamten Aufkommens an direkten Staatssteuern ausmachte, bildete sie neben der nunmehr eingeführten allgemeinen Einkommensteuer lediglich eine Ergänzungssteuer zur Vorbelastung des (fundierten) Einkommens aus Hausbesitz. Demgemäß wurde der Erhebungssatz, der bis dahin 3,85 ₰ zuzüglich 22 % Zuschlag für 1910 und 1911 betragen hatte, um mehr als die Hälfte, nämlich auf 2 ₰ herabgesetzt. Außerdem wurde der Abzug bestimmter Betriebsausgaben zugelassen, Steuernachlaß im Falle Leerstehens von Wohnungen mit gewissen Einschränkungen gewährt und Steuerbegünstigungen für Kleinwohnungsbauten vorgesehen.

---

1) Vgl. die bei der Einleitung zum Grundsteuergesetz zit. Literatur.

Weitere Änderungen erfolgten noch mit Abänderungsgesetz vom 17. August 1918 (GVBl. S. 423) und vom 16. August 1919 (GVBl. S. 564), von denen die Erhöhung des Ertragsanschlags für die Arealsteuer von 5 ℳ auf 14 ℳ gemäß Art. 1 und die weitere Herabsetzung des Erhebungsgesetzes auf $1^1/_2$ ₰ gemäß Art. 2 des ersteren Gesetzes besonders hervorgehoben sei. Zu diesem ermäßigten Erhebungssatz wurde allerdings seit 1919 ein 100 %iger Zuschlag erhoben, so daß der tatsächliche Erhebungssatz zuletzt 3 ₰ betrug.

II. Die Reform des Jahres 1921.

Den letzten Änderungen des Haussteuergesetzes im Jahre 1921 waren revolutionierende Änderungen auf dem Gebiet der Reichsfinanzgesetzgebung vorausgegangen. Infolge des unglücklichen Ausgangs des Krieges hat das Reich sämtliche direkte Steuern an sich gezogen und den Ländern lediglich die Steuern vom Grundvermögen und Gewerbebetrieb überlassen mit der Maßgabe, daß die Steuern nach Merkmalen des Wertes, des Ertrags, der Ertragsfähigkeit oder des Umfanges des Grundvermögens oder des Gewerbebetriebs veranlagt werden können (§ 8 des LandesstGes. vom 30. März 1929, RGBl. S. 402).

Da das bisherige Haussteuergesetz diesen Anforderungen entsprach, so ergab sich als selbstverständliche Folgerung, daß dasselbe im wesentlichen in seiner bisherigen Gestalt aufrecht zu erhalten war, zumal in einer Zeit, in der die Steuerpflichtigen ebenso wie die Finanzämter mit einer Flut neuer keineswegs einfacher Reichssteuergesetze überschwemmt werden (Begr. S. 2). Als wesentliche Einzeländerung kam nur die Erhöhung der Steuersätze in Betracht.

Der Entwurf samt Begr. (Beil. 1400) ging dem Landtag unterm 28. Mai zu, der denselben in seiner 74. Sitzung vom 27. Juli 1921 erledigt hat. Das Gesetz ist im Ges.- u. VBl. v. 4. September 1921 S. 412 verkündet und sofort mit seiner Verkündigung mit Rückwirkung vom 1. April 1921 in Kraft getreten.

Die Änderungen gegenüber dem bisherigen Gesetz sind folgende:

1. Erhöhung des Erhebungssatzes von $1^1/_2$ auf $2^1/_2$ ₰ (§ 7).
2. Festsetzung des Beginns der Wirksamkeit allgemeiner Mietsteuerrevisionen auf den Beginn des ihrer Durchführung folgenden Rechnungsjahres und Verschiebung der im Jahre 1921 durchzuführenden allgemeinen Mietsteuerrevision aufs Jahr 1923 (§ 29 a).
3. Ausdehnung der Steuervergünstigungen für Kleinwohnungsbauten auf neueingebaute Dachgeschoßwohnungen und durch inneren Umbau zu Kleinwohnungsbauten umgestaltete Gebäude (§ 33 V mit § 34).
4. Verzinsung nicht rechtzeitig entrichteter Steuern.
5. Verzinsung zu Unrecht bezahlter und rückerstatteter Steuern.

Außerdem wurde noch ein Beschluß betr. die Interpretation des Begriffs „öffentliche Gesundheitspflege“ in § 2 Z. 7 HstGes. gefaßt.

Aus den kurzen Besprechungen im Landtag ist hervorzuheben: Während der Entwurf den Erhebungssatz auf 3 ₰ erhöht hatte, wollte ein Antrag Tübel und Genossen denselben auf 4 ₰ und ein Antrag Irl auf 2½ ₰ festgesetzt wissen. Gegen den Antrag Tübel wurde eingewendet, daß der Hausbesitz seine Einnahmen nicht beliebig vermehren könne und deshalb, weil er an sich mit großen Schwierigkeiten zu kämpfen habe, der Antrag zu weit gehe. Andererseits sei zu berücksichtigen, daß auf die Einnahmen aus der Haussteuer nicht nur der Staat, sondern insbesondere auch die Gemeinden wesentlich mit angewiesen seien. Es sei nicht möglich und nicht angängig, den Ausfall zu verschmerzen, der sich aus der Annahme des Antrags Irl ergeben müßte. Schließlich wurde aber doch der Antrag Irl angenommen.

Von sozialdemokratischer Seite war sodann im Hinblick auf das krasse Mißverhältnis zwischen Areal- und Mietsteuer ein Antrag auf Aufhebung der Arealsteuer und Versteuerung aller Anwesen nach dem Mietertrag gestellt worden. Von seiten der Staatsregierung wurde an sich die Berechtigung des Verlangens nicht bestritten, die Arealsteuer zeitgemäß umzugestalten. Allein es wurde geltend gemacht, der Antrag sei nicht durchführbar, weil die Finanzämter mit einer Arbeit belastet würden, die sie nicht tragen könnten. Der Antrag wurde schließlich abgelehnt.

III. Kritische Beleuchtung des derzeitigen Gesetzes.

Die bayerische Haussteuer ist eine Steuer vom Rohertrag der Gebäude. Allerdings ist durch die Zulassung gewisser Abzüge (Ausgaben für Wasserzins, Kehrichtabfuhr, nicht dagegen Schuldzinsen) und durch die Berücksichtigung des Leerstehens von Wohnungen der persönlichen Leistungsfähigkeit des einzelnen Hauseigentümers wenigstens teilweise Rechnung getragen. Ferner ist im Gegensatz zur starren Grundsteuer durch die 10jährigen Revisionen — falls sie durchgeführt werden — eine Anpassung der Mietsteuer an die tatsächlichen Verhältnisse in gewissem Maße herbeigeführt. Der Erhebungssatz bewegt sich noch in mäßigen Grenzen, wobei man sich jedoch vergegenwärtigen muß, daß zu der Haussteuer noch verschiedene Zuschläge treten (Gemeinde-, Bezirks- und Kreisumlagen, die religionsgesellschaftlichen Umlagen, die Wohnungsabgabe). Dagegen muß die Arealsteuer als den jetzigen Preisverhältnissen in keiner Weise entsprechend und in krassem Mißverhältnis zur Mietsteuer stehend abgelehnt werden. Läßt sich z. Zt. die Arealsteuer nicht in vollem Umfang aufheben und die Mietsteuer an ihrer Stelle einführen, so hätte wenigstens der Ertragsanschlag von 14 ℳ für das Ar entsprechend erhöht und hätten die derzeit noch bestehenden, durch nichts gerechtfertigten Privilegien für landwirtschaftliche Gebäude, Schlösser und Pfarrhöfe, insoweit dieselben auch in Mietsteuergemeinden nur mit der Arealsteuer belegt werden, beseitigt werden sollen[1]). Fraglich erscheint mir — worauf übrigens auch in

1) Nach dem Finanzges. für das Haushaltjahr 1922, GVBl. S. 401, wird wenigstens die Arealsteuer mit einem Zuschlag von 300 % erhoben.

der Begr. hingewiesen ist — ob die für die Kleinwohnungsbauten gewährten ziemlich weitreichenden Steuerbefreiungen zum gewünschten Erfolg führen; bei den heutigen enormen Baukosten wird die zeitweilige Befreiung von der verhältnismäßig geringen Steuer den Kleinwohnungsbau kaum beeinflussen.

IV. Künftige Gestaltung.

Bei der derzeitigen Geldnot der Länder kommt etwa eine Überweisung der Haussteuer an die Gemeinden, von der früher viel die Rede war, nicht mehr in Betracht. Es ist vielmehr damit zu rechnen, daß das Haussteuergesetz auch weiterhin und wohl noch längere Zeit im wesentlichen in der jetzigen Gestaltung erhalten bleibt. Eine Weiterentwicklung wird nur in der Änderung von einzelnen Punkten und zwar in der Hauptsache behufs Steigerung des Aufkommens erfolgen. Welche Änderungen im einzelnen in Betracht kommen, ergibt sich aus den Darlegungen unter Ziff. III: Aufhebung der Arealsteuer und Einführung der Mietsteuer an Stelle derselben, bis zu diesem Zeitpunkt entsprechende Erhöhung der Arealsteuer und Beseitigung der Privilegien für die landwirtschaftlichen Gebäude, Schlösser und Pfarrhöfe; Änderung der Begünstigungen der Kleinwohnungsbauten unter Berücksichtigung der gemachten Erfahrungen; mäßige Erhöhung des Erhebungssatzes, etwa auf 3 ₰ gemäß dem ursprünglichen Regierungsvorschlag.

Haussteueränderungsgesetz

(Gesetz zur Abänderung des Haussteuergesetzes vom 17. Aug. 1918/16. Aug. 1919) vom 27. Juli 1921.
(GVBl. S. 412.)

Der Landtag des Freistaates Bayern hat folgendes Gesetz beschlossen:

Das Haussteuergesetz vom 17. August 1918 (GVBl. Seite 423, 858)/16. August 1919 (GVBl. Seite 564) wird nachstehenden Änderungen unterstellt:

Art. I.

Im § 7 wird das Wort „eineinhalb" durch das Wort „zweieinhalb" ersetzt.

Art. II.

Nach § 29 ist folgender § 29 a anzufügen:

I Mietsteuerrevisionen im Sinne der §§ 28 und 29 wirken erst vom Beginne des ihrer Durchführung folgenden Rechnungsjahres ab.

II Die im Hinblick auf § 29 Abs. I Satz 2 im Jahre 1921 mit Wirkung vom Jahre 1922 ab durchzuführende allgemeine Mietsteuerrevision hat erst im Jahre 1923 mit Wirkung vom Beginne des Rechnungsjahres 1924 ab stattzufinden.

Art. III.

I Im § 33 wird nach dem Abs. IV folgender neuer Abs. V angefügt:

V Die in den Abs. II, III und IV für neu aufgeführte Kleinwohnungsbauten gewährten steuerlichen Vergünstigungen genießen auch die in Stockwerksaufbauten und Dachgeschoßen solcher Gebäude seit dem 1. April 1918 eingebauten Kleinwohnungen sowie Kleinwohnungen, die durch inneren Umbau bereits vorhandener, bisher nicht Wohnungszwecken dienender Gebäude neu geschaffen werden.

II Der bisherige Abs. V wird Abs. VI.

III In dem nunmehrigen Abs. VI wird nach den Worten „der Abs. II, III, IV" die Ziffer V eingefügt.

Art. IV.

I Im § 34 Abs. II Satz 3 werden nach den Worten „des ganzen Gebäudes" die Worte „oder einzelner Stockwerke" eingefügt.

II Im § 34 Abs. II Satz 3 werden dem Klammerhinweis „§ 33" die Worte „Abs. I bis V", im § 34 Abs. III Satz 2 Halbsatz 2 dem Klammerhinweis „§ 33" die Worte „Abs. II bis V" beigefügt.

III Im § 34 Abs. III Satz 2 Halbsatz 2 werden nach den Worten „für das Gebäude" die Worte „oder Kleinwohnungen in ihm" eingefügt.

Art. V.

Dem § 36 wird folgender Satz beigefügt:

Von diesem Zeitpunkt an sind bei nicht rechtzeitiger Zahlung Zinsen zu fünf vom Hundert vom Jahre des geschuldeten Betrags zu entrichten, soweit durch die Vollzugsvorschriften nichts anderes bestimmt wird.

Art. VI.

Im § 37 wird folgender Absatz beigefügt:

II Sind Haussteuern zu Unrecht bezahlt und aus diesem Grunde zu erstatten, so sind sie, wenn sie den Betrag von 300 Mark übersteigen, von der Entrichtung an mit fünf vom Hundert vom Jahre zu verzinsen. Zinsbeträge unter zehn Mark werden nicht ausbezahlt.

Art. VII.

Dieses Gesetz tritt sofort mit seiner Verkündigung mit Rückwirkung vom 1. April 1921 in Kraft.

Bis zur Einführung des Haussteuergesetzes im Gebiete des ehemaligen Freistaates Coburg sind die Steuersätze des dort geltenden Gesetzes über die allgemeine Haussteuer vom 25. Mai 1860 und den Nachträgen hierzu, soweit erforderlich, entsprechend zu erhöhen. Die Erhöhung erfolgt durch Bekanntmachung des Staatsministeriums der Finanzen[1]).

München, den 27. Juli 1921.

Im Namen des Landtags:
Königbauer, Präsident.

Das Gesamtministerium:
Dr. **v. Kahr.** Dr. **Roth.** J. A. **v. Dölk.**
Dr. **Matt.** Dr. **Krausneck.** **Oswald.**
Wutzlhofer. J. V. Dr. **v. Meinel.**

---

1) Vgl. Anm. zum Grundst.Änd.Ges. S. 9.

Haussteuergesetz

in der Fassung vom 17. August 1918 (GVBl. 1918 S. 858) unter Berücksichtigung der Änderungen vom 16. August 1919 (GVBl. S. 564) und vom 27. Juli 1921 (GVBl. S. 412).

I. Kapitel.

Allgemeine Normen für die Häuserbesteuerung.

§ 1.

I Die Haussteuer ist eine direkte Staatsauflage[1]), durch welche die Nutzung[2]) aus Häusern[3]) in Städten, Märkten und auf dem platten Lande belegt wird[4])[5])[6]).

II Diese Steuer soll in allen Teilen des Landes*) nach gleichen Grundsätzen und zwar nach den Vorschriften des gegenwärtigen Gesetzes erhoben werden.

1. S. die Einleitung, insbes. Ziff. III.

2. Was steuerbare Nutzung ist, ergeben die §§ 3—6 des Ges.

3. Haus ist ein mit der Erde verbundenes geschlossenes Bauwerk, das die dauernde Bestimmung und Eignung hat, zum menschlichen Aufenthalte oder zur Aufbewahrung von Sachen zu dienen (Seydel-Graßmann, Bayer. Staatsrecht Bd. 2 S. 47). Bauten mit nur provisorischem Charakter z. B. Arbeiterbaracken, transportable Bauten u. dgl. fallen also nicht hierunter, wohl aber beispielsweise ein Privatmausoleum. Wegen der Nebengebäude s. § 15 des Ges.

Zu dem Haus gehören auch dessen wesentliche Bestandteile (§§ 94, 95 BGB.), jedoch ausnahmlich der der gewerblichen Produktion dienenden Maschinen und Gerätschaften, die zum gewerblichen Betriebskapital zu rechnen sind und daher bei Veranlagung der Betriebskapitalsanlage berücksichtigt werden. BlfBF. 21, 123.

Jedes Gebäude, aber nur dieses, bildet ein selbständiges Haussteuerobjekt (VGH. 35, 16); die Grundfläche des Anwesens unterliegt der Grundsteuer.

4. Die Steuerpflicht ruht auf dem Hause. Dementsprechend gehört die Haussteuer (ebenso wie die Grundsteuer) zu den öffentlichen Grundstückslasten (vgl. FinMinBl. 1917 S. 182), für die nachstehende Bestimmungen in Betracht kommen:

a) Art. 122 AGBGB., der die dingliche Haftung des Grundstücks — auch außerhalb der Immobiliarvollstreckung — ausspricht. Es haftet also der Besitznachfolger auch außerhalb der Immobiliarvollstreckung für Rückstände seines Vorgängers im Umfang des Art. 122. Die Haftung für fällige

*) Geändert gem. Abänderungsges. 1919. Ursprünglich hieß es: „Der Monarchie“.

Leistungen erlischt mit dem Ablaufe von 2 Jahren nach dem Eintritt des Zeitpunktes, von dem an die Leistung gefordert werden kann, wenn nicht vorher die Beschlagnahme des Grundstücks erfolgt ist (vgl. hiezu § 36 HsstGes.). Henle-Schneider, Anm. 3 zu § 122. BlfVZ. 26, 41.

b) Das Vorrecht in der Zwangsverst. u. Zwangsverw. gem. § 10 Abs. I Ziff. 3 mit § 13 bezw. § 155 Abs. 2 ZVGes. Hienach genießen die Ansprüche auf Entrichtung der öffentlichen Lasten des Grundstücks wegen der laufenden und der aus den letzten 2 Jahren rückständigen Beträge das Vorrecht der 3. Klasse bezw. in der Zwangsverst. nur die laufenden Beträge.

c) Das Vorrecht unter b) steht dem Ärar auch im Falle des Konkurses des Schuldners zu (§ 47 KO.).

Zu a—c. Verzugszinsen (§ 36 HsstGes.) teilen als Nebenforderungen das Schicksal der Hauptforderung.

5. Zahlungspflichtig ist der Gebäudeeigentümer. Miteigentümer haften nach Bruchteilen, Gesamtschuldner solidarisch (wegen der offenen Handelsgesellschaft vgl. VGH. 29, 100). An den Nießbraucher kann sich die Steuerbehörde nicht halten; denn wenn dieser auch gem. § 1047 BGB. die auf dem Gebäude ruhenden öffentlichen Lasten zu tragen hat, so besteht doch diese Verbindlichkeit nur im internen Verhältnis dem Eigentümer gegenüber. VGH. 37, 125.

Bei einem Wechsel im Eigentum wird der neue Eigentümer im Hinblick auf § 36 des Ges. mit dem auf den Wechsel (also regelmäßig dem Grundbucheintrag) folgenden Kalendervierteljahr zur Haussteuer herangezogen; anderweite Parteiabreden sind für die Steuerbehörde ohne Belang.

6. Wegen Berücksichtigung der Grund- und Haussteuer bei der Gewerbesteuer (insbes. zur Vermeidung einer Doppelbesteuerung) s. Art. 8, 10, 11 GewstGes.

§ 2[1]).

(§§ 1—5 VV. 1911, § 1 VV. 1922.) I Haussteuerfrei sind:

(1. die Gebäude der Mitglieder des Königlichen Hauses, soweit sich die hierwegen durch die Verfassung vorbehalten Steuerfreiheit erstreckt,)

1. die Staatsgebäude[2]),
2. Kirchen, Bethäuser, Synagogen[3]),
3. die Dienstgebäude der Versicherungskammer[4]),
4[5]). die unmittelbar[7]) zur Erfüllung öffentlicher Aufgaben[6]) dienenden Gebäude der Kreisgemeinden, der Distriktsgemeinden, der Gemeinden und der Ortschaften sowie der zur Durchführung der Arbeiterversicherung auf Grund der Reichs- oder der Landesgesetze errichteten Kassen, Berufsgenossenschaften und Versicherungsanstalten[8]).
5[9]). die unmittelbar[10]) zu Zwecken des Unterrichts oder der Erziehung dienenden Gebäude öffentlicher[11]) Unterrichts- oder Erziehungsanstalten sowie Gebäude dieser Art von Privatanstalten, die für öffentliche Unterrichts- oder Erziehungsanstalten Ersatz bieten[12]) und nicht Erwerbszwecke verfolgen[13]),
6.[14]) Gebäude, die unmittelbar[15]) zu Zwecken der öffentlichen Wohltätigkeit[16]) oder der öffentlichen Gesundheitspflege[17]) unter Ausschluß von Erwerbs-[18]) oder Sportzwecken dienen,
7. öffentliche Museen, öffentliche Monumente[19]).

II Auf Gebäudeteile, die anderen als den die Steuerfreiheit begründenden besonderen Zwecken dienen, finden die regelmäßigen Veranlagungsvorschriften Anwendung[20])[21]). Jedoch erstreckt sich die Steuerfreiheit nach Abs. I Ziff. 4 bis 8 auch auf Dienstwohnungen[22]), die zu dem Zwecke, auf den die Steuerfreiheit sich gründet, in Beziehung stehen[23]).

III Für Staatsgebäude werden zur Begründung der Umlagenpflicht die Steuerverhältniszahlen ausgemittelt und im Kataster vorgemerkt. Diese Ermittelung und Vormerkung unterbleibt (für die Schlösser, die zur K. Zivilliste gehören, und*) für die Gebäude oder Gebäudeteile, die unmittelbar zur Erfüllung öffentlicher Aufgaben dienen, sowie für Dienstwohnungen, die zu der Erfüllung dieser Aufgaben in Beziehung stehen[24]).

IV[25]) Änderungen, die sich hinsichtlich der Voraussetzungen für die Steuerveranlagung ergeben, sind von dem auf die Änderung nächstfolgenden Kalendervierteljahr an zu berücksichtigen[26]).

1. Die Steuerbefreiungen sind teils persönliche (Ziff. 1), teils sachliche (Ziff. 2, 5, 6, 7), teils persönlich-sachliche (Ziff. 3, 4). Sie beziehen sich sowohl auf die Miet- wie die Arealsteuer, und gelten für Gebäude und Gebäudeteile. S. Anm. 20 nachst. Eine weitere Befreiung ergibt sich aus § 2 des ReichsbestGes. v. 15. April 1911 (RGBl. S. 187) hinsichtlich der Gebände des Reichs; ferner sind gem, Art. 63 Abs. 1 Ausf.Ges. zur RVO. v. 2. Nov. 1912, GVBl. S. 1135 die Versicherungsträger von der Haussteuer befreit, soweit es sich um unmittelbar zur Erfüllung öffentlicher Aufgaben dienende Grundstücke handelt. Die Reichsbank ist kein Reichsgebäude und daher grund- und haussteuerpflichtig.

2. Vgl. § 1 VV. 1911, der jedoch, soweit er von zivilistischen Gebäuden spricht, gegenstandslos ist.

Nach VGH. 6, 105 sind Staatsgebäude nur insoweit frei, als sie vom Staate selbst genutzt werden, nicht dagegen soweit sie sich im dauernden Nutzgenuß eines Dritten befinden, da in diesen Fällen der Nutznießer zur Entrichtung der Steuern verpflichtet wäre und daher der für die Befreiung der Staatsgebäude maßgebende Grund, daß der Staat die Steuer an sich selbst zu entrichten hätte, nicht eintreten würde. Die Entscheidung, die die Pfarrgebäude der organisierten Pfarreien betraf, ist m. E. unzutreffend, da nach dem Gesetz die Staatsgebäude schlechthin frei sind, übrigens der Nießbraucher nur im Verhältnis zum Eigentümer, nicht aber zur Steuerbehörde zur Tragung der Steuer verpflichtet ist.

Daß auch die der Erzielung einer Mietrente dienenden Staatsgebäude (Staatsbank, Hofbräuhaus) staatssteuerfrei sind, ist zweifellos.

3. Nicht befreit sind die Pfarrhöfe, Klostergebäude, Missionsanstalten und sonstige dem religiösen Leben dienende Gebäude (v. Breunig, Anm. 5).

4. Zu den Dienstgebäuden der Versicherungskammer gehören nicht die in München für die Beamten der Versicherungskammer errichteten Wohnhäuser.

5. Vgl. § 2 VV. 1911.

6. Öffentliche Aufgaben obliegen der Gemeinde einerseits im eigenen Wirkungskreis und andererseits im übertragenen Wirkungskreis, sonach in den eigentlichen Gemeindeangelegenheiten (Art. 84—91, 130—137 mit Art. 38 der rechtsrh. GO.), den Gegenständen der gemeindlichen Polizeiverwaltung (Art. 92—98, 138—142 l. c.) und den Gegenständen der all-

*) Gestrichen gem. AbändGes. 1919.

gemeinen Staatsverwaltung, der gerichtlichen Polizei, der Rechtspflege und der Finanzverwaltung (Art. 156 Abs. V 1. c.). Nicht erforderlich ist, daß der Zweck, dessen Erfüllung das Gebäude unmittelbar zu dienen bestimmt ist, zu den öffentlich-rechtlich erzwingbaren Aufgaben der Gemeinde zählt; auch nicht erzwingbare Leistungen können zur Steuerbefreiung führen, wenn sie nur auf einer der Gemeinde zugewiesenen Obliegenheit beruhen. VGH. 39, 12. Als unmittelbar zur Erfüllung öffentlicher Aufgaben dienend und daher haussteuerfrei wurden vom Verwaltungsgerichtshof anerkannt: ein gemeindliches Sparkassengebäude (34, 258), die Münchner Großmarkthalle (39, 12), ein gemeindlicher Schlacht- und Viehhof mit Kühlanlage (39, 160), die Münchner Straßenreinigungsanstalt (BlfVF. 1921, 93); dagegen wurde die Anerkennung versagt einem gemeindlichen Theater (34, 260). Städtische Arbeitsämter sind nunmehr haussteuerfrei (anders nach früherem Gesetz VGH. 29, 121).

7. Das unmittelbare Dienen eines Gebäudes zu den steuerbefreienden Zwecken kann nur dann als gegeben erachtet werden, wenn das Gebäude als solches dem befreienden Zweck dient (VGH. 24, 125). Ein unmittelbares Dienen liegt nicht vor bei Gebäuden oder Gebäudeteilen, die der Erzielung einer Mietrente dienen (vgl. VGH. 36, 109); Haussteuerfreiheit wurde daher versagt den von einer Gemeinde dem Staate für die Zwecke staatlicher Eichämter gegen den verordnungsmäßigen Anteil an den dort eingehenden Gebühren zur Verfügung gestellten Räumen in gemeindlichen Gebäuden, ferner den zu einem Wirtschaftsbetrieb verpachteten Räumlichkeiten eines in einem gemeindlichen Tiergarten stehenden Gebäudes (BlfVF. 22, 190). Haussteuerpflichtig sind ferner gemeindliche Elektrizitätswerke, Gasanstalten, Trambahnbetriebe. Die Frage, ob die Erzielung einer Mietrente beabsichtigt ist, ist nach dem ganzen Wesen und dem gesamten Geschäftsergebnis des Unternehmens zu beurteilen. Vgl. die unter Anm. 5 vorst. zit. Entsch. des VGH. 39, 12; 39, 160.

Die ausschließliche Verwendung der treffenden Gebäude für den befreienden Zweck ist nicht verlangt, ev. findet eine Ausscheidung nach steuerfreien und steuerpflichtigen Gebäudeteilen statt. Vgl. Anm. 20 nachst.

8. Vgl. Anm. 1 vorst.

9. Vgl. § 3 VB. 1911. Die Befreiungsvorschrift ist eine rein sachliche, weshalb auch Gebäude, die von Privaten für öffentliche Unterrichts- oder Erziehungszwecke zur Verfügung gestellt werden, haussteuerfrei sind.

10. Vgl. Anm. 7 vorst.

11. Öffentliche Unterrichtsanstalten sind solche, die von einer juristischen Person des öffentlichen Rechts betrieben werden (BlfVF. 26, 13). Es fallen daher darunter auch die Erziehungsinstitute der Englischen Fräulein, ferner die bischöflichen Knabenseminare.

12. Ob Privatanstalten Ersatz für öffentliche Unterrichts- oder Erziehungsanstalten bieten, hängt davon ab, ob sie sich eine Unterrichts- oder Erziehungsaufgabe unterziehen, mit der sich auch die öffentlichen Unterrichts- und Erziehungsanstalten beschäftigen (vgl. v. Breunig, Anm. 9 S. 86 unten). Die Privatanstalt muß jedermann zugänglich sein, wobei allerdings die Feststellung gewisser genereller Einschränkungen z. B. die Konfessionszugehörigkeit nicht ausgeschlossen sein soll. S. hiezu die Entsch. des VGH. BlfVF. Bd. 24 S. 99 und Bd. 26 S. 13 betr. die Haussteuerpflicht von katholischen Gesellenhospizen.

13. Erwerbszwecke verfolgen die Privatunternehmen dann, wenn sie auf Gewinnerzielung gerichtet sind. Ob tatsächlich ein Gewinn erzielt wird, ist ohne Belang.

14. Vgl. § 4 VV. 3911 und § 1 VollzBek. 1922. Die Befreiungsbestimmung ist eine rein sachliche, weshalb es darauf, in wessen Eigentum die Gebäude stehen, nicht ankommt. Auch bei Privaten gehörenden Gebäuden kann die Befreiungsbestimmung einschlägig sein.

15. Die Gebäude einer öffentlichen Wohltätigkeitsanstalt sind nur dann von der Haussteuer befreit, wenn die Wohltätigkeitsanstalt tatsächlich darin untergebracht ist, nicht aber auch dann, wenn dieselben lediglich mittels der aus dem Mieterträgnisse fließenden Rente den Zwecken der Anstalt dienen VGH. 11, 400. Vgl. im übrigen Anm. 7 vorst.

16. Öffentliche Wohltätigkeit liegt vor, wenn der Abhilfe eines öffentlichen Mangels oder doch der Unterstützung wirklicher Hilfsbedürftigkeit dienende Wohltätigkeitszwecke verfolgt werden, deren Erfüllung sonst dem Staate oder einem gemeindlichen Verband obliegen würde. VGH. 12, 378. Daß geringe Vergütungssätze bezahlt werden, die Leistungen also nicht unentgeltlich erfolgen, steht der Annahme öffentlicher Wohltätigkeit nicht entgegen. Vgl. die — ungedr. — Entsch. des VGH. vom 14. Juni 1909 betr. das Kloster der Frauen vom Guten Hirten in München und vom 13. September 1909 betr. den Vinzentiusverein daselbst.

Auch Amtsräume einer Stiftung, die ausschließlich oder vorwiegend unmittelbar öffentliche Wohltätigkeitszwecke erfüllt, haben Anspruch auf Befreiung von der Haussteuer. VGH. 36, 127.

17. Gem. § 1 VollzBek. 1922 soll der Begriff der öffentlichen Gesundheitspflege im Gegensatz zur bisherigen Rechtsprechung des Verwaltungsgerichtshofs — vgl. die l. c. angeführten Entscheidungen — nicht nur Einrichtungen zum Schutze Gesunder gegen ansteckende Krankheiten und zur Erholung von schwerer Krankheit, sondern auch Einrichtungen, die der Behandlung und Heilung von Kranken dienen, haussteuerfrei sein. Hierunter fallen namentlich die Diakonissenanstalten. Im übrigen vgl. § 4 II, III VV. 1911 und § 1 VollzBek. 1922.

18. Hinsichtlich der Erwerbszwecke s. Anm. 13 vorst.

19. Bei der Auslegung des Begriffs „öffentliche Museen" ist in 1. Linie von der Zweckbestimmung des Museums auszugehen. Öffentliches Museum ist eine Sammlung von Gegenständen, die — ihrer Zweckbestimmung nach — der Förderung der Wissenschaft und der allgemeinen Volksbildung dienen. Das Museumsgebäude ist, sofern es nicht dem Eigentümer zur Erzielung einer Mietrente dient (VGH. 36, 109, vgl. Anm. 7 vorst.) haussteuerfrei. VGH. 36, 253.

Öffentliche Museen sind z. B. das Germanische Museum in Nürnberg, das Deutsche Museum in München, das Alpine Museum daselbst (vgl. die vorzit. VGH. 36, 253).

Die Befreiung der öffentlichen Monumente wird ein sehr geringes Anwendungsbereich haben, da die meisten Monumente überhaupt keine Häuser darstellen. Im übrigen handelt es sich wohl meist um staatliche Denkmäler (z. B. die bei v. Breunig, Anm. 12 gen. Propyläen), deren Befreiung schon aus Ziff. 1 folgt.

20. Im Gegensatz zu den zeitweiligen Befreiungen des § 33 des Ges., die nur für ein Gebäude als Ganzes in Frage kommen, findet für die Steuerbefreiungen des § 2 — abgesehen von der Ziff. 1 — veranlaßtenfalls eine Ausscheidung nach steuerfreien und steuerpflichtigen Gebäudeteilen statt. Soweit bei einem Gebäude mit verschiedenen Verwendungszwecken eine Ausscheidung der haussteuerfreien und haussteuerpflichtigen Gebäudeteile nicht möglich ist, ist die überwiegende Zweckbestimmung des Gebäudes maßgebend.

21. Vgl. §§ 1—4 VV. 1911.

22. Eine Dienstwohnung liegt vor, wenn sie ihren Inhaber im Interesse des Dienstes angewiesen oder wenn sie ihm förmlich als Bestandteil seines Gehaltes gerechnet ist. VGH. 36, 127.

23. Die Vorschrift, daß die Dienstwohnung zu dem Zweck, auf den die Steuerfreiheit sich gründet, in Beziehung stehen muß, ist in dem Sinn aufzufassen, daß zwischen der Bedienstung des Wohnungsinhabers und dem Zwecke, der nach § 2 I des Ges. die Steuerbefreiung begründet, ein näherer Zusammenhang bestehen muß. Sofern ein Dienstwohnungsinhaber neben den Geschäftsaufgaben, die sich auf den befreienden Zweck beziehen, auch andere Aufgaben zu versehen hat, richtet sich die Haussteuerpflicht der Dienstwohnung darnach, welche der beiden Arten von Geschäftsaufgaben in der Bedienstung des Wohnungsinhabers überwiegt. VGH. 36, 127.

24. Abs. III regelt die Umlagenpflicht der Staatsgebäude dahin, daß die Staatsgebäude umlagenpflichtig sind mit Ausnahme jener, die unmittelbar zur Erfüllung öffentlicher Aufgaben dienen einschl. der dazu gehörigen Dienstwohnungen. Umlagenfrei sind auch die Forstdienstgebäude. Das Gleiche wie für die Gebäude des Staates gilt auch für die des Reichs (§ 3 des in Anm. 1 vorst. zit. ReichsbestGes.). Im übrigen s. § 1 VV. 1911. Für die Umlagenpflicht im allgemeinen ist nunmehr maßgebend das Gesetz vom 30. Juni 1921 zum Vollzug des LandesstGes. (GVBl. S. 361) Art. 9 ff. mit der AusfAnweisung vom 5. April 1922 (GVBl. S. 225).

25. Vgl. § 5 Abs. 1 VV. 1911.

26. Die Befreiung gem. § 2 des Ges. ist im Verwaltungsstreitverfahren geltend zu machen. In 1. Instanz entscheiden die — an die Stelle der Regierungsfinanzkammern — getretenen Landesfinanzämter (München, Nürnberg, Würzburg bezw. für die Pfalz die Zweigstelle des Landesfinanzamtes Würzburg in Speyer), in 2. Instanz der bayr. Verwaltungsgerichtshof in München gem. Art. 10 Z. 26 des VGHGes. vom 8. August 1878. Zur letztinstanzlichen Entscheidung von Beschwerden, die nicht auf § 2 oder § 33 des Ges. (vgl. das.) gestützt werden, ist der Verwaltungsgerichtshof nicht zuständig. VGH. 24, 519; 36, 30. Vgl. § 5 III VV. 1911. Dyroff, VGHGes., 5. Aufl. S. 480/1.

Wegen unzutreffender Einsteuerung ist nur das Reklamationsverfahren gem. § 19 ff. des Ges. gegeben.

II. Kapitel.

Vom Maßstabe und der Verhältniszahl der Haussteuer.

§ 3.

Der Maßstab für die Besteuerung der Häuser ist ihre Mietertragsfähigkeit, welche in dem jährlichen wirklichen (Mietzins, Mietschilling) oder dem möglichen (geschätzten oder angeglichenen) Mietertrage gesucht wird[1]).

1. Besteuerungsmaßstab ist also der jährliche wirkliche oder geschätzte Mietpreis, jedoch nur soweit Mietmuster vorliegen; im übrigen tritt die auf Fiktion beruhende Arealsteuer ein. Vgl. § 4 des Ges.

§ 4.

(§§ 6, 7 VV. 1911.) I Der Mietertrag wird gefunden:

a) Da, wo in wirklichen Mietbeständen noch Anhaltspunkte (Mietmuster) vorliegen, durch kontrollierte Erhebung der jährlichen Mietzinse vermieteter Häuser oder Hausteile und durch Mieteneinschätzung unvermieteter Häuser oder Hausteile[1]).

b) Da, wo in wirklichen Mietbeständen keine genügenden Anhaltspunkte der Schätzung mehr gefunden werden können, durch die Annahme einer Ertragsgröße, welche sich aus dem Flächeninhalte der überbauten und zu Hofräumen bestimmten Plätze nach Maßgabe der Vorschriften unter § 6 berechnet.

In diese Kategorie sollen insbesondere jene Gebäude gereiht werden, welche dem Betriebe der Landwirtschaft gewidmet sind, dann die Schlösser und die Pfarrhöfe auf dem platten Lande, jene, insoferne sie in der Regel nicht vermietet sind[2]).

II [3]) Bei der Erhebung oder Einschätzung der Miete nach Abs. I lit. a darf, und zwar erstmals bei Gelegenheit der nächsten Mietsteuerrevision (§ 29), für die Ausgaben des Hausbesitzers für Wasserzins, Kehrichtabfuhr, Fäkalienwegschaffung, Straßenreinigung, Kaminreinigung und für die Versicherung der Gebäude gegen Feuer[4]) und sonstigen Schaden ein angemessener Betrag in Abzug gebracht werden, vorausgesetzt, daß in der Miete die Entschädigung hierfür inbegriffen ist.

1. Vgl. hiezu §§ 11, 12, 14 des Ges.

2. Die der Landwirtschaft gewidmeten Betriebe sind also stets nur arealsteuerpflichtig, mögen sie sich in Areal- oder Mietsteuergemeinden befinden. Das Gleiche gilt bezüglich der Schlösser, sofern sie auf dem platten Land gelegen und in der Regel nicht vermietet sind sowie bezüglich der Pfarrhöfe auf dem platten Land. Der Grund für eine solche Bevorzugung, namentlich der Schlösser, ist nicht einzusehen. Wegen der Pfarrhöfe s. auch § 14 Abs. II.

3. S. VB. 1911 § 7.

4. Die für die Baunotversicherung nach Maßgabe des ErgänzungsGes. vom 8. April 1920 zum Brandvers.Ges. (GVBl. S. 99) entrichteten Brandversicherungsbeiträge sind voll abzugsfähig. FinMinEntschl. vom 7. Februar 1921 Nr. 289.

§ 5.

(§ 8 VB. 1911.) I Der geringste Ertrag für Besteuerung von Gebäuden nach lit. a des § 4 Abs. I wird auf fünfzehn Mark festgesetzt.

II Für den unter lit. b des § 4 Abs. I erwähnten Fall werden als Minimum der überbauten und zu Hofräumen verwendeten Fläche drei und als Maximum derselben fünfundzwanzig Ar (0,03 und beziehungsweise 0,25 ha) bestimmt[1]).

1. Wegen der sich hienach berechnenden Mindest- und Höchstsätze der Areal- und Mietsteuer s. § 6 des Ges. mit § 2 VollzBek. 1922.

§ 6.

(§ 8 VB. 1911, § 2 VB. 1922.) I Der jährliche wirkliche oder geschätzte Mietertrag der zur Kategorie lit. a des § 4 Abs. I gehörigen Gebäude wird in Mark ohne Bruchteil ausgedrückt und bildet die Haussteuerverhältniszahl.

II Bei den Gebäuden unter lit. b des § 4 Abs. I ist das Produkt aus dem in Aren ohne Bruchteil ausgedrückten Flächeninhalte des überbauten Grund und Bodens sowie der Hofräume und einem Ertragsanschlage von **vierzehn***) Mark vom Ar die Verhältniszahl für die Haussteuer.

III. Kapitel.

Von der Quotisation.

§ 7.

Von jeder Mark der Haussteuerverhältniszahl (§ 6) ist ein Betrag von **zweieinhalb** Pfennig als Jahressteuer zu erheben.

1. Die Erhöhung auf 2,5 ₰ — von bisher 1,5 ₰ — erfolgte mit Abänderungsgesetz 1921 und zwar rückwirkend ab 1. April 1921. Vgl. im übrigen die Einleitung.

IV. Kapitel.

Von der Mieten- und Ertragserhebung insbesondere.

§ 8.

(§ 9 VV. 1911.) Die Mietenerhebung und Regulierung der Haussteuer erfolgt unter Leitung der Regierungsfinanzkammern durch abgeordnete Kommissäre und unter Mitwirkung der Distriktspolizeibehörden.

§ 9.

(§ 10, 11, 12 VV. 1911.) I Zur Einschätzung der Mieten werden sachverständige Taxatoren unter Leitung eines Obertaxators verwendet[1]).

II Erstere gehen hervor aus der freien Wahl der betreffenden Gemeinden, letzterer wird von der Regierungsfinanzkammer ernannt.

III Sämtliche Taxatoren werden vereidet.

1. Wegen der Entschädigung der Haussteuertaxatoren s. die Bek. der 3 Landesfinanzämter v. 23. Juni 1922, abgedr. im Bayer. Staatsanz. Nr. 147 v. 28. Juni 1922. Hienach gelten für die Entschädigungen der Haussteuertaxatoren und der Obertaxatoren der Schätzungskommissionen und Kompromißgerichte für Zeitaufwand u. s. w. mit Wirkung vom 1. Jan. 1922 die für die Entschädigungen der Steuerausschußmitglieder jeweils maßgebenden Vorschriften. Die Entschädigungen der Steuerausschußmitglieder sind gemäß RFMErl. v. 10. August 1922 III R 4552 den jeweiligen Vergütungen der Schöffen und Geschworenen anzupassen (vgl. VO. v. 8./29. Juli 1922 RGBl. S. 561/673). Neuregelung der Sätze durch die 3 Landesfinanzämter wird noch erfolgen.

§ 10.

(§ 12 VV. 1921.) I Dem Obertaxator steht ein bloß informatives Gutachten zu; die Taxatoren entscheiden nach Stimmenmehrheit.

II Bei eintretender Stimmengleichheit oder Disparität wird nach § 44 des Grundsteuergesetzes verfahren.

---

*) Mit Abänderungsgesetz 1918 wurde der Ertragsanschlag von ursprünglich 5 ℳ auf 14 ℳ erhöht.

III Der Obertaxator ist aber befugt und verpflichtet, sein von dem Ausspruche der Taxatoren abweichendes Gutachten zur Begründung einer Offizialreklamation zur Sprache und Vormerkung zu bringen.

§ 11.

(§§ 13, 14, 15, 16, 20 VB. 1911.) Der Mietvertrag aus ganz oder zum Teil vermieteten Häusern wird ausgemittelt durch die Angabe der Mieter und der Hauseigentümer [1]).

1. Die Einsteuerung gem. §§ 11 u. 12 steht in einem gewissen Gegensatz zu der Einsteuerung nach § 14: Die erstere Einsteuerung erfolgt auf Grund Fassion des Hauseigentümers bezw. Mieters, die letztere unmittelbar durch Einschätzung der Taxatoren. Vgl. Anm. 1 zu § 14. Der Unterschied ist auch strafrechtlich von Bedeutung. Anm. 2 zu § 13.

§ 12.

(§§ 13—15, 17, 20 VB. 1911.) I Der Eigentümer schlägt die selbst benützten oder vorübergehend nicht vermieteten Teile der Gebäude nach Verhältnis der vermieteten oder nach den letzten Mietzinsen an [1]).

II Die Taxatoren sehen die gemachten Angaben ein und erkennen sie an oder berichtigen sie.

1. Vgl. Anm. 1 zu § 11.

§ 13.

I Wer [1]) den wahren Mietertrag [2]) verschweigt [3]), unterliegt zum Besten des Lokalarmenfonds einer dem dreifachen Betrage der verschwiegenen Mietrente [4]) gleichkommenden Strafe, mag er Mietmann oder Vermieter sein. Außerdem noch muß der Steuerkasse von der verschwiegenen Mietrente der treffende Steuerbetrag ersetzt werden.

II Ist aus den obwaltenden Umständen anzunehmen, daß die Verschweigung des wahren Mietertrags aus Fahrlässigkeit begangen wurde, so kann die Strafe bis auf fünf Mark ermäßigt werden [5]).

1. Täter der strafbaren Handlung ist der Hauseigentümer oder ein Mieter.

2. Der wahre Mietertrag umfaßt sowohl den wirklichen als den geschätzten möglichen Mietzins, insoweit dieser Mietertrag vom Pflichtigen überhaupt anzugeben ist; die Pflicht zur Fassion besteht jedoch nur in den Fällen der §§ 11 u. 12, nicht dagegen im Falle des § 14 des Ges. RGE. i. Straff. Bd. 8 S. 414 und Bd. 9 S. 255.

3. Verschwiegen ist der Mietertrag insoweit, als der vereinbarte Mietzins nicht angegeben wird. Erforderlich ist jedoch Vorsatz oder Fahrlässigkeit; denn wie im Urteil des Obersten Landgerichts München (Straffenat) vom 17. Januar 1911, abgedr. in den BlfVF. Bd. 19 S. 140 namentlich im Hinblick auf Abs. II des § 13 überzeugend dargetan ist, stellt diese Strafbestimmung kein Formaldelikt dar. Die entgegenstehenden älteren RGE. vom 4. Juni 1883, Bd. 8 S. 414 und vom 1. Dezember 1883, Bd. 9 S. 255 sowie die Entsch. des OberlGer. München vom 20. April 1893, Bd. 7 S. 370 sind daher insoweit überholt und gegenstandslos.

4. Die Strafe bestimmt sich also nicht nach der hinterzogenen Steuer, wie dies sonst üblich ist. Der Grund der abweichenden Reglung ist der, daß der Erhebungssatz durch das jedesmalige Finanzgesetz festgesetzt wird.

5. Gem. Art. 55 des Ges. vom 26. Dezember 1871 betr. die Einführung des StGB. für das Deutsche Reich in Bayern (GesBl. 1871/72 S. 118) sind die strafbaren Handlungen des § 13 von den Gerichten abzuurteilen (Bayer. FinMinBl. 1874 S. 231; 1881 S. 355); die Vorschriften des §§ 459 ff. finden daher hier keine Anwendung, weshalb sich die Verwaltungsbehörde der Verfolgung nicht anschließen kann. Entsch. des OberlGer. München Bd. 7 S. 422. Die Verfehlungen des § 13 haben in strafrechtlicher Beziehung — also nicht hinsichtlich der Zuständigkeit und des Verfahrens — die Natur von Übertretungen (Art. 5 Abs. 1 bayr. AGStPO. vom 18. August 1879, GVBl. S. 781). Die Strafverfolgung verjährt daher gem. § 67 Abs. 3 RStGB. in 3 Monaten; die Verjährung beginnt nach Anschauung des RG. — Entsch. i. Straff. Bd. 8 S. 416 — und des OberlGer. München — Bd. 2 S. 380, 494 — erst mit der Beendigung des Verschweigens. M. E. ist diese Anschauung unzutreffend; denn die strafbare Handlung ist mit der Abgabe der unrichtigen Fassion begangen.

Es wäre übrigens wohl zweckmäßig gewesen, diese Bestimmung, ein Überbleibsel aus alter Zeit, den Bestimmungen der RAbgO. anzupassen.

§ 14.

(§§ 13—15, 18—20 VV. 1911.) I Die von den Vorschriften der §§ 11, 12 nicht berührten unvermieteten Gebäude und Gebäudeteile werden von den Taxatoren je nach ihrer Mietfähigkeit eingeschätzt. Die gleiche Sachbehandlung findet statt bei Gebäuden und Gebäudeteilen, die unter abnormen Verhältnissen vermietet sind[1]).

II Bei Pfarrhöfen in solchen Orten, in welchen die Häuser nach Vorschrift des § 4 Abs. I lit. a in die Steuer gelegt werden, soll jedoch, insoferne dieselben nicht vermietet, sondern bloß zur Wohnung des Pfarrers verwendet sind, die Steuerzahlungspflichtigkeit derselben nur nach dem Nutzen bemessen werden, den dieselben den Pfarrern als Wohnung gewähren[2]).

1. Abs. I des § 14 betrifft die Fälle, in welchen die freie Einschätzung durch die Taxatoren ohne Fassion des Hauseigentümers stattfindet. Die frühere Einschätzung nach Musterhäusern ist seit 1912 beseitigt. Wenn auch die Einschätzung durch die Taxatoren erfolgt, so muß der Eigentümer naturgemäß die gem. § 4 II zum Abzug geltend gemachten Ausgaben angeben.

Welche einzelnen Fälle unter § 14 fallen, ergibt sich aus § 18 VV. 1911.

2. Gem. § 4 I des Ges. unterliegen die Pfarrhöfe auf dem platten Lande auch in Mietsteuergemeinden lediglich der Arealsteuer. Der Abs. II des § 14 enthält eine weitere Vergünstigung für die nicht auf dem platten Land befindlichen nicht vermieteten Pfarrhöfe, die an sich der Mietsteuer unterliegen würden. Hier soll nicht die Mietertragsfähigkeit des ganzen Gebäudes, sondern lediglich der Nutzen maßgebend sein, den die vom Pfarrer und seinem Hausstand bewohnten Räume dem Pfarrer gewähren. Der Nutzen ist nach dem Betrag zu veranschlagen, den der Pfarrer nach den örtlichen Verhältnissen für die Beschaffung einer solchen Wohnung außerhalb des Pfarrhofs aufwenden müßte (vgl. v. Breunig, Anm. 3).

§ 15.

(§§ 13–15, 20 VV. 1911.) Der Mietenerhebung unterliegen auch alle Nebengebäude und Hausteile, als Keller, Gewölbe, Kramläden, Magazine, Stallungen, Remisen, Säle, Speicher, Lager, Werkstätten u.

dergl. Sie hat ausgeschieden und nicht im Komplexe mit den Hauptgebäuden zu geschehen, insoferne diese Teile nicht schon in den Wohnungsmieten begriffen sind.

V. Kapitel.

Von der Katastrierung und Umschreibung.

§ 16.

Die Anlage der Haussteuerkataster erfolgt unter Aufsicht der Regierungsfinanzkammer durch die Rentämter[1]).

1. Wegen der Anlage und Fortführung des Haussteuerkataster s. die FinMinBek. vom 9. Juni 1911, FinMinBl. S. 445.

[§ 17]*)

Die auf Häusern ruhenden Dominikal- und andere Realabgaben sind als Gegenstand der Grundsteuer nach den Bestimmungen des Grundsteuergesetzes zu behandeln und kommen bei der Häuserbesteuerung nicht in Ansatz.

§ 18.

Die Kosten auf die Regulierung und Katastrierung der Haussteuer fallen dem Ärare zur Last[1]).

1. Wegen der Entschädigung der Taxatoren s. Anm. 1 zu § 9.

VI. Kapitel.

Von den Reklamationen wider die Haussteuer.

§ 19.

Eine Reklamation gegen die regulierte Haussteuer kann mit Erfolg überhaupt nur dann ergriffen werden, wenn eine Prägravation von mindestens neun Mark Mietertrag gegeben ist.

§ 20.

I Bei den Haussteuerobjekten der Abteilung b des § 4 Abs. I kann unter der allgemeinen Voraussetzung des § 19 eine Reklamation lediglich auf fehlerhafte Flächenbestimmung gegründet werden.

II Solche Reklamationen sind nach den Bestimmungen des siebenten Kapitels des Grundsteuergesetzes anzubringen und zu behandeln.

§ 21.

Bei den Gebäuden der Abteilung a des § 4 Abs. I ist eine Reklamation von Seite der Hauseigentümer zulässig:

1. wegen fehlerhafter Annahme der Mietschillinge,
2. wegen gesetzlich nicht gerechtfertigter Vornahme einer Einschätzung nach § 14 Abs. I,

---

*) S. die Anmerkung * am Kopfe des Grundsteuergesetzes.

3. wegen Irrtümer, welche bei letzterer Einschätzung im Falle gesetzlicher Zulässigkeit vorgekommen sind[1]).

1. Das Reklamationsrecht erstreckt sich auch auf die Zulässigkeit und Höhe der Abzüge gem. § 4 II des Ges. (v. Breunig, Anm. 2).

§ 22.

Eine Reklamation, die nach § 11 Ziff. 3 ergriffen wird, muß für die einzelnen Hausteile das Maß der vermeintlichen Überschätzung ersehen lassen.

§ 23.

Dasselbe Recht der Reklamation und auf dieselbe Weise steht der Staatsbehörde zu gegen die zu niedrige Angabe oder Einschätzung der Mieten oder gegen die gesetzlich ungerechtfertigte Unterlassung der Einschätzung nach § 14 Abs. I.

§ 24.

(§ 21 VV. 1911.) I Zur Anbringung der in §§ 21 und 23 erwahnten Reklamationen wird ein vierteljähriger präklusiver Termin anberaumt.

II Derselbe fängt, wenn es sich um die Regulierung der Mietsteuer in einer ganzen Gemeinde handelt[1]), mit dem Tage zu laufen an, an welchem die Einführung der neuen Mietsteuer proklamiert wird[2]).

III Bei einzelnen Einsteuerungen beginnt derselbe mit dem Tage, an welchem den Beteiligten die neu regulierte Mietsteuer bekannt wird[3]).

1. Einführung der Mietsteuer an Stelle der Arealsteuer, periodische Revision der Mietsteuer. §§ 28 u. 29 des Ges.

2. Die Reklamationsfrist wird also gleichzeitig mit dem Einführungstag der neuen Mietsteuer zu laufen beginnen (v. Breunig, Anm. 2 läßt einen früheren Beginn der Frist zu). Wegen des Einführungstages s. nunmehr § 29a (die VV. sind insoweit unrichtig geworden!)

3. Hier handelt es sich um die Einsteuerung einzelner Neubauten. „Bekannt wird" = amtlich bekannt gemacht wird (ebenso v. Breunig, Anm. 3.)

§ 25.

(§ 22 VV. 1911.) Die Anmeldung solcher Reklamationen geschieht bei den einschlägigen Distriktspolizeibehörden und sind hierbei das Reklamationsobjekt, seine ursprüngliche Mieteinwertung und das vermeintliche Prägravationsmaß beziehungsweise das Maß der zu niedrigen Einschätzung speziell anzugeben.

§ 26.

(§ 23 VV. 1911.) I Die Untersuchung und Bescheidung aller Reklamationen in Bezug auf die Mietsteuer, und zwar sowohl in formeller als in materieller Beziehung, wird einem Kompromißgerichte von Sachverständigen übertragen.

II Dieses Kompromißgericht bildet sich:

a) aus einem Obertaxator, welcher von der einschlägigen Distriktspolizeibehörde requiriert wird;

b) aus zwei Taxatoren, deren einen der betreffende Hausbesitzer, den anderen aber das einschlägige Rentamt aus der Zahl der von der Gemeinde gewählten Taxatoren ernennt.

III Der requirierte Obertaxator darf bei der ursprünglichen Mieterhebung in der betreffenden Gemeinde nicht beteiligt gewesen sein. Die beiden Taxatoren können aus der Zahl der bei der ursprünglichen Mieterhebung tätig gewesenen Taxatoren genommen werden.

§ 27.

(§ 24 VB. 1911.) Im übrigen finden hinsichtlich des Reklamationsverfahrens, sowie der Reklamationskosten die §§ 104 bis 113 des Grundsteuergesetzes*) ihre ganz gleiche oder analoge Anwendung.

VII. Kapitel.

Von Einführung und Erhebung der Haussteuer.

§ 28.[1])

(§ 25 VB. 1911.) I Eine örtliche Revision der Haussteuer kann sowohl von den Beteiligten als von der Steuerbehörde beantragt werden, wenn die Verhältnisse, unter welchen in eine Gemeinde entweder die Miet- oder die Arealsteuer (§ 4 Abs. I lit. a und b des Gesetzes) eingeführt worden ist, sich so wesentlich veränderten, daß eine dieser Gattungen an die Stelle der anderen zu treten hat.

II Die Entscheidung hierüber steht der einschlägigen Regierungsfinanzkammer in kollegialer Beratung zu, welche vorher das Gutachten der Landratsversammlung**) zu erholen hat. Gegen dieselbe steht den beteiligten Steuerpflichtigen, der Verwaltung der betreffenden politischen Gemeinde und dem Landesratausschusse***) binnen vierzehntägiger unerstrecklicher Frist Berufung an das Staatsministerium der Finanzen zu. Die Eröffnung der Entscheidung erfolgt an die Gemeindeverwaltung und den Landratsausschuß***) durch schriftliche Mitteilung, an die Steuerpflichtigen im Wege der in herkömmlicher Weise vollzogenen Bekanntmachung durch den Bürgermeister der betreffenden Gemeinde.

1. § 28 betrifft die Einführung der Mietsteuer an Stelle der Arealsteuer und umgekehrt. Beim Vorhandensein der in § 28 geforderten Voraussetzungen kann die Mietsteuer jederzeit und unabhängig von der in § 29 des Ges. behandelten periodisch vorzunehmenden allgemeinen Mietsteuerrevision an Stelle der bisher maßgebenden Arealsteuer eingeführt werden. — Wegen des Beginns der Wirkung s. nunmehr § 29 a Abs. 1.

Mit Recht hat das bayer. FinMin. in einer Entschl. darauf hingewiesen, daß, wenn auch eine allgemeine Ersetzung der Arealsteuer durch die Mietsteuer

---

*) Gemäß Art. 3 des Gesetzes vom 19. Mai 1881 (GVBl. S. 657) ist die im § 106 des Grundsteuergesetzes der Katasterstelle eingeräumte Befugnis, bei besonderen Veranlassungen und Umständen eigene Kommissäre abzuordnen, hier der einschlägigen Regierungsfinanzkammer übertragen.

**) Richtig nunmehr Kreistag.

***) Richtig nunmehr Kreistagsausschuß.

bei der derzeitigen Überlastung der Finanzbehörden nicht durchführbar ist, umsomehr mit Rücksicht auf die Finanzlage des Staates, der Gemeinden und gemeindlichen Verbände darauf gedrungen werden muß, daß wenigstens für alle jene Gemeinden, in denen sich die Einführung der Mietsteuer auf Grund der bestehenden gesetzlichen Vorschriften rechtfertigen läßt, durch die Finanzbehörden der entsprechende Antrag gestellt und die notwendigen Vorbereitungen zur tunlichst baldigen Einführung dieser Steuerart getroffen werden.

§ 29.

(§ 26 VB. 1911.) I In allen Gemeinden und Ortschaften, in denen die Mietsteuer eingeführt ist, findet eine Revision statt. Die Revision ist spätestens im dritten Kalenderjahre nach Inkrafttreten des Gesetzes vom 14. August 1910, betreffend die Änderung der Gesetze über die allgemeine Grund- und Haussteuer, in Angriff zu nehmen. Sie ist von zehn zu zehn Jahren zu wiederholen[1]).

II Das Staatsministerium der Finanzen wird ermächtigt, in einzelnen Gemeinden oder Ortschaften auf Antag den Gemeindevertretung [— der Gemeindebevollmächtigten in der Gemeinden mit städtischer Verfassung, der Gemeindeversammlung in den Landgemeinen rechts des Rheins, des Gemeinderats in den Gemeinden mit pfälzischer Gemeindeverfassung —]*) vor Ablauf der zehnjährigen Periode eine Steuerrevision vornehmen zu lassen.

III Die zehnjährige Periode beginnt mit Ablauf des Jahres, in dem die Revision vollendet wurde.

1. Die periodischen Mietsteuerrevisionen haben den Zweck, Ungleichheiten in der Besteuerung zwischen den Gemeinden und innerhalb der Gemeinde selbst zu vermeiden. Die erste Revision fand 1911 statt. — Wegen des Beginns der Wirkung s. nunmehr § 29 a Abs. 1.

§ 29a[2]).

(§§ 3, 4 VB. 1922.) I **Mietsteuerrevisionen im Sinne der §§ 28 und 29 wirken erst vom Beginne des ihrer Durchführung folgenden Rechnungsjahres ab**[1]).

II **Die im Hinblick auf § 29 Abs. I Satz 2 im Jahre 1921 mit Wirkung vom Jahre 1922 ab durchzuführende allgemeine Mietsteuerrevision hat erst im Jahre 1923 mit Wirkung vom Beginne des Rechnungsjahres 1924 ab stattzufinden**[3]).

1. Der Paragraph wurde durch das Abänderungsgesetz 1921 eingefügt.

2. Die Begr. (S. 439) bemerkt hiezu: Die örtliche Revision der Haussteuer, wie sie von den Beteiligten und von der Steuerbehörde unter den Voraussetzungen des § 28 Abs. I beantragt werden kann und die allgemeine Revision der Mietsteuer, wie sie gemäß § 29 Abs. 1 Satz 2 in allen Gemeinden und Ortschaften, in denen die Mietsteuer eingeführt ist, von zehn zu zehn Jahren zu wiederholen ist, würden ohne eine anderweitige gesetzliche Vorschrift vom 1. Januar des der Durchführung der Revision folgenden Kalenderjahres in Kraft treten. Es erscheint aber aus praktischen Gründen angezeigt, die Wirksamkeit der Änderungen in der Steuerart oder der Neueinschätzung erst vom Beginne des folgenden Rechnungsjahres — d. h. vam 1. April des der

---

*) [ ] Gestrichen gem. Abänderungsgesetz 1919.

Vollendung der Revision folgenden Kalenderjahres ab — gesetzlich festzulegen. Die Verlegung der Wirksamkeit der Ergebnisse einer Revision hat vor allem den Vorzug, daß alle im Rechnungsjahre sich vollziehenden Änderungen im speziellen Änderungsausweise durchgeführt werden können und daß der Beginn des neuen Rechnungsjahres auch als der maßgebende Zeitpunkt für die Bemessung der Gemeindeumlagen bestimmt ist. Der Zeitpunkt für die Bemessung der Gemeindeumlagen würde sodann mit dem Zeitpunkt der Verwertung des Ergebnisses der jeweiligen Haussteuerrevision zusammenfallen, was unter allen Umständen zu einer wesentlichen Vereinfachung des Verfahrens beitragen dürfte.

3. Gem. § 29 mit § 26 VV. 1911 wäre die nächste allgemeine Revision der Mietsteuer für das Jahr 1921 vorzunehmen gewesen. Da aber bei der derzeitigen Überlastung der Finanzämter und bei dem Mangel an Personal eine Erledigung dieser Aufgabe nicht möglich gewesen wäre, wurde die Revision auf das Jahr 1923 verschoben. Ob freilich die bis dahin erhoffte Besserung des Geschäftsstands der Finanzämter eintritt, ist eine andere Frage.

[§ 30.]*)

Bis zur Einführung der durch das gegenwärtige Gesetz bestimmten Haussteuer werden jene Steuern forterhoben, welche dermal unter verschiedenen Benennungen von Gebäuden jeder Art entrichtet werden.

[§ 31.]*)

I Die neue Haussteuer wird gleichzeitig mit der definitiven Grundsteuer eingeführt.

II Da, wo große Ungleichheiten in der bestehenden Häuserbesteuerung eine frühere Regulierung der neuen Haussteuer erheischen, bleibt diese bezüglich der Häuser der Kategorie lit. a § 4 Abs. I der Regierung vorbehalten.

[§ 32.]*)

Für jene Gemeinden des Reichs, in welchen das Grundsteuerdefinitivum bereits eingeführt ist, muß nach den Bestimmungen des gegenwärtigen Gesetzes ein neues Haussteuerkataster angelegt und hiernach sodann die Haussteuer erhoben werden.

§ 33.

(§ 27 VV. 1911, § 2 VV. 1918, § 5 VV. 1922.) I Für neu aufgeführte Gebäude beginnt die Steuerpflicht mit Ablauf des dem Jahre, in dem der Neubau vollendet wurde[1]) folgenden Kalenderjahrs[2]).

[3]) II Ist das neuaufgeführte Gebäude ein Kleinwohnungsbau für die minderbemittelte Bevölkerung oder zur Ansiedelung landwirtschaftlicher Arbeiter, für den die im Art. 14 des Gesetzes, die Landeskulturrentenanstalt betreffend in der Fassung der Bekanntmachung vom 31. März 1908 aufgeführten Merkmale zutreffen, so beginnt die Steuerpflicht mit Ablauf der dem Jahre, in dem der Neubau vollendet wurde, folgenden sechs Kalenderjahre [4—8]).

III Enthält der Kleinwohnungsbau (Abs. II)[9]) nicht mehr als sechs Wohnungen[10]) oder ist er von einer Gemeinde[11]) oder von einer rechtsfähigen gemeinnützigen Vereinigung hergestellt, die sich mit der Erbauung,

*) Einführungs- und Übergangsvorschriften zum Gesetze vom 15. August 1828.

Beschaffung oder Verbesserung von Wohnungen für die minderbemittelte Bevölkerung befaßt [12]), so beginnt die Steuerpflicht mit Ablauf der dem Jahre, in dem der Neubau vollendet wurde, folgenden zwölf Kalenderjahre. Das gleiche gilt für Wohnungsbauten, die von einer Gemeinde oder einer rechtsfähigen gemeinnützigen Vereinigung zur Unterbringung von einzelstehenden, der minderbemittelten Bevölkerung angehörigen Personen hergestellt werden, wenn für die einzelne Person nicht mehr als ein Zimmer bereitgestellt ist [13]). Eine Vereinigung gilt nicht als gemeinnützig wenn satzungsgemäß die Einzahlungen der Mitglieder mit mehr als fünf vom Hundert verzinst werden oder den Mitgliedern im Falle der Auflösung mehr als die Einzahlungen ausgeantwortet wird [14]).

IV Für Kleinwohnungsbauten und Wohnungsbauten der im Abs. III Satz 2 bezeichneten Art, die in der Zeit vom 1. April 1918 bis zum Ablaufe des dritten dem allgemeinen Friedensschlusse folgenden Kalenderjahrs erbaut und fertiggestellt werden, beginnt die Steuerpflicht mit Ablauf der dem Jahre, in dem der Neubau vollendet wurde, folgenden 18 Kalenderjahre. Nach Beginn der Steuerpflicht ist für die Dauer der anschließenden sieben Kalenderjahre nur die Hälfte der Jahressteuer zu veranlagen [14]).

V **Die in den Abs. II, III und IV für neu aufgeführte Kleinwohnungsbauten gewährten steuerlichen Vergünstigungen genießen auch die in Stockwerksaufbauten und Dachgeschossen solcher Gebäude seit dem 1. April 1918 eingebauten Kleinwohnungen sowie Kleinwohnungen, die durch inneren Umbau bereits vorhandener bisher nicht Wohnungszwecken dienender Gebäude neu geschaffen werden** [15]).

VI Die Vorschriften der Abs. II, III, IV, V finden nur solange Anwendung, als die dort bezeichneten Voraussetzungen erfüllt bleiben; außerdem wird die Steuer vom nächsten Kalendervierteljahr an zugeschrieben [16]).

Literatur: Stenger, Die Haussteuervergünstigungen für Kleinwohnungsbauten. Nach der Rechtsprechung des B. Verwaltungsgerichtshofs, Bl. f. adm. Praxis Bd. 67, S. 193.

Kennerknecht, Die zeitweilige Befreiung der Kleinwohnungsbauten nach bayer. Haussteuergesetz, BlfBF. Bd. 28, S. 41 ff.

1. Die Vollendung eines Neubaues ist dann anzunehmen, wenn dieser sich der Hauptsache nach in einem Zustande befindet, welcher die Benützung zu jenen Zwecken gestattet, für welche er hergestellt ist. VGH. 13, 475; 15, 63; 28, 125. Der Hauptsache nach kann ein Gebäude sich in einem für seine Zwecke benutzbaren Zustand befinden, sowohl dann, wenn an demselben noch einige qualitativ weniger bedeutende Arbeiten im Rückstand sind, wie auch dann, wenn quantitativ die Benützbarkeit im Verhältnis zur Größe des Gebäudes und der Anzahl seiner Räume nur in einem kleinen und deshalb nicht in Betracht zu ziehenden Teile desselben noch nicht möglich ist. Vgl. VGH. 28, 125.

2. Beispiel: Bauvollendung 1920; Beginn der Haussteuerpflicht: 1. Januar 1922.

3. Abs. II—V bezwecken die Förderung des Kleinwohnungsbaues durch Gewährung von Steuerfreijahren. Die verschiedenen Fälle, die in den einzelnen Absätzen geregelt sind, sind aus § 5 der VB. 1922 ersichtlich. Die Befreiungsbestimmungen beziehen sich nicht nur auf Neubauten, sondern auch auf Zubauten und innere Neubauten, sofern sie nicht schon vor dem 1. Januar 1909 vollendet worden sind (Art. 1 Abs. II des EinfGes. vom 14. August 1910, GVBl. S. 578), die Bestimmungen gelten sowohl für Miet- wie für Arealsteuerobjekte (vgl. § 34 III, Schlußhalbsatz). Die Belehnung eines Gebäudes von der Landeskulturrentenanstalt nach Maßgabe des Landeskulturrentengesetzes ist für die Frage der Gewährung von Steuerfreijahren nicht ausschlaggebend. VGH 36, 148.

4. Beurteilungsgegenstand ist jedes einzelne Gebäude für sich (eine Ausnahme besteht nur hinsichtlich der von gemeinnützigen Vereinigungen erbauten Häuserblocks. Hiewegen s. Anm. 11 nachst.). Bei der Frage nach der Selbständigkeit aneinander angebauter Häuser ist das Hauptgewicht auf das Bestehen einer inneren Verbindung und auf die Art und den Umfang dieser Verbindung zu legen. Daß für 2 solcher Häuser nur ein gemeinsamer Zugang von der Straße aus vorhanden ist, spricht in keiner Weise gegen die Selbständigkeit beider Bauten. Auch dem Umstande, daß die die beiden Häuser trennende Mauer den Erfordernissen einer Brandmauer im Sinne des § 16 der Bauordnung vom 3. August 1910 nicht vollkommen entspricht, könnte eine ausschlaggebende Bedeutung nicht beigemessen werden. BlfVF. 24, 98.

5. Voraussetzung der für die Anwendbarkeit des Abs. II ist also, daß der Neubau ein Kleinwohnungsbau ist und daß er für die minderbemittelte Bevölkerung oder zur Ansiedelung landwirtschaftlicher Arbeiter bestimmt ist.

6. Als Kleinwohnungsbauten sind in der Regel nur solche Wohnungsbauten anzusehen, in welchen die selbständigen Einzelwohnungen nicht mehr als 3 Zimmer nebst Küche und Zubehör umfassen.

Zum Begriff der Selbständigkeit der Einzelwohnung gehört, daß die Einzelwohnung in ihren wesentlichen Bestandteilen und mit dem notwendigen Zubehör für sich abgeschlossen und nur dem Inhaber dieser Einzelwohnung zugänglich ist. VGH. 36, 35. Für die Beurteilung des Umfangs der selbständigen Einzelwohnungen (Zimmerzahl) wie auch in Ansehung der Mietpreise ist die bauliche Einteilung d. i. der tatsächliche Bestand der baulich je zu einer selbständigen Einzelwohnung zusammengeschlossenen Räume maßgebend, wie er als dauernder Zustand beabsichtigt ist. Die Art der tatsächlichen Vermietung der Wohnungen ohne gleichzeitige Veränderung der baulichen Einteilung (Vergebung von Wohnungen in Teilen an zwei oder mehrere Parteien oder umgekehrt Vergebung von mehreren Wohnungen oder von Teilen mehrerer Wohnungen an eine Partei) kommt für die Beurteilung des Bestandes der selbständigen Einzelwohnungen eine maßgebende Bedeutung nicht zu. VGH. 37, 77.

Unzutreffend und in Widerspruch mit vorstehender Entscheidung hat der VGH. in der oben zit. Entsch. Bd. 36 S. 35 die Eigenschaft eines Kleinwohnungsbaues bei Vergebung einer Dreizimmerwohnung ohne bauliche Trennung an 2 Mietparteien um deswillen verneint, weil auf diese Weise der durch die Steuervergünstigung der Kleinwohnungsbauten bezweckten Verbesserung der Wohnungsverhältnisse der minderbemittelten Bevölkerung in gesundheitlicher und sittlicher Beziehung entgegengearbeitet würde.

Ob ein Raum als Zimmer oder als Wohnungszubehör anzusehen ist, ist im Einzelfall nach der Verkehrsanschauung zu entscheiden. Zum Wohnungszubehör gehört allgemein nach der Verkehrsauschauung Bad, Abort, Keller und Speicher, ferner die Waschküche, die Speisekammer und gemeinhin als „Kammern“ bezeichnete kleine Nebengelasse. Im übrigen verliert ein als Zimmer zu erachtender Raum diese Eigenschaft nicht dadurch, daß der Wohnungsinhaber den Raum zu Wohnzwecken nicht benützt, während umgekehrt z. B. kleine Nebengelasse (Kammern) selbst dann zum Wohnungszubehör gerechnet werden, wenn sie etwa im Bedarfsfalle beim Mangel der erforderlichen Zahl von Zimmern als Schlafstätte tatsächlich verwendet werden. Vgl. die vorstehend zit. VGH. 36, 148. Ein Zimmer ist dann als gegeben zu erachten, wenn nach der ganzen Bauweise, Einteilung und Ausstattung des Gebäudes und der in ihm befindlichen Wohnungen anzunehmen ist, daß der betreffende Raum vermöge seiner Ausmaße, Belichtung und Luftzufuhr dauernd zur Benützung als Wohn- oder Schlafraum und nicht bloß als Nebenraum zur Hinterstellung von Hausgerätschaften u. dergl. oder zu anderen nebensächlichen Zwecken bestimmt ist. Die Heizbarkeit eines Raumes ist kein unentbehrliches Merkmal für den Begriff des Zimmers. Auch Räume mit schrägen Wänden in Dachgeschossen können als Zimmer in Betracht kommen.

In der Regel sind als Kleinwohnungsbauten nur solche Wohnungsbauten anzusehen, in welchen die selbständigen Einzelwohnungen nicht mehr als 1 Zimmer nebst Küche und Zubehör umfassen; die Eigenschaft eines Kleinwohnungsbaues geht jedoch einem Wohnungsgebäude dadurch nicht verloren, daß ausnahmsweise die eine oder andere Wohnung 4 Zimmer umfaßt, VGH 34 263; 36, 148 (vgl. auch § 27 II der VB. 1911). Hienach kann das den Beurteilungsgegenstand bildende Gebäude eines Privaten oder einer nicht zu den rechtsfähigen gemeinnützigen Vereinigungen im Sinne des Abs. III gehörigen Gesellschaft oder Vereinigung (vgl. Anm. 11 nachst.), das ausschließlich 4 Zimmer-Wohnungen enthält, als Kleinwohnungsbau nicht betrachtet werden, wenn nicht ganz besondere Umstände des Einzelfalls eine Ausnahme rechtfertigen. VGH. 37, 77. Ein Gebäude, das eine 5 Zimmer-Wohnung enthält, kann als Kleinwohnungsbau keinesfalls anerkannt werden. VGH. 36, 148. — Die Kleinwohnungsbaueigenschaft wird auch dann nicht berührt, wenn der eine oder andere Raum gewerblichen Zwecken dient. Vgl. § 27 VB. 1911 und Anm. 12 nachst. Das Gleiche gilt bei Verwendung des einen oder anderen Raumes zu gemeinnützigen Zwecken. VGH. 35, 75.

7. Der Kleinwohnungsbau muß für die minderbemittelte Bevölkerung bestimmt sein. Zur minderbemittelten Bevölkerung gehören die Arbeiter, kleine Handwerker, niedere Beamte und Bedienstete und solchen gleichstehende Personen (nicht aber die sogen. mittleren Beamten). Ob der Kleinwohnungsbau für diese Bevölkerungskreise bestimmt ist, bemißt sich nach der Lage und Umgebung des Hauses, nach der Zahl und Größe der Wohnräume, nach ihrer Bauweise, Ausstattung und Zweckdienlichkeit und insbesondere nach dem sich hieraus ergebenden Mietpreis (Mietwert) der selbständigen Einzelwohnungen. Maßgebend ist — z. B. bei Änderungen — der mit rechtlicher Wirksamkeit für die Beteiligten vereinbarte Mietpreis. Dieser muß innerhalb der Kaufkraft der minderbemittelten Bevölkerung liegen, d. h. ihrer Leistungsfähigkeit entsprechen. VGH. 34, 263; 38, 1. Daß das Gebäude ausschließlich von Minderbemittelten bewohnt wird, ist nicht erforderlich. VGH. 34, 263.

Für die Entscheidung der Frage, welche Wohnungsmietpreise als noch in der Kaufkraft der minderbemittelten Bevölkerung gelegen anzusehen sind, sind nur die Verhältnisse in jener Gemeinde maßgebend, in der das von der Haussteuer zeitweilig zu befreiende Gebäude gelegen ist. VGH. 38, 1.

Ob die Voraussetzungen für die Anerkennung eines Gebäudes als Kleinwohnungsbauten für die minderbemittelte Bevölkerung noch gegeben sind, wenn einige oder einzelne Wohnungen um einen die Kaufkraft der minderbemittelten Bevölkerung übersteigenden Mietpreis vergeben sind, hängt davon ab, daß das Gebäude mit Rücksicht auf die Zahl und den Umfang der die Kaufkraft der minderbemittelten Bevölkerung übersteigenden Wohnungen im Verhältnis zur Gesamtzahl der Wohnungen in seinem überwiegenden Teile nach der Beschaffung von Wohnungen für die minderbemittelte Bevölkerung zu dienen bestimmt ist. BlfBF. 25, 118.

8. Die Voraussetzungen für die Steuerbefreiung müssen in dem Zeitpunkt gegeben sein, in welchem im Normalfall die regelmäßige Steuerpflicht gem. § 33 I zu beginnen hätte. Maßgebend ist daher regelmäßig die Mieteinschätzung durch die Haussteuertaxatoren event. das im gesetzlichen Reklamationsverfahren berichtigte Ergebnis der Mieteinschätzung, beim etwaigen Mangel einer solchen Einschätzung aber das Mieterträgnis nach dem Stande vor Beginn der regelmäßigen Steuerpflicht gem. § 33 I Haussteuergesetz. VGH. 36, 141.

9. Aus der Bezugnahme auf § 33 II in Abs. III ergibt sich, daß auf ein Gebäude, für welches die weitergehende 12jährige Steuerbefreiung nach Abs. III des § 33 in Anspruch genommen wird, auch die Begriffsbestimmung des Kleinwohnungsbaus für die mindermittelte Bevölkerung gem. Abs. II zutreffen muß. VGH. 35, 75; 36, 148; 37, 77.

10. Außer den allgemeinen Voraussetzungen gem. Abs. II muß es sich um ein Kleinhaus (Bürgerhaus) handeln. Das ist der Fall, wenn es nicht mehr als 6 selbständige Einzelwohnungen enthält, wobei jedoch der VGH. an den Begriff der Selbständigkeit höhere Anforderungen stellt als beim Kleinwohnungsbau nach Abs. II. Vgl. die Entsch. BlfBF. 24, 217, die einen Abort für jede Einzelwohnung verlangt. Auch das Familienhaus, das vom Eigentümer selbst bewohnt wird, gilt als Kleinhaus, wenn es als Kleinwohnungsbau im Sinne des Gesetzes zu erachten ist; letzteres trifft namentlich dann nicht zu, wenn die Wohnung außer dem Zubehör mehr als 3 Zimmer umfaßt. (Vgl. Anm. 6 vorst.).

11. Die Voraussetzung, daß der Kleinwohnungsbau von einer Gemeinde hergestellt sein muß, ist nicht erfüllt, wenn die Herstellung lediglich auf deren Anregung erfolgt. BlfBF. 29, 54.

12. Der Kleinwohnungsbau muß also von einer gemeinnützigen Baugesellschaft hergestellt sein. In Satz 3 des Abs. VI bestimmt das Gesetz, wann eine Gemeinnützigkeit nicht gegeben ist. Der Verzinsungssatz wurde mit Abänd.-Ges. 1918 von 4 auf 5 % erhöht. Erfordert wird, daß sich die Vereinigung satzungsmäßig und tatsächlich mit der Erbauung, Beschaffung oder Verbesserung von Wohnungen für die minderbemittelte Bevölkerung befaßt. Da die sogen. mittleren Beamten im allgemeinen der minderbemittelten Bevölkerung im Sinne des § 33 II, III nicht beigezählt werden können (vgl. Anm. 5 vorst.), kann eine der Förderung des Wohnungswesens für mittlere Beamte dienende rechtsfähige gemeinnützige Vereinigung als Vereinigung im Sinne des Abs. III nicht angesehen werden. VGH. 38, 1.

Bei der gemeinnützigen Baugesellschaft zieht der VGH. — im Gegensatz zu den von Privaten und sonstigen Baugesellschaften errichteten Gebäuden — in ständiger Rechtsprechung (34, 269; 35, 12; 36, 148; 38, 1) mit Rücksicht auf die gemeinnützige Tendenz der Gesellschaft für die Beurteilung, ob die Voraussetzungen des Kleinwohnungsbaues gem. Abs. II gegeben sind, namentlich auch in Bezug auf die Anzahl der 4 Zimmerwohnungen im Verhältnis zu den 3 Zimmerwohnungen und die Benützung einzelner Räume zu gewerblichen Zwecken, das gesamte Unternehmen in Betracht. Anlangend insbesondere die Benützung einzelner Räume zu gewerblichen Zwecken, so ist der Betrieb einer Schankwirtschaft, Bäckerei und dergl. in einem zum Gebäudeblock einer gemeinnützigen Baugesellschaft gehörenden Gebäude dessen Anerkennung als Kleinwohnungsbau dann nicht abträglich, wenn der Wirtschaftsbetrieb u. s. w. seiner ganzen Einrichtung nach im wesentlichen den Bedürfnissen des Kleinwohnungsblocks, dessen Bestandteil er ist, angepaßt d. h. in der Hauptsache auf den Kundenkreis aus dem Bereich des Blocks beschränkt ist. VGH. 36, 13; 35, 68. In letzterer die

Eigenschaft eines Kleinwohnungsbaues mit Rücksicht auf die in einem Gebäude des Kleinwohnungsblocks betriebenen Wirtschaft ablehnenden Entsch. ist noch ausgesprochen, daß auch bei Inbetrachtnahme des Gesamtunternehmens als einheitlichen Beurteilungsgegenstands für jedes einzelne Gebäude, im Rahmen des Gesamtunternehmens beurteilt, die Voraussetzungen des § 33 II, III HSstGes. erfüllt sein müssen d. h. das Gebäude muß — im Rahmen des Gesamtunternehmens — noch als Kleinwohnungsbau für die mittelbemittelte Bevölkerung gelten können.

13. Satz 2 des Abs. III wurde mit AbändGes. 1918 eingefügt und bezweckt die Privilegierung der Wohnungsbauten, die von einer Gemeinde oder einer rechtsfähigen gemeinnützigen Vereinigung — also im Gegensatz zu Satz 1 nicht nur einer Baugesellschaft — zur Unterbringung von einzelstehenden, der minderbemittelten Bevölkerung angehörigen Personen bestimmt sind, wenn für die einzelne Person nicht mehr als ein Zimmer bereitgestellt ist. Die Bestimmung kommt hienach auch den Vereinen der Caritas zu gut. In Betracht kommen Ledigenheime, Kriegswaisenheime, Fabrikschlafhäuser, Invalidenheime, Handwerkerherbergen, Gesellenhäuser, Mädchenasyle, Dienstbotenheime, Altersheime u. s. w. (soweit nicht auf Grund des § 2 vollständige Steuerbefreiung eintritt!).

14. Abs. IV wurde gleichfalls mit Abänderungsgesetz 1918 eingefügt. Die Begünstigung erstreckt sich lediglich auf die in der Zeit vom 1. April 1918 bis 31. Dezember 1923 erbauten und fertiggestellten Kleinwohnungsbauten und Ledigenheime u. s. w., nicht also auf die vor dem ersteren Zeitpunkt begonnenen oder nach dem letzteren Zeitpunkt vollendeten Gebäude.

15. Abs. V wurde erst mit Abänderungsgesetz 1921 eingefügt. Wegen der Begr. s. § 5 II VollzBek. 1922. Voraussetzung der Begünstigung ist also, daß es sich entweder um Kleinwohnungen handelt, die in Stockwerksaufbauten und Dachgeschossen von Kleinwohnungsbauten seit dem 1. April 1918 eingebaut wurden oder um Kleinwohnungen, die durch inneren Umbau bereits vorhandener bisher nicht Wohnungszwecken dienender Gebäude neu geschaffen wurden. Im ersteren Fall müssen die Gebäude, in die eingebaut wurde, die Voraussetzungen von Kleinwohnungsbauten erfüllen.

Bei allen seit dem 1. April 1918 eingebauten Dachgeschoßwohnungen u. s. w. wird zu prüfen sein, ob für den Beginn der Steuerpflicht die Vorschriften der Abs. I—IV Anwendung zu finden haben.

16. Wegen der Zuständigkeit in Streitfällen s. Anm. 26 zu § 2 und VGH. 35, 12.

§ 34[1]).

(§ 28 VV. 1911, § 5 VV. 1922.) **I Im Falle des gänzlichen Abbruchs oder der gänzlichen Zerstörung ist die Steuer vom nächsten Kalendervierteljahr an in Abgang zu bringen.**

II Änderungen an Mietsteuerobjekten, die nur einzelne Gebäudeteile betreffen, bewirken eine Ab- und Zuschreibung der Steuer lediglich in Ansehung der von der Änderung berührten Teile. Hierbei sind jedoch Änderungen geringeren Umfanges, durch welche die Mietertragsfähigkeit eine wesentliche Änderung nicht erleidet, für die Steuerpflicht ohne Einfluß. Die Abschreibung der Steuer erfolgt von dem auf den Eintritt der Änderung nächstfolgenden Kalendervierteljahrs an, die Zuschreibung im Falle des Zubaues neuer Gebäulichkeiten oder der Errichtung neuer Stockwerke oder des inneren Umbaues des ganzen Gebäudes oder einzelner Stockwerke in gleicher Weise wie bei neu aufgeführten Gebäuden (§ 33

Abs. I—V), in den übrigen Fällen, wenn für das Gebäude noch Steuerfreijahre laufen, mit deren Ablauf, außerdem von dem auf die Bauvollendung nächstfolgenden Kalendervierteljahr an, wobei jedoch der betreffende Gebäudeteil mindestens ein Kalendervierteljahr außer Besteuerung zu bleiben hat.

III Für die Veranlagung der Arealsteuer kommen Änderungen, die einzelne Gebäudeteile betreffen, nur dann in Betracht, wenn hierdurch die ursprüngliche Flächengröße in einem die Berechnung der Verhältniszahl beeinflussenden Maße verändert wird. Minderungen der Steuer, die sich durch derartige Änderungen oder durch eine anderweitige Verkleinerung der steuerpflichtigen Fläche ergeben, sind von dem auf die Änderung **nächstfolgenden Kalendervierteljahr** an und, wenn deren Zeitpunkt nicht **mehr bestimmt werden kann,** von dem auf den Zeitpunkt ihrer Feststellung **nächstfolgenden Kalenderjahr** an zu berücksichtigen; das Gleiche gilt von Mehrungen dieser Art, wenn für das Gebäude **oder Kleinwohnungen in ihm nicht** ohnehin noch Steuerfreijahre (§ 33 **Abs. II—V)** laufen[2]).

1. Während § 33 Vorschriften hinsichtlich der Steuerpflicht für neu aufgeführte Gebäude trifft, regelt § 34 die steuerliche Behandlung im Falle des Abbruchs oder der Zerstörung von Gebäuden oder Gebäudeteilen, dann im Falle der sonstigen Veränderungen von Haussteuerobjekten durch Anbauten, Umbauten, Aufbau von Stockwerken, Verkleinerung oder Vergrößerung der arealsteuerpflichtigen Flächen u. dgl.

2 Die Einschaltungen und Ergänzungen der Klammerhinweise in § 34 stellen nunmehr klar, daß Zubauten und innere Umbauten den Neubauten gleichzubehandeln sind. Dies war bisher zweifelhaft, weil aus der Anführung des § 33 allein in Abs. II der Schluß gezogen wurde, daß nur § 33 Abs. I des Ges. in Bezug genommen werden wollte, während im § 34 Abs. III S. 2 Halbs. 2 mit Rücksicht auf seine Fassung unter allen Umständen die Abs. II, III, IV gemeint sein müßten. (Begr. S. 440.)

§ 35.

(§ 29 VB. 1911.) Die Gemeindebehörden **sind verpflichtet,** nach **Maßgabe** der Anordnungen der Staatsregierung über Neubauten, **Bauänderungen** und sonstige **Tatsachen,** die nach den §§ 33, 34 auf die **Steuer von Einfluß sind, Anzeige zu erstatten,** und auf **Verlangen nähere Aufschlüsse zu erteilen.**

§ 36.

(§ 32 Abs. II u. III VB. 1911, §§ 6, 7, 9 VB. 1922.) Die Haussteuer wird mit je einem Vierteile der Jahresschuldigkeit am 1. Januar, 1. April, 1. Juli und 1. Oktober fällig. Den Zeitpunkt der Entrichtung bestimmt die Staatsregierung. **Von diesem Zeitpunkt an sind bei nicht rechtzeitiger Zahlung Zinsen zu fünf vom Hundert vom Jahre des geschuldeten Betrags zu entrichten soweit durch die Vollzugsvorschriften nichts anderes bestimmt wird.**

1. Die beiden Zeitpunkte der Fälligkeit und Entrichtung sind auseinanderzuhalten. Der Unterschied kommt zur praktischen Geltung beim Art. 122 AG.

BGB. betr. die dingliche Haftung des Grundstücks; der Zeitpunkt der Fälligkeit ist von Bedeutung für das Vorrecht in der Zwangsversteigerung und Zwangsverwaltung. Vgl. Anm. 4 zu § 1.

Nachholungen bei unterbliebener Veranlagung sind innerhalb der Verjährungsfrist unbeschränkt zulässig, soweit von denselben nicht wegen Geringfähigkeit abgesehen wird. § 9 der VB. 1922. Die Verjährung bemißt sich nach § 124 AGBGB. bezw. hinsichtlich der Rückvergütungen nach § 125 AGBGB. Vgl. auch hinsichtlich letzterer § 9 der VB. 1922. Die gem. § 124 AGBGB. für den Beginn der Verjährung erforderte Liquidität wird bei der Arealsteuer die Ausweisung des Zugangs an steuerbarer Arealfläche in einem Messungsverzeichnis und bei der Mietsteuer die Feststellung des steuerbaren Mieterträgs durch die Haussteuertaxatoren voraussetzen (vgl. v. Breunig, Anm. 2).

2. Satz 3 wurde mit Abänderungsgesetz 1921 beigefügt. Die Erhebung von Verzugszinsen bei nicht rechtzeitiger Steuerzahlung, wogegen andererseits dem Pflichtigen ein Anspruch auf Verzinsung zu Unrecht bezahlter Beträge zusteht (s. § 37 Abs. 2), entspricht den Grundsätzen des modernen Steuerrechts. Vgl. §§ 104, 128, 129, 132 ReichsabgO.

§ 37.

(§§ 8, 10 VB. 1921.) I **Haussteuerbeträge können in einzelnen Fällen niedergeschlagen werden, wenn ihre zwangsweise Beitreibung die Steuerpflichtigen in ihrem wirtschaftlichen Fortkommen gefährden, ferner wenn das Beitreibungsverfahren voraussichtlich ohne Erfolg sein würde oder wenn die Kosten der Beitreibung außer Verhältnis zu dem beizutreibenden Steuerbetrage stehen würden[1].**

II **Sind Haussteuern zu Unrecht bezahlt und aus diesem Grunde zu erstatten, so sind sie, wenn sie den Betrag von 300 Mark übersteigen, von der Entrichtung an mit fünf vom Hundert vom Jahre zu verzinsen. Zinsbeträge unter zehn Mark werden nicht ausbezahlt[2].**

1. Die Niederschlagung von Haussteuerbeträgen wird grundsätzlich erst in Frage kommen, wenn das Vorrecht des Ärars im Falle der Zwangsversteigerung (§ 10 Abs. 1 Z. 3 ZVG.) erloschen ist.

2. Abs. 2 wurde mit Abänderungsgesetz 1921 eingefügt. Vgl. Anm. 2 zu § 36.

[§ 38.]*)**)

Mit dem Tage, an welchem die Einführung der neuen Haussteuer in einem Bezirke proklamiert sein wird, treten nicht nur die bisherigen Gesetze über Besteuerung der Gebäude außer Wirkung, sondern es hört zu gleicher Zeit auch die Familiensteuer der nach der Verordnung vom 10. Dezember 1814 zur siebenten, achten und neunten Klasse gehörigen Häuserbesitzer, Grundrentenbesitzer und Grundbesitzer auf.

VIII. Kapitel.

Steuernachlässe.

§ 39.

(§ 3 VB. 1918.) I **Nachlaß an der Mietsteuer wird auf Ansuchen gewährt, wenn Wohnungen oder Geschäftsräume, die zur Vermietung**

*) Einführungs- und Übergangsvorschriften zum Gesetze vom 15. August 1828.

**) Siehe Anmerkung * oben am Kopfe des Grundsteuergesetzes.

bestimmt sind, keinen Ertrag abgeworfen haben und der Mietentgang unter Zugrundelegung des katastermäßigen Mietertrags der ertragslosen Räume mindestens den sechsten Teil des katastermäßigen Mietertrags des Gebäudes beziffert.

II Der Nachlaß wird nach Maßgabe der Minderung des katastermäßigen Mietertrags festgesetzt. Hiebei sind an dem Betrage der Minderung etwaige Entschädigungen abzuziehen. Der Nachlaß wird nur für das Kalenderjahr bewilligt, in dem die Wohnungen oder Geschäftsräume ertragslos waren [1]).

1. Die Änderung der Vorschrift erfolgte mit Abänderungsgesetz 1918. Nach der nunmehrigen Fassung kommt es nicht mehr darauf an, ob ein Raum vermietet war oder nicht; nur die Tatsache ist entscheidend, daß ein Ertrag nicht gemacht wird. Auch für Mieträume, die vermietet sind, aber keinen Ertrag gebracht haben, z. B. wegen Uneinbringlichkeit der Mietzinse, ist der Nachlaß unter den sonstigen Voraussetzungen möglich. Ferner ist die Berechnung des Nachlasses gegen bisher vereinfacht. Vgl. Abs. III u. X der VB. 1918. Zu Abs. XI s. nunmehr § 10 VB. 1922.

§ 40.

(§ 3 VB. 1918.) Die Nachlaßgesuche sind beim Rentamte schriftlich oder mündlich anzubringen; sie müssen bei Meidung des Ausschlusses spätestens im Laufe der ersten sechs Monate des Jahres gestellt werden, das dem Kalenderjahre, für das der Nachlaß begehrt wird, folgt [1]). Die Feststellung der für die Begründung der Nachlaßgesuche in Betracht kommenden Voraussetzungen erfolgt nach den hierüber von der Staatsregierung ergehenden Anordnungen. Über die Gewährung des Nachlasses und über dessen Höhe entscheidet die Regierung, Kammer der Finanzen. Gegen deren Entscheidung ist Beschwerde an das Staatsministerium der Finanzen zulässig.

1) Die Erstreckung der Frist erfolgte mit Abänderungsgesetz. 1918.

Schlußbestimmungen.

[§ 41.]*)

I Die in den Text des gegenwärtigen Gesetzes aufgenommenen Vorschriften des Gesetzes vom 19. Mai 1881, einige Abänderungen an den Gesetzen über die allgemeine Grund- und Haussteuer betreffend, treten am 1. Januar 1882 mit der Bestimmung in Kraft, daß die nach § 31 Abs. II**) veranlaßten Anträge schon vor dem erwähnten Einführungstermin innerhalb des dortselbst besonders bestimmten Zeitraums zu stellen sind.

II Von dem gleichen Tage an sind aufgehoben:

a) das Gesetz vom 28. Dezember 1831, den § 5 des Haussteuergesetzes betreffend, soweit sich dasselbe noch in Geltung befindet, ferner das Gesetz vom 25. Juli 1850, die Haussteuer betreffend;

b) das Gesetz vom 10. Januar 1856, den § 33 des Haussteuergesetzes vom 15. August 1828 betreffend.

---

*) Einführungs- und Übergangsvorschriften aus Anlaß des Gesetzes vom 19. Mai 1881 (GVBl. S. 657).

**) In der Fassung der Bekanntmachung vom 10. Juni 1881 (GVBl. S. 698).

III Unbehindert bleibt der Auslauf jener Steuerfreijahre, welche unter der Geltung des früheren § 37 des Haussteuergesetzes vom 15. August 1828 bereits begonnen haben.

§ 42.

Unser Staatsministerium der Finanzen ist mit dem Vollzuge gegenwärtigen Gesetzes beauftragt, welches durch das Gesetz- und Verordnungsblatt des Königreichs verkündet werden soll[1]).

1. Wegen der Anlage neuer Haussteuerkataster und der rechnerischen Behandlung der Haussteuer s. die FinMinBek. vom 9. Juni 1911, FinMinBl. S. 445.

Vollzugsvorschriften zum Haussteuergesetz.

1. Bekanntmachung der K. Staatsministerien der Finanzen und des Innern zum Vollzuge des Haussteuergesetzes.

Vom 2. März 1911 (GVBl. S. 107).

Haussteuerfreiheit der Staatsgebäude.

§ 1. I Unter den Staatsgebäuden, die nach § 2 Abs. I Ziff. 2 des Gesetzes Befreiung von der Haussteuer genießen, sind die Gebäude des bayerischen Staates zu verstehen. Hierzu zählen auch die Gebäude, die zur K. Zivilliste gehören. Für die bayerischen Staatsgebäude mit Einschluß der zivillistischen Gebäude sind zur Begründung der Umlagenpflicht die Haussteuerverhältniszahlen auszumitteln und im Kataster vorzumerken. Diese Ermittelung und Vormerkung hat nach § 2 Abs. III des Gesetzes zu unterbleiben:

[a) für die Schlösser, die zur K. Zivilliste gehören] [1]).

b) für die Gebäude oder Gebäudeteile, die unmittelbar zur Erfüllung öffentlicher Aufgaben dienen, sowie für Dienstwohnungen, die zu der Erfüllung dieser Aufgaben in Beziehung stehen.

[II Unter den Schlössern der K. Zivilliste (Abs. I Buchst. a) sind die zivillistischen Gebäude inbegriffen, die sich nach ihrer Zweckbestimmung als Zugehörungen zu den Schlössern darstellen] [1]).

III Voraussetzung für die Umlagenfreiheit der Staatsgebäude (Abs. I Buchst. b) ist, daß sie unmittelbar zur Erfüllung öffentlicher Aufgaben dienen. Solche Aufgaben sind nicht in Frage bei den vom Staate betriebenen Gewerben (z. B. K. Bank, K. Hofbräuhaus) und Bergwerksunternehmungen, ebensowenig bei Staatsgebäuden, die der Erzielung einer Mietrente dienen. Dagegen sind den Staatsgebäuden, die unmittelbar zur Erfüllung öffentlicher Aufgaben dienen, die Dienstgebäude der staatlichen Verkehrsanstalten zuzuzählen.

IV Als Dienstwohnungen kommen solche Wohnungen in Betracht, die einem Beamten oder sonstigen Angestellten ausschließlich oder vorwiegend im Interesse des Dienstes bereitgestellt sind oder einen förmlichen Bestand-

---

1) S. Anm. 2 zu § 2.

teil seines Gehalts bilden. Dienstwohnungen in Staatsgebäuden sind umlagenfrei, wenn sie zu der unmittelbaren Erfüllung öffentlicher Aufgaben in Beziehung stehen. Hiernach ist umlagenfrei zu behandeln die Dienstwohnung eines Regierungspräsidenten, Gymnasialrektors, Bezirksamtmanns, Oberamtsrichters u. s. w., wogegen z. B. die Dienstwohnung des Direktors des Hofbräuamts der Umlagenpflicht unterliegt. Nicht erfordert wird zur Begründung der Umlagenfreiheit, daß die Dienstwohnungen in den der Erfüllung öffentlicher Aufgaben unmittelbar dienenden Staatsgebäuden sich befinden. Bloße Mietwohnungen in Staatsgebäuden sind umlagenpflichtig.

Haussteuerfreiheit der Gemeindegebäude usw.

§ 2. I Nach § 2 Abs. I Ziff. 5 des Gesetzes sind die Gebäude der Kreisgemeinden, der Distriktsgemeinden, der Gemeinden und der Ortschaften sowie der zur Durchführung der Arbeiterversicherung auf Grund der Reichs- oder der Landesgesetze errichteten Kassen, Berufsgenossenschaften und Versicherungsanstalten von der Haussteuer unter der Voraussetzung befreit, daß sie unmittelbar zur Erfüllung öffentlicher Aufgaben dienen. Gebäude oder Gebäudeteile, die der Erfüllung öffentlicher Aufgaben nur mittelbar in der Weise dienen, daß die Einnahmen aus vermieteten oder zu gewerblichen Zwecken benützten Räumen für die Erfüllung öffentlicher Aufgaben verwendet werden, unterliegen der Haussteuer. Beispielsweise werden die Gebäude gemeindlicher Elektrizitätswerke, Gasanstalten und Trambahnbetriebe in der Regel haussteuerpflichtig, dagegen gemeindliche Rat-, Feuer-, Leichen- und Schlachthäuser, soweit solche Häuser nicht der Erzielung einer Mietrente oder eines gewerblichen Gewinns dienen, haussteuerfrei zu behandeln sein.

II Dienstwohnungen in Gebäuden der Kreisgemeinden u. s. w. sind nach § 2 Abs. II des Gesetzes haussteuerfrei, wenn sie zu der unmittelbaren Erfüllung öffentlicher Aufgaben in Beziehung stehen. Haussteuerfrei ist z. B. die Dienstwohnung eines Bürgermeisters, mag sie sich im Rathaus oder in einem anderen Gemeindegebäude befinden. Hat dagegen der Direktor eines städtischen Gewerbes eine Dienstwohnung im Rathause, so entfällt der Anspruch auf Steuerfreiheit, da der Inhaber der Dienstwohnung mit der unmittelbaren Erfüllung öffentlicher Aufgaben nicht betraut ist. Bloße Mietwohnungen in Gebäuden der Kreisgemeinden u. s. w. sind haussteuerpflichtig.

Haussteuerfreiheit der Unterrichts- und Erziehungsgebäude.

§ 3. I Im § 2 Abs. I Ziff. 6 des Gesetzes ist Befreiung von der Haussteuer zunächst den unmittelbar zu Zwecken des Unterrichts oder der Erziehung dienenden Gebäuden, öffentliche Unterrichts- oder Erziehungsanstalten eingeräumt. Die Öffentlichkeit einer Unterrichts- oder Erziehungsanstalt setzt voraus, daß die Anstalt von einer juristischen Person des öffentlichen Rechtes betrieben wird.

II Weiterhin genießen Befreiung von der Haussteuer die unmittelbar zu Zwecken des Unterrichts oder der Erziehung dienenden Gebäude von Privatanstalten, die für öffentliche Unterrichts- oder Erziehungsanstalten Ersatz bieten und nicht Erwerbszwecke verfolgen. Dabei ist es ohne Belang, ob öffentliche Anstalten gleicher Art vorhanden sind oder nicht.

III Die Steuerfreiheit beschränkt sich auf die unmittelbar zu Zwecken des Unterrichts oder der Erziehung dienenden Gebäude oder Gebäudeteile, erstreckt sich aber nach § 2 Abs. II des Gesetzes auf Dienstwohnungen, die zu dem Zwecke, auf den die Steuerfreiheit sich gründet, in Beziehung stehen.

IV Haussteuerfrei sind auch Gebäude, die von Privaten für öffentliche Unterrichts- oder Erziehungszwecke unentgeltlich zur Verfügung gestellt werden.

Haussteuerfreiheit der Gebäude für öffentliche Wohltätigkeit und öffentliche Gesundheitspflege.

§ 4. I Gemäß § 2 Abs. I Ziff. 7 des Gesetzes sind haussteuerfrei zunächst Gebäude, die unmittelbar zu Zwecken der öffentlichen Wohltätigkeit dienen. Öffentliche Wohltätigkeit liegt vor, wenn der Abhilfe eines öffentlichen Mangels oder doch der Unterstützung wirklicher Hilfsbedürftigkeit dienende Wohltätigkeitszwecke verfolgt werden, deren Erfüllung sonst dem Staate oder einem gemeindlichen Verband obliegen würde. Als Gebäude, die unmittelbar zu Zwecken der öffentlichen Wohltätigkeit dienen, kommen z. B. in Betracht Armenasyle, Säuglingsheime, Findelhäuser, Waisenhäuser, Krüppelheime, Kleinkinderbewahranstalten, wenn im einzelnen Falle von dem Unternehmer nicht Erwerbszwecke verfolgt werden.

II Befreiung von der Haussteuer genießen weiterhin Gebäude, die unmittelbar zu Zwecken der öffentlichen Gesundheitspflege unter Ausschluß von Erwerbs- oder Sportszwecken dienen. Zwecke der öffentlichen Gesundheitspflege werden verfolgt, wenn Gebäude weiten Kreisen der Bevölkerung unmittelbar zu Zwecken der Gesundheitspflege dienen. Unter den bezeichneten Voraussetzungen sind z. B. Gebäude von Turn- und Badeanstalten haussteuerfrei zu behandeln.

III Die Steuerfreiheit beschränkt sich auf die unmittelbar zu Zwecken der öffentlichen Wohltätigkeit oder Gesundheitspflege dienenden Gebäude oder Gebäudeteile. Beispielsweise genießen die Steuerfreiheit, die für Turnhallen in Betracht kommt, jene Gebäuderäume nicht, die dem geselligen Verkehr oder dem Wirtschaftsbetriebe dienen. Die Steuerfreiheit erstreckt sich aber nach § 2 Abs. II des Gesetzes auf Dienstwohnungen, die zu dem Zwecke, auf den die Steuerfreiheit sich gründet, in Beziehung stehen. Von der Haussteuer befreit sind daher z. B. die Dienstwohnungen der Ärzte, Verwalter und Pfleger in haussteuerfreien Spitälern und Irrenanstalten.

Verfahren für die Befreiung von der Haussteuer.

§ 5. I Die Rentämter haben auf Grund der Kataster und der erforderlichenfalls einzuleitenden weiteren Erhebungen nicht bloß für die Miet- sondern auch für die Arealsteuergemeinden sorgfältig zu prüfen, welchen Gebäuden oder Gebäudeteilen nach § 2 des Gesetzes Anspruch auf Befreiung von der Haussteuer zusteht. Die veranlaßten Änderungen in der bisherigen steuerlichen Behandlung sind mit Wirksamkeit vom 1. Januar 1912 an durchzuführen. Änderungen, die sich hinsichtlich der Voraussetzungen für die Steuerveranlagung vom 1. Januar 1912 an ergeben, sind nach § 2 Abs. IV des Gesetzes von dem auf die Änderung nächstfolgenden Kalendervierteljahr an zu berücksichtigen. Die Befreiung von der Haussteuer hat, soweit nicht die Steuer für Staatsgebäude vorzumerken ist, die Umlagenfreiheit zur Folge.

II Ist bei einem Gebäude mit verschiedenen Verwendungszwecken eine Ausscheidung der haussteuerfreien und haussteuerpflichtigen Gebäudeteile nicht möglich, wie dies namentlich in Arealsteuergemeinden vorkommen kann, so ist bezüglich der Veranlagung zur Haussteuer die überwiegende Zweckbestimmung des Gebäudes maßgebend.

III Wird Befreiung von der Haussteuer auf Grund des § 2 des Gesetzes beansprucht, so hat im Streitfalle die Regierungsfinanzkammer über den Anspruch zu entscheiden. Die Entscheidung ist mit Gründen zu versehen und hat einen Ausspruch im Kosten- und Gebührenpunkte zu enthalten. Gegen die Entscheidung der Regierungsfinanzkammer ist innerhalb einer unerstrecklichen Frist von vierzehn Tagen, von Eröffnung der Entscheidung an gerechnet, Beschwerde an den Verwaltungsgerichtshof zulässig, der in letzter Instanz entscheidet. Vgl. Art. 10 Ziff. 26 und Art. 45 Abs. I bis III des Gesetzes vom 8. August 1878, betreffend die Errichtung eines Verwaltungsgerichtshofs und das Verfahren in Verwaltungsrechtssachen.

Mietsteuer und Arealsteuer.

§ **6**. I An jenen Orten, wo sich in wirklichen Mietbeständen genügende Anhaltspunkte für die Erhebung oder Einschätzung des Mietertrags ergeben, erfolgt die Besteuerung der Häuser nach der Miete (Mietsteuer gemäß § 4 Abs. I Buchst. a des Gesetzes).

II An Orten, für welche die vorerwähnte Voraussetzung nicht gegeben ist, unterliegen die Häuser der Besteuerung nach dem Flächeninhalte des überbauten und zu Hofräumen benützten Grund und Bodens (Arealsteuer gemäß § 4 Abs. I Buchst. b des Gesetzes).

III Befinden sich an Orten, in denen die Mietsteuer eingeführt ist, selbständige Nebengebäude oder mit dem Wohngebäude unter einem Dache stehende, jedoch nach ihrem Flächeninhalt ausscheidbare Anbauten, die nach ihrer baulichen Beschaffenheit, Einrichtung und Benützungsweise dem Betriebe der Landwirtschaft gewidmet sind, so unterliegen diese, auch wenn sie vermietet sein sollten, nicht der Miet-, sondern der Arealsteuer. Auf Nebengebäude oder Anbauten, die gewerblichen Zwecken gewidmet sind, findet diese Ausnahmebestimmung keine Anwendung. Vgl. § 4 Abs. I Buchst. b Satz 2 des Gesetzes.

Zulässige Abzüge bei der Mietsteuer.

§ **7**. I Nach § 4 Abs. II des Gesetzes darf im Falle der Besteuerung der Häuser nach der Miete für die Ausgaben des Hausbesitzes für Wasserzins, Kehrichtabfuhr, Fäkalienwegschaffung, Straßenreinigung, Kaminreinigung und für die Versicherung der Gebäude gegen Feuer und sonstigen Schaden ein angemessener Betrag vom Mietertrag in Abzug gebracht werden. Der Abzug ist zulässig, mag der Mietertrag durch Erhebung der Mietzinse vermieteter Häuser und Hausteile odder durch Einschätzung unvermieteter Häuser und Hausteile festgestellt werden, wenn die Entschädigung für die Ausgaben in der Miete inbegriffen, d. h. wenn der Mietertrag im Bruttobetrag ausgewiesen ist. Soweit es an dieser Voraussetzung mangelt, ist der Abzug ausgeschlossen. Der Abzug kann daher nicht stattfinden, soweit Ausgaben der bezeichneten Art von einem Mieter außer dem Mietzinse geleistet werden.

II Als ein den Ausgaben angemessener Betrag ist derjenige zu erachten, der dem wirklichen oder ortsüblichen Aufwand entspricht. Der ortsübliche Aufwand darf insbesondere in Abzug gebracht werden, wenn Arbeiten (Kehrichtabfuhr, Straßenreinigung u. s. w.), die Ausgaben der bezeichneten Art verursachen würden, vom Hausbesitzer selbst besorgt werden. Ausgaben, die Schwankungen unterliegen, dürfen im durchschnittlichen Jahresbetrag in Abzug gebracht werden. Soweit Ausgaben der bezeichneten Art auf Gebäude oder Gebäudeteile treffen, die nicht der Miet- sondern der

Arealsteuer unterliegen, kann ein Abzug nicht stattfinden. Ein Abzug ist auch ausgeschlossen, soweit Ausgaben der bezeichneten Art überhaupt nicht auf Hausbesitz entfallen. Hierher gehören Ausgaben für die Reinigung einer Straße, die sich außerhalb des Umgriffs des Gebäudes an einer langen Gartengrenze hinzieht, ferner Ausgaben eines Hausbesitzers, der im eigenen Gebäude ein Gewerbe betreibt, für den Verbrauch von Wasser zum Gewerbebetriebe (z. B. einer Bade- oder Waschanstalt) sowie für die Wegschaffung von gewerblichen Abfällen u. s. w. Die hiernach veranlaßte Ausscheidung der Ausgaben hat im Wege der Schätzung zu erfolgen.

III Ausgaben, deren Abzug vom Gesetze nicht ausdrücklich zugelassen ist, dürfen vom Mietertrage nicht abgezogen werden. Es sind daher insbesondere nicht abziehbar die Ausgaben für Instandsetzung, Instandhaltung, Verwaltung und Bewachung der Gebäude, für Schuldzinsen und dergleichen. Unter die abziehbaren Ausgaben für die Versicherung der Gebäude gegen sonstigen Schaden sind zu rechnen die Ausgaben für Versicherung der Gebäude gegen Wasser-, Frost- und Fensterschaden, nicht aber die Ausgaben des Hausbesitzers für Haftpflichtversicherung.

Berechnung der Haussteuerverhältniszahlen.

§ 8. I Die Berechnung der Haussteuerverhältniszahlen erfolgt in Mark ohne Bruchteil.

II Bei Berechnung der Mietsteuerverhältniszahl bleiben Pfennigbeträge bis zu einer halben Mark außer Betracht, von einer halben Mark an kommen sie mit der nächst höheren Markeinheit in Ansatz.

III Bei Berechnung der Arealsteuerverhältniszahl bleiben Flächenteile bis zu fünfzig Quadratmeter außer Betracht, von fünfzig Quadratmeter an werden sie auf das nächst höhere Ar aufgerundet.

Aufstellung von Kommissären und Obertaxatoren für die Veranlagung der Mietsteuer.

§ 9. I Die Veranlagung und Revision der Mietsteuer erfolgt unter Leitung der Regierungsfinanzkammer, welche die Kommissäre abordnet und die Obertaxatoren ernennt. Als Kommissär und Obertaxator ist in der Regel der Rentamtsvorstand aufzustellen. Unter besonderen Verhältnissen, insbesondere zur Durchführung der Mietsteuerrevision in Städten mit mehr als 40 000 Einwohnern, in denen zur Förderung der Revision mehrere Schätzungsbezirke zu bilden sind, ist die Regierungsfinanzkammer ermächtigt, hinsichtlich der Abordnung eines Kommissärs und der Ernennung der Obertaxatoren anderweitige Verfügung zu treffen.

II Bei der Ernennung der Obertaxatoren ist darauf Bedacht zu nehmen, daß zur Bildung des Kompromißgerichts (§ 26 des Gesetzes) mit den örtlichen Verhältnissen vertraute Obertaxatoren in ausreichender Anzahl zur Verfügung stehen.

Wahl von Taxatoren für die Veranlagung der Mietsteuer.

§ 10. I Zur Mieteinwertung werden für jede Mietsteuergemeinde besondere sachverständige Taxatoren verwendet. Die Zahl der Taxatoren hat die Regierungsfinanzkammer nach Einvernahme des Rentamts festzustellen. Bei Bemessung der Zahl ist davon auszugehen, daß in die Schätzungskommission in der Regel zwei Taxatoren berufen werden, und darauf Rücksicht zu nehmen, daß im Falle der Stimmengleichheit, ferner bei Erkrankung oder sonstiger

Verhinderung von Taxatoren Ersatzmänner beizuziehen und bei der Bildung des Kompromißgerichts auch Taxatoren zur Auswahl zu stellen sind, die bei der ursprünglichen Mieteinwertung nicht verwendet waren.

II Die bisher gewählten Taxatoren haben sich zum Zwecke ihrer ferneren Verwendung einer neuen Wahl nicht zu unterziehen. Sind weitere Taxatoren erforderlich, so hat das Rentamt deren Wahl zu veranlassen, sobald die Zahl der Taxatoren von der Regierungsfinanzkammer festgesetzt ist.

III Die Wahl der Taxatoren erfolgt für Gemeinden mit städtischer Verfassung durch die in einen Wahlkörper vereinigten Gemeindekollegien unter Leitung des Bürgermeisters, für andere Gemeinden durch die Gemeindeverwaltung. Bei der Wahl entscheidet relative Stimmenmehrheit und bei Stimmengleichheit das Los.

Eid der Taxatoren und Obertaxatoren.

§ 11. I Der Kommissär hat den Taxatoren und den nicht bereits als Staatsbeamten vereidigten Obertaxatoren bei Beginn ihrer Tätigkeit den nachstehenden Eid abzunehmen:

„Ich schwöre bei Gott dem Allmächtigen und Allwissenden, daß ich als Taxator (als Obertaxator) die Vorschriften des Haussteuergesetzes befolgen und meine Obliegenheiten ohne Ansehen der Person nach bestem Wissen und Gewissen erfüllen werde, so wahr mir Gott helfe."

II Mitgliedern von Religionsgesellschaften, deren Bekenntnis die Eidesleistung untersagt, ist an Stelle des Eides die dem Bekenntnis entsprechende Beteuerung gestattet.

III Vor der Abnahme des Eides oder der Beteuerung sind die Taxatoren und Obertaxatoren vom Kommissär eingehend über ihre Obliegenheiten zu belehren.

Schätzungskommission.

§ 12. I Die Berufung der Taxatoren in die Schätzungskommission erfolgt durch den Kommissär. Wenn in einer Gemeinde mehrere Schätzungsbezirke gebildet sind, ist der Kommissär befugt, Gebäude von besonderem Belange (z. B. Fabriken, Brauereien, Hotels) in der ganzen Gemeinde ein und derselben Schätzungskommission zur Mieteinwertung zuzuweisen.

II Jeder Schätzungskommission haben außer dem ernannten Obertaxator in der Regel zwei Taxatoren anzugehören. Den Taxatoren steht Stimmrecht, dem Obertaxator ein bloß informatives Gutachten zu. Er ist aber befugt und verpflichtet, sein von dem Ausspruche der Taxatoren abweichendes Gutachten zur Begründung einer Offizialreklamation zur Sprache und Vormerkung zu bringen. Ein dritter Taxator ist in die Schätzungskommission zu berufen, wenn die beiden Taxatoren bei der Abstimmung sich nicht zu einigen vermögen.

III Kein Taxator darf bei der Mieteinwertung seines eigenen Hauses mitwirken. In diesem Falle, ferner bei Erkrankung oder sonstiger Verhinderung eines Taxators hat ein Ersatztaxator in die Schätzungskommission einzutreten.

IV Die Tätigkeit der Schätzungskommission wird durch den Kommissär in Gang gesetzt und überwacht. Der Obertaxator ist verpflichtet, dem Kommissär Anzeige zu erstatten, wenn bei der Mieteinwertung nach Grundsätzen verfahren wird, die sich mit den Vorschriften des Haussteuergesetzes nicht vereinbaren lassen. Sofern Anlaß besteht, hat der Kommissär die Tätigkeit der Schätzungskommission einzustellen und an die Regierungsfinanzkammer zu berichten.

Gebäudeverzeichnis.

§ 13. I Für die Gemeinden und Ortschaften, in denen eine Veranlagung oder Revision der Mietsteuer vorzunehmen ist, haben die Rentämter auf Grund der Kataster- und Neubauten-Vormerkungsbücher ein nach Straßen und Hausnummern geordnetes Gebäudeverzeichnis in der Weise herzustellen, daß es nach dem Muster in der Anlage I *) zugleich als Schätzungsregister bei der Mieteinwertung benützt werden kann.

II Von der Anfertigung des Verzeichnisses darf mit Genehmigung der Regierungsfinanzkammer für größere Städte Umgang genommen werden, wenn entsprechende Gebäudeverzeichnisse in Form verlässiger und nach dem jüngsten Stande hergestellter Adreßbücher durch den Druck veröffentlicht sind.

Mietertrags-Listen und Mietertrags-Erklärungen.

§ 14. I Zur Ermittelung des Mietertrags haben die Hauseigentümer Mietertrags-Listen aufzustellen und die Mieter Mietertrags-Erklärungen abzugeben und zwar nach den Mustern, wie sie in den Anlagen 2 und 3 **) enthalten sind. Die Vorschriften, die bei Aufstellung der Mietertrags-Listen und bei Abgabe der Mietertrags-Erklärungen Beachtung zu finden haben, sind den Mustern beigedruckt.

II Die Vordruckpapiere für die Mietertrags-Listen und Mietertrags-Erklärungen sind von den Rentämtern den Hauseigentümern hinauszugeben. Hierbei ist dafür Sorge zu tragen, daß den Mietertrags-Listen nötigenfalls Einlagebogen beigegeben und die Vordruckpapiere zu den Mietertrags-Erklärungen für jedes Haus nach der Zahl seiner Mieter bemessen werden. Steht den Rentämtern ein ausreichendes Botenpersonal nicht zur Verfügung oder ist die Veranlagung an einem Orte außerhalb des Rentamtssitzes vorzunehmen, so ist behufs Aushilfeleistung mit der Gemeindebehörde ins Benehmen zu treten. Den von der Gemeindebehörde zur Verfügung gestellten Personen wird eine angemessene, von der Regierungsfinanzkammer auf Liquidation festzusetzende Vergütung aus der Staatskasse gewährt, wenn sie ihrer Aufgabe entsprochen haben.

III Gleichzeitig mit der Hinausgabe der Vordruckpapiere hat das Rentamt durch öffentliche Bekanntmachung den Termin zu bestimmen, bis zu welchem die Mietertrags-Listen und Mietertrags-Erklärungen von den Hauseigentümern einzuliefern sind. Für Orte außerhalb des Rentamtssitzes ist zur Einlieferung die Vermittelung der Gemeindebehörde in Anspruch zu nehmen.

Verfahren bei der Mieteinwertung im allgemeinen.

§ 15. I Die Erhebung der Mietzinse vermieteter Häuser oder Hausteile und die Mieteneinschätzung unvermieteter Häuser oder Hausteile geschieht an Ort und Stelle nach Besichtigung der Gebäude in allen ihren Teilen und nach sorgfältiger Prüfung der Mietertrags-Listen und Mietertrags-Erklärungen, die der Obertaxator außer dem Gebäudeverzeichnisse bei sich zu führen hat. Der Obertaxator ist auch verpflichtet, von dem Ergebnisse der letzten Mieteinwertung Einsicht zu nehmen und die Taxatoren auf etwaige auffällige Abweichungen aufmerksam zu machen.

---

*) Die Anlagen sind nicht mitabgedruckt. S. GVBl. S. 130.
**) S. GVBl. S. 131, 135.

II Von der Besichtigung vermieteter Räume kann mit Zustimmung der Taxatoren Umgang genommen werden, wenn gegen die Richtigkeit und Vollständigkeit der Mietertrags-Listen und Mietertrags-Erklärungen Bedenken nicht bestehen. Ist der Mieteinwertung eine solche in den jüngsten fünf Jahren vorausgegangen (z. B. infolge Errichtung eines Neubaues oder infolge Einführung der Mietsteuer an Stelle der Arealsteuer), so kann mit Zustimmung der Taxatoren von der Besichtigung sowohl vermieteter als auch unvermieteter Räume Umgang genommen werden, wenn die für die vorangegangene Mieteinwertung maßgebenden Verhältnisse eine wesentliche Änderung nicht erfahren haben.

III Sowohl für vermietete als auch unvermietete Häuser und Hausteile soll der Mietertrag nicht summarisch, sondern ausgeschieden nach der Zusammengehörigkeit der Räume (nach Wohnungen u. s. w.) ermittelt werden. Insbesondere sind im Hinblick auf Art. 10 Abs. II des Gewerbesteuergesetzes vom 14. August 1910 (GVBl. S. 535) Geschäftsräume stets einzuwerten. Die vom Mietertrag abziehbaren Ausgaben sollen nach Gattungen für das ganze Gebäude festgestellt werden. Nach Zusammenstellung, Vergleichung und Besprechung der von den einzelnen Taxatoren angegebenen Beträge ist über das Ergebnis tunlichst im unmittelbaren Anschluß an die Mieteinwertung abzustimmen. Beharren die Taxatoren trotz der Erinnerungen und Gegengründe des Obertaxators auf einem Mietertrage, der nach der pflichtgemäßen Überzeugung des Obertaxators unrichtig ist, so hat dieser die zur Begründung einer Reklamation vorgeschriebene Vormerkung zu machen. Vgl. § 10 Abs. III des Gesetzes.

Mietenerhebung für vermietete Gebäude und Gebäudeteile.

§ **16**. I Der Mietertrag aus ganz oder teilweise vermieteten Häusern wird nach § 11 des Gesetzes durch die Angaben der Mieter und Hauseigentümer ausgemittelt. Die Taxatoren haben zu prüfen, ob der tatsächlich vereinbarte Mietzins in den Mietertrags-Listen und Mietertrags-Erklärungen richtig angegeben ist. Mangelhafte Angaben sind zu berichtigen, wissentlich unwahre Angaben aber dem Kommissär zur Veranlassung der Strafeinschreitung (§ 13 des Gesetzes) mitzuteilen. Mehrungen oder Minderungen des Mietzinses, die im Zeitpunkte der Mieteinwertung bereits vereinbart sind und noch vor Einführung der neuen Mietsteuer wirksam werden, sind bei der Feststellung des Mietertrags zu berücksichtigen.

II Sind in dem tatsächlich vereinbarten Mietzinse Vergütungen enthalten, die nicht für die Miete, Instandsetzung, Instandhaltung, Verwaltung u. s. w. des Gebäudes oder der Gebäudeteile, sondern für besondere Leistungen des Hauseigentümers (Möblierung, Beheizung oder Beleuchtung der Mieträume, Bedienung des Mieters, pachtweise Überlassung von Gärten, Lagerplätzen oder anderen Grundstücken, Bereitstellung besonderer Gewerbevorrichtungen, Lieferung elektrischer Kraft und dgl.) entrichtet werden, so haben die Taxatoren, zunächst auf Anregung des Hauseigentümers, den der Haussteuer unterliegenden Mietzins und die der Haussteuer nicht unterliegenden Vergütungen auszuscheiden. Für den bloßen Gebrauch von Sachen, Einrichtungen und Anlagen, die wesentliche Bestandteile eines Gebäudes sind, ist eine Vergütung aus dem Mietzinse nicht auszuscheiden, eine etwa ausgeschiedene Vergütung vielmehr dem Mietzinse zuzurechnen. Nach den aufgestellten Grundsätzen sind bei Zentralheizungen die vom Hauseigentümer bestrittenen Kosten für Bedienung und Brennstoffe (Kohlen, Koks u. s. w.)

im durchschnittlichen Jahresbetrag aus dem Mietzins auszuscheiden, wogegen die Ausscheidung einer Vergütung nicht veranlaßt ist, wenn die Kosten für Bedienung und Brennstoffe vom Mieter selbst bestritten werden.

III Sofern in dem tatsächlich vereinbarten Mietzinse die Entschädigung für die mietweise Überlassung von Nebengebäuden oder Gebäudeteilen inbegriffen ist, die dem landwirtschaftlichen Betriebe gewidmet sind, haben die Taxatoren einen entsprechenden Mietschillingsanteil auszuscheiden und von dem steuerbaren Mietertrag in Abzug zu bringen (vgl. oben §§ 6 Abs. III, 7 Abs. II). Die erforderliche Veranlagung mit Arealsteuer hat der Obertaxator bei dem Rentamte zu veranlassen.

Mietenerhebung für die vom Hauseigentümer selbst benützten oder vorübergehend nicht vermieteten Gebäudeteile.

§ **17**. I Sind neben vermieteten Gebäudeteilen solche vorhanden, die der Hauseigentümer selbst benützt, so hat er die selbst benützten Teile gemäß § 12 des Gesetzes nach Verhältnis der vermieteten Gebäudeanteile anzuschlagen. Die Taxatoren haben zu prüfen, ob der Anschlag des Hauseigentümers nach Umfang, Lage und Beschaffenheit der von ihm selbst benützten Räumlichkeiten zu den Mietschillingen für die vermieteten Gebäudeteile im entsprechenden Verhältnisse steht. Irrige Anschläge sind von den Taxatoren zu berichtigen.

II Sind neben vermieteten oder vom Hauseigentümer selbst benützten Gebäudeteilen solche vorhanden, die vorübergehend nicht vermietet sind, so hat der Hauseigentümer diese gemäß § 12 des Gesetzes nach den bei der letzten Vermietung erzielten Mietzinsen anzuschlagen. Die Taxatoren haben sich über die Höhe dieser Mietzinse zu vergewissern und hiernach den Anschlag entweder anzuerkennen oder zu berichtigen. Wissentlich unwahre Angaben sind dem Kommissär zur Veranlassung der Strafeinschreitung (§ 13 des Gesetzes) mitzuteilen.

Mieteinschätzung für unvermietete Gebäude und Gebäudeteile.

§ **18**. I Die von den Vorschriften der §§ 11, 12 des Gesetzes nicht berührten unvermieteten Gebäude und Gebäudeteile sind gemäß § 14 Abs. I des Gesetzes von den Taxatoren je nach ihrer Mietfähigkeit einzuschätzen. Die Mieteneinschätzung ist insbesondere veranlaßt bei Gebäuden, die vom Eigentümer ganz benützt werden oder die vollständig leer stehen, ferner bei Gebäuden, von denen der Hauseigentümer einen Teil der Räume selbst benützt, während die übrigen Gebäudeteile dauernd nicht vermietet sind und leer stehen, endlich bei Gebäudeteilen, die vom Hauseigentümer selbst benützt werden, aber nach Verhältnis vermieteter Gebäudeteile nicht angeschlagen werden können, weil vermietete Räume von gleicher Beschaffenheit (z. B. Läden, Wirtschaftslokale) im nämlichen Gebäude nicht vorhanden sind.

II Der nach der Mietfähigkeit zu schätzende Mietertrag wird durch Angleichung an vermietete Gebäude und Gebäudeteile ermittelt, wobei auf die Lage, bauliche Beschaffenheit, Größe und Zahl der Räume Rücksicht zu nehmen ist. Sind vermietete Gebäude oder Gebäudeteile von vergleichbarer Beschaffenheit am Orte nicht vorhanden, so ist der Mietertrag unter Rücksichtnahme auf die Zweckbestimmung und die örtliche Nutzungsfähigkeit des Gebäudes zu schätzen.

III Die wesentlichen Bestandteile eines Gebäudes sind bei der Mieteinschätzung wie bei der Mietenerhebung dem Gebäude gleich zu behandeln (vgl. oben § 16 Abs. II).

Abnorme Mietverhältnisse.

§ **19**. I Die Mieteinschätzung hat nach § 14 Abs. I Satz 2 des Gesetzes auch bei Gebäuden und Gebäudeteilen stattzufinden, die unter abnormen Verhältnissen vermietet sind.

II Abnorme Verhältnisse sind anzunehmen bei Gebäuden oder Gebäudeteilen, die zwar vermietet sind, bezüglich deren aber infolge besonderer Verhältnisse (Dienst-, Verwandtschafts-, Freundschafts- oder sonstige besondere Verhältnisse) der vereinbarte Mietzins von der Mietertragsfähigkeit wesentlich abweicht. Eine wesentliche Abweichung liegt nicht schon vor, wenn Gebäude oder Gebäudeteile zu billigem Preise vermietet sind, ohne daß der Unterschied gegenüber den ortsüblichen Mietpreisen ein ungewöhnlicher ist.

Beurkundung der Mieteinwertungen und Vollzugsanzeige.

§ **20**. I Der Obertaxator hat die von den Taxatoren festgestellten Mieterträge und Ausgaben in die Mietertrags-Listen zunächst mit Blei einzutragen und hierzu die für die Beschlußfassung der Taxatoren maßgebenden Gründe in Kürze vorzumerken. Jeden Tag nach Schluß der Mieteinwertung sind die Einträge und Vormerkungen vom Obertaxator in den Mietertrags-Listen mit Tinte niederzuschreiben. Die Richtigkeit der Niederschriften wird von den Taxatoren durch Unterzeichnung der Mietertrags-Listen anerkannt, worauf die Listen nach Berechnung der Haussteuerverhältniszahl vom Obertaxator unterschriftlich abzuschließen sind.

II Die Haussteuerverhältniszahlen werden vom Obertaxator in ein nach Straßen und fortlaufenden Hausnummern zu führendes Schätzungsregister eingetragen. Als Schätzungsregister ist das oben im § 13 angeordnete Gebäudeverzeichnis zu benützen und vom Obertaxator auch dann zu führen, wenn die Anfertigung eines solchen Verzeichnisses als Vorarbeit für den Vollzug der Mietsteuerrevision unterlassen wurde.

III Nach vollständiger Erledigung der Mieteinwertung für eine Steuergemeinde oder einen Schätzungsbezirk sind die Haussteuerverhältniszahlen im Schätzungsregister zu summieren und die abgeschlossenen Verhandlungen dem Kommissär und von diesem nach vollzogener Prüfung dem Rentamte vorzulegen.

IV Das Rentamt hat über den Vollzug und das Ergebnis der Mieteinwertung in einer Steuergemeinde der Regierungsfinanzkammer Anzeige zu erstatten.

Wirksamkeit der neuen Mietsteuer, Eröffnung der Reklamationsfrist, Offenhaltung der Mietertragslisten, besondere Mitteilung.

§ **21**. I Im Falle der Veranlagung oder Revision der Mietsteuer für eine Gemeinde oder Ortschaft ist die neue Mietsteuer in der Regel vom 1. Januar des der Mieteinwertung folgenden Kalenderjahrs an einzuführen. Nur ausnahmsweise wenn die Mieteinwertung in dem gleichen Jahre, in dem sie begonnen wurde, nicht vollendet werden kann, soll je nach der Vollendung der Einführungstag auf den 1. April, 1. Juli oder 1. Oktober verlegt werden.

II Der Einführungstag der neuen Mietsteuer ist durch das Rentamt öffentlich bekannt zu machen. In der Bekanntmachung hat das Rentamt die vierteljährige Ausschlußfrist anzuberaumen, innerhalb deren gegen die Veranlagung der Mietsteuer Reklamation ergriffen werden kann. Die Distriktspolizeibehörde ist von der Bekanntmachung zu verständigen.

III Innerhalb der Reklamationsfrist ist dem Haussteuerpflichtigen die Einsicht der seine Einsteuerung enthaltenden Mietertrags-Liste vom Rentamt offen zu halten.

IV Den Steuerpflichtigen, die außerhalb Bayerns wohnen, soll das Rentamt von dem Ergebnisse der Mieteinwertung vor Beginn der Reklamationsfrist besondere Mitteilung machen. Die Absendung der Mitteilung ist in der Mietertrags-Liste vorzumerken. Die Unterlassung der Mitteilung sowie der Umstand, daß die abgesendete Mitteilung nicht oder verspätet zu Händen des Steuerpflichtigen gekommen ist, hat auf den Beginn und Lauf der Reklamationsfrist keinen Einfluß.

Anmeldung von Reklamationen.

§ 22. I Reklamationen gegen die Veranlagung der Mietsteuer sind innerhalb der vierteljährigen Reklamationsfrist bei der zuständigen Distriktspolizeibehörde entweder schriftlich einzureichen oder zu Protokoll zu geben. Reklamationen, die bei dem Rentamt oder der Gemeindebehörde schriftlich angebracht werden, sind ohne Verzug der zuständigen Distriktspolizeibehörde zu übermitteln.

II In dem Reklamationsvorbringen müssen bei Vermeidung des Ausschlusses die Gründe angegeben werden, aus welchen die Mieteinwertung angefochten wird. Hierbei sind insbesondere die Gebäude oder Gebäudeteile, deren Mieteinwertung beanstandet wird, der von den Taxatoren festgesetzte Mietertrag und das Maß der vermeintlich zu hohen oder — bei Reklamationen der Staatsbehörde — zu geringen Mieteinwertung genau zu bezeichnen. Außerdem soll der Steuerpflichtige in der Reklamation zur Bildung des Kompromißgerichts einen Taxator und einen Ersatzmann aus der Zahl der von der Gemeinde gewählten Taxatoren namhaft machen (vgl. Abs. IV unten).

III Reklamationen der Staatsbehörde werden vom Rentamtsvorstande schriftlich bei der Distriktspolizeibehörde eingereicht. Die Distriktspolizeibehörde hat den Steuerpflichtigen von der erhobenen Offizialreklamation zu verständigen und zur Namhaftmachung eines Kompromißtaxators und eines Ersatzmanns aufzufordern.

IV Unterläßt ein Steuerpflichtiger die Namhaftmachung eines Kompromißtaxators oder Ersatzmanns, so wird angenommen, daß die Distriktspolizeibehörde an Stelle des Steuerpflichtigen den erforderlichen Taxator aus der Zahl der von der Gemeinde gewählten Taxatoren zu ernennen hat.

V Die Reklamationen haben keine aufschiebende Wirkung in Bezug auf die Erhebung der Steuer.

Bildung des Kompromißgerichts.

§ 23. I Zur Bescheidung der Reklamationen ist von der Regierungsfinanzkammer die Distriktspolizeibehörde mit der Bildung des Kompromißgerichts zu beauftragen. Hierbei hat die Regierungsfinanzkammer der Distriktspolizeibehörde jene Sachverständigen zu bezeichnen, die als Obertaxatoren in das Kompromißgericht berufen werden können. Unter den vorgeschlagenen Sachverständigen steht der Distriktspolizeibehörde die Auswahl zu.

II Die Distriktspolizeibehörde hat dem Rentamte die von den Steuerpflichtigen namhaft gemachten oder für die Steuerpflichtigen ernannten Taxatoren zu bezeichnen. Hierauf wird vom Rentamt ein zweiter Taxator für das Kompromißgericht ernannt und für ihn der Ersatzmann bestimmt.

III Der Obertaxator des Kompromißgerichts darf bei der ursprünglichen Mieteinwertung in der Gemeinde oder einem Schätzungsbezirke der Gemeinde weder als Kommissär oder Obertaxator noch als Taxator beteiligt gewesen sein. Die beiden Taxatoren können aus der Zahl der bei der ursprünglichen Mieteinwertung verwendeten Taxatoren ernannt werden. Gegen den Obertaxator und die Taxatoren finden dieselben Einwendungen wie gegen Zeugen statt. Im Falle der Verhinderung eines Taxators hat dessen Ersatzmann in das Kompromißgericht einzutreten.

IV Obertaxatoren und Taxatoren, die im Kompromißgerichte mitzuwirken haben und noch nicht vereidigt sind, werden unter entsprechender Beachtung der Vorschriften im § 11 dieser Bekanntmachung von der Distriktspolizeibehörde vereidigt.

Reklamationsverfahren u. Reklamationskosten.

§ 24. I Die formelle Leitung des Kompromißgerichts steht in der Regel der Distriktspolizeibehörde zu. Der Regierungsfinanzkammer bleibt jedoch vorbehalten, bei besonderen Veranlassungen und Umständen einen eigenen Kommissär obzuordnen. Hierzu soll der bei der ursprünglichen Mieteinwertung verwendete Kommissär nicht bestimmt werden.

II Das Kompromißgericht hat die Reklamation sowohl in formeller als in materieller Richtung zu untersuchen und zu bescheiden. Wird eine Reklamation als formell unzulässig erachtet, so ist sie ohne weitere Verhandlung zurückzuweisen. Die übrigen Reklamationen sind an Ort und Stelle durch Besichtigung der Reklamationsobjekte zu prüfen.

III Die Beschlüsse des Kompromißgerichts werden nach Stimmenmehrheit gefaßt; der Obertaxator ist gleich den Taxatoren stimmberechtigt.

IV Ergibt sich, daß für ein Gebäude, gegen dessen Mieteinwertung seitens des Eigentümers reklamiert wurde, nicht nur kein geringerer, sondern vielmehr ein höherer Mietertrag als der ursprünglich festgestellte anzunehmen sei, so ist das Kompromißgericht verpflichtet, auch den höheren Mietertrag auszusprechen.

V Die leitende Behörde nimmt die Verhandlungen und Aussprüche des Kompromißgerichts protokollarisch auf und eröffnet die Bescheide mündlich oder schriftlich den Reklamanten.

VI Die Verhandlungen und Bescheide im Reklamationsverfahren sind gebührenfrei. Die durch die Untersuchung und Bescheidung der Reklamationen erwachsenden Kosten werden auf die Reklamationsobjekte nach Maßgabe der aufgewendeten Zeit ausgeschlagen. Der Zeitaufwand ist im Protokolle (Abs. V) zu vermerken. Steuerpflichtige, deren Reklamationen als unbegründet verworfen werden, tragen den sie treffenden Kostenteil; die übrigen Kosten fallen der Staatskasse zur Last. Wird eine Reklamation erst bei der örtlichen Prüfung zurückgezogen oder wird ihr nur zum Teil stattgegeben, so kann das Kompromißgericht dem Steuerpflichtigen die Kosten ganz oder zu einem Bruchteil überbürden.

Umwandlung der Mietsteuer in die Arealsteuer oder der Arealsteuer in die Mietsteuer.

§ 25. I Die Ersetzung der Mietsteuer durch die Arealsteuer ist veranlaßt, wenn die Mietbestände in einer Gemeinde oder Ortschaft seit Einführung der

Mietsteuer sich so verringert haben, daß zur Einschätzung des Mietertrags nach wirklichen Mietbeständen keine genügenden Anhaltspunkte mehr gefunden werden können.

II Die Einführung der Mietsteuer an Stelle der Arealsteuer kann erfolgen, wenn ein so großer Teil der ortsansässigen Bevölkerung in Miete wohnt, daß zur Einschätzung des Mietertrags nach wirklichen Mietbeständen ausreichende Anhaltspunkte (Mietmuster) vorliegen.

III Für die Gemeinden oder Ortschaften, für welche die Umwandlung der Miet- oder Arealsteuer in Aussicht zu nehmen ist, haben die Rentämter die Zahl der Einwohner, der Wohngebäude und Haushaltungen, den Stand der Hausbesitzer, die Zahl der Gewerbetreibenden, die Zahl und den Stand der Mietparteien, den Jahresbetrag der für ständige Mieten vereinbarten Mietzinse, das Jahressoll der einzelnen Staatssteuern sowie den Hundertsatz der Umlagen festzustellen. Bei den Feststellungen kann die Mitwirkung der Gemeindebehörden beansprucht werden. Die gepflogenen Erhebungen sind vom Rentamte zu würdigen, der Gemeindebehörde und Distriktspolizeibehörde zur Äußerung mitzuteilen und sodann der Regierungsfinanzkammer mit berichtlichem Antrage vorzulegen.

IV Die Regierungsfinanzkammer hat die gestellten Anträge nebst den gepflogenen Erhebungen dem Landrate zur Abgabe eines Gutachtens mitzuteilen.

V Über die Anträge entscheidet die Regierungsfinanzkammer auf Grund kollegialer Beratung. Die Entscheidung ist der Gemeindeverwaltung und dem Landratsausschusse durch schriftliche Mitteilung, den Steuerpflichtigen im Wege der in herkömmlicher Weise vollzogenen Bekanntmachung durch den Bürgermeister der beteiligten Gemeinde gegen Nachweis zu eröffnen.

VI Gegen die Entscheidung der Regierungsfinanzkammer steht den beteiligten Steuerpflichtigen, der Gemeindeverwaltung und dem Landratsausschusse binnen vierzehntägiger unerstrecklicher Frist, von Eröffnung der Entscheidung an gerechnet, Berufung an das Staatsministerium der Finanzen zu. Die Berufungen sind schriftlich bei der Regierungsfinanzkammer einzureichen.

VII Ist die Einführung der Arealsteuer an Stelle der Mietsteuer rechtskräftig beschlossen, so hat das Rentamt die Arealsteuer nach dem Grundsteuerkataster oder nach Veranlassung der erforderlichen Messungsaufnahmen zu veranlagen und vom Beginne des der Veranlagung folgenden Kalenderjahrs an zur Einführung zu bringen. Ist die Einführung der Mietsteuer an Stelle der Arealsteuer rechtskräftig beschlossen, so kommen für den weiteren Vollzug die Vorschriften der §§ 9 bis 24 dieser Bekanntmachung zur Anwendung.

Periodische Revision der Mietsteuer.

§ 26. I Nach der Bekanntmachung vom 18. November 1910 — FinMinBl. S. 355 — findet im Jahre 1911 in allen Gemeinden und Ortschaften, in denen die Mietsteuer eingeführt ist, eine Revision dieser Steuer statt. Wo die neue Mietsteuer vom 1. Januar 1912 an eingeführt wird, läuft die erste zehnjährige Revisionsperiode mit dem 31. Dezember 1921 ab, so daß die Revision erstmals im Jahre 1921 zu wiederholen wäre.

II Das Staatsministerium der Finanzen ist ermächtigt, in einzelnen Gemeinden oder Ortschaften auf Antrag der Gemeindevertretung vor Ablauf der zehnjährigen Periode eine Steuerrevision vornehmen zu lassen. Der Antrag der Gemeindevertretung ist von der Gemeindeverwaltung der Regierungsfinanzkammer und von dieser dem Staatsministerium der Finanzen vorzulegen. Vorher wird sich die Regierungsfinanzkammer durch geeignete Erhebungen, insbesondere durch Einvernahme der Distriktspolizeibehörde und des Rentamts darüber vergewissern, ob die Höhe der Mieten in der Gemeinde oder Ortschaft seit Einführung der neuen Mietsteuer eine wesentliche und nachhaltige Änderung erfahren hat.

III In den Gemeinden und Ortschaften, in denen die neue Mietsteuer nach dem 1. Januar 1912 eingeführt wird, beginnt die zehnjährige Revisionsperiode mit Ablauf des Jahres, in dem die Revision vollendet wurde.

Beginn der Steuerpflicht für Neubauten, Steuerfreijahre für Kleinwohnungsbauten.

§ 27. I Für neu aufgeführte Gebäude beginnt die Steuerpflicht mit Ablauf des dem Jahre, in dem der Neubau vollendet wurde, folgenden Kalenderjahrs. Als vollendet gilt ein Neubau in jenem Zeitpunkt, in welchem sich das neu errichtete Gebäude der Hauptsache nach in einem Zustande befindet, der die Benützung zu jenen Zwecken gestattet, für welche es hergestellt ist.

II Ist das neu aufgeführte Gebäude ein Kleinwohnungsbau für die minderbemittelte Bevölkerung oder zur Ansiedelung landwirtschaftlicher Arbeiter, so beginnt die Steuerpflicht — vorbehaltlich der Vorschriften mit Absatz III — mit Ablauf der dem Jahre, in dem der Neubau vollendet wurde, folgenden sechs Kalenderjahre. Als Kleinwohnungsbauten für die minderbemittelte Bevölkerung sind in der Regel nur solche Wohnungsbauten anzusehen, in welchen die selbständigen Einzelwohnungen nicht mehr als drei Zimmer nebst Küche und Zubehör umfassen. Das Gleiche gilt auch bei Herstellung von Wohngebäuden zur Ansiedelung landwirtschaftlicher Arbeiter; in diesem Falle sind im Zubehör auch die zur Anlegung eines Haus- und Nutzgartens erforderliche Grundfläche, ferner Acker- und Wiesland bis zu 2 ha und die notwendigen Wirtschaftsräume (Stall und Scheune) inbegriffen. Die Eigenschaft eines Kleinwohnungsbaues geht einem Wohngebäude dadurch nicht verloren, daß ausnahmsweise die eine oder andere Wohnung vier Zimmer umfaßt oder der eine oder andere Raum gewerblichen Zwecken dient.

III Enthält der Kleinwohnungsbau (Abs. II) nicht mehr als vier Wohnungen — Kleinhaus — oder ist er von einer Gemeinde oder einer rechtsfähigen gemeinnützigen Vereinigung hergestellt, die sich mit der Erbauung, Beschaffung oder Verbesserung von Wohnungen für die minderbemittelte Bevölkerung befaßt, so beginnt die Steuerpflicht mit Ablauf der dem Jahre, in dem der Neubau vollendet wurde, folgenden zwölf Kalenderjahre. Die für das sogenannte Kleinhaus bestimmten Steuerfreijahre kommen auch dem Familienhause zu, das vom Eigentümer selbst bewohnt wird, wenn es als Kleinwohnungsbau im Sinne des Gesetzes zu erachten ist. Wird der Kleinwohnungsbau von einer Vereinigung hergestellt, die nach dem Gesetze nicht als gemeinnützig gilt, so bemißt sich die Zahl der Steuerfreijahre nach Abs. II, wenn der Kleinwohnungsbau mehr als vier Wohnungen umfaßt.

IV Die Vorschriften der Abs. II, III finden nur so lange Anwendung, als die dort bezeichneten Voraussetzungen erfüllt bleiben; außerdem wird die Steuer vom nächsten Kalendervierteljahr an zugeschrieben, wenn die Steuerpflicht nach Abs. I bereits eingetreten ist.

V Die für Kleinwohnungsbauten bestimmten Freijahre (Abs. II, III) erstrecken sich nicht auf Gebäude dieser Art, die schon vor dem 1. Januar 1909 vollendet wurden — vgl. Art. I Abs. II des Einführungsgesetzes zu den Gesetzen über die direkten Steuern vom 14. August 1910 (GVBl. S. 578) und Abs. III, IV der Bekanntmachung vom 4. November 1910 (GVBl. S. 1029) —. Dagegen ist bei den nach dem 31. Dezember 1908 vollendeten Gebäuden zu prüfen, ob für den Beginn der Steuerpflicht die Vorschriften der Abs. I, II oder III Anwendung zu finden haben.

VI Im Streitfalle wird über den Beginn der Steuerpflicht nach § 5 Abs. III dieser Bekanntmachung entschieden.

Bauänderungen, Abbruch u. Zerstörung von Gebäuden.

§ 28. I Änderungen an Mietsteuerobjekten bewirken eine Ab- und Zuschreibung der Steuer in Ansehung der von der Änderung berührten Teile. Hierbei sind jedoch Änderungen geringeren Umfanges, durch welche die Mietertragsfähigkeit eine wesentliche Änderung nicht erleidet, für die Steuerpflicht ohne Einfluß. Insbesondere hat bei einer ohne bauliche Änderung erfolgenden Verbesserung der inneren Ausstattung der Räume und bei äußeren Verschönerungen der Gebäude eine Steueränderung nicht stattzufinden. Erfährt die Mietertragsfähigkeit eines Gebäudeteils eine wesentliche Änderung, so erfolgt die Abschreibung der Steuer für den betreffenden Gebäudeteil von dem auf die Änderung nächstfolgenden Kalendervierteljahr an. Die Zuschreibung der Steuer erfolgt im Falle des Zubaues neuer Gebäulichkeiten oder der Errichtung neuer Stockwerke oder des inneren Umbaues des ganzen Gebäudes in gleicher Weise wie bei neu aufgeführten Gebäuden (vgl. oben § 27), in den übrigen Fällen einer wesentlichen Änderung, wenn für das Gebäude noch Steuerfreijahre laufen, mit deren Ablauf, außerdem von dem auf die Bauvollendung nächstfolgenden Kalendervierteljahr an, wobei jedoch der betreffende Gebäudeteil mindestens ein Kalendervierteljahr außer Besteuerung zu bleiben hat.

II Änderungen an Arealsteuerobjekten kommen nur dann in Betracht, wenn hierdurch die ursprüngliche Flächengröße in einem die Berechnung der Verhältniszahl beeinflussenden Maße verändert wird. Minderungen der Arealsteuerfläche sind von dem der Änderung nächstfolgenden Kalendervierteljahr an und, wenn der Zeitpunkt der Änderung nicht mehr bestimmt werden kann, von dem auf den Zeitpunkt der Feststellung nächstfolgenden Kalenderjahr an zu berücksichtigen. Das Gleiche gilt von Mehrungen der Arealsteuerfläche, wenn für das Arealsteuerobjekt nicht ohnehin noch Steuerfreijahre laufen. Mangels dieser Voraussetzung sind Zubauten, die im Jahre 1911 vollendet werden und eine Mehrung der Arealsteuerfläche zur Folge haben, vom 1. Januar 1912 an als steuerpflichtig zu behandeln, mögen sie sich als bloße Anbauten oder als freistehende Nebengebäude darstellen. Für Zubauten, die im ersten Kalendervierteljahr 1912 unter Mehrung der Arealsteuerfläche vollendet werden, beginnt die Steuerpflicht mit dem zweiten Kalendervierteljahre 1912.

III Im Falle des gänzlichen Abbruchs oder der gänzlichen Zerstörung eines Miet- oder Arealsteuerobjekts ist die Haussteuer vom nächsten Kalendervierteljahr an in Abgang zu bringen.

Baufallanzeigen und Bauübersichten.

§ 29. I Die Gemeindebehörden haben dem Rentamt über den Abbruch von Gebäuden sowie über Bauänderungen und Neubauten Anzeigen nach dem anliegenden Muster 4*) und den diesem Muster beigedruckten Vorschriften zu

---

*) S. GVBl. S. 137.

erstatten. Vom Rentamte sind die gemeindlichen Baufallanzeigen gegen Rückgabe dem Messungsamte zur Vormerkung der veranlaßten Messungsaufnahmen mitzuteilen.

II Die gemeindlichen Anzeigen haben sich auf Gebäudeabbrüche, Bauänderungen und Neubauten nicht zu erstrecken, die im Bereiche der staatlichen Verkehrsverwaltung anfallen. Diese Baufälle werden dem Rentamte vom Messungsamte der Eisenbahndirektion am Schlusse eines jeden Kalendervierteljahrs mitgeteilt.

III Die Behörden, von denen die Genehmigung zur Errichtung von Neubauten und zur Ausführung von Bauänderungen zu erteilen ist, haben dem Rentamte vierteljährige Übersichten über die erteilten Baugenehmigungen zur Kontrolle der gemeindlichen Baufallanzeigen mitzuteilen.

Baufallmessungen.

§ **30**. I Die Messungsämter haben jene Baufälle, welche eine Änderung des Katasterplans oder Katastervortrags zur Folge haben, auf Kosten der Gebäudeeigentümer einzumessen. Bleibt nach den örtlichen Feststellungen des Messungsamts sowohl der Katasterplan als auch der Katastervortrag unverändert, so dürfen Gebühren für Baufallmessungen nicht aufgerechnet werden. Werden abgebrochene Gebäude wieder aufgebaut, so ist die Einmessung des Gebäudeabbruchs in der Regel mit der Einmessung des Neubaues zu verbinden.

II Soweit Baufallmessungen nicht auf Antrag der Gebäudeeigentümer in besonderer Tagfahrt zu behandeln sind, haben die Messungsämter dafür Sorge zu tragen, daß die für eine Gemeinde vorgemerkten Baufallmessungen tunlichst gleichzeitig oder gelegentlich anderweitiger Messungen vorgenommen werden.

III Die Baufallmessungen im Bereiche der staatlichen Verkehrsverwaltung werden von den Messungsämtern der Eisenbahndirektionen und nur auf besonderen Antrag der Verkehrsverwaltung von den Messungsämtern der Finanzverwaltung vollzogen.

Behandlung der Haussteueränderungen.

§ **31**. I Auf Grund der Baufallanzeigen hat das Rentamt für jene Gebäude und Gebäudeteile, die der Mietsteuer unterliegen, die Ermittelung und Einwertung des Mietertrags zu veranlassen, wobei die Vorschriften in den §§ 10 bis 12, 14 bis 19, 20 Abs. I dieser Bekanntmachung entsprechende Anwendung zu finden haben. Die Obliegenheiten des Kommissärs und Obertaxators sind vom Rentamtsvorstande wahrzunehmen. Unter besonderen Verhältnissen kann die Regierungsfinanzkammer einen anderen Beamten des Rentamts als Obertaxator ernennen. Bei Mieteinwertungen, die außerhalb der Gemeinde des Rentamtssitzes zu vollziehen sind, hat der Obertaxator an Ort und Stelle in der Regel nur mitzuwirken, wenn die einzuwertenden Gebäude von besonderem Belang oder großer Zahl sind.

II Das Ergebnis der Mieteinwertung wird den beteiligten Hauseigentümern durch das Rentamt unter gleichzeitiger Eröffnung der vierteljährigen Reklamationsfrist gegen Nachweis bekanntgegeben. Innerhalb der Reklamationsfrist ist jedem Beteiligten die Einsicht der seine Einsteuerung enthaltenden Mietertragsliste beim Rentamt offen zu halten. Von der Anberaumung der Reklamationsfrist ist die Distriktspolizeibehörde zu verständigen. Im übrigen haben hinsichtlich des Reklamationsverfahrens die oben in den §§ 22 bis 24 enthaltenen Vorschriften entsprechende Anwendung zu finden.

III Die nach den Baufallanzeigen veranlaßten Änderungen an der Arealsteuer sind vom Rentamt auf Grund der geprüften Messungsverzeichnisse zu behandeln.

Entrichtung der Haussteuer.

[§ 32. I Die Haussteuer ist gemeinsam mit der Grundsteuer und den Kreisumlagen, sowie den sonstigen durch das Finanzamt zur Erhebung gelangenden Umlagen aus diesen Steuern in der Regel in zwei Jahreshälften zu entrichten. Den Zeitpunkt der Einhebung hat das Finanzamt unter Rücksichtnahme auf die Verfalltermine festzusetzen und vor der jedesmaligen Einhebung bekanntzugeben. Soweit die Jahresschuldigkeit eines Pflichtigen an Grund- und Haussteuern nebst den Kreisumlagen hieraus 10 Mark nicht übersteigt, ist sie mit dem vollen Betrag im zweiten Einhebungstermin einzuheben.] 1)

II Vorauszahlungen bereits berechneter Schuldigkeiten sind von den Rentämtern und den mit der Einhebung der Steuern und Kreisumlagen betrauten pfälzischen Einnehmereien jederzeit anzunehmen. Ebenso haben die Rentämter nachträgliche Zahlungen an bereits abgeschriebenen oder niedergeschlagenen Steuern und Kreisumlagen jederzeit anzunehmen.

III Die Rentämter sind befugt, zahlungswilligen Pflichtigen, die zur rechtzeitigen Entrichtung der Steuern und Kreisumlagen nicht imstande sind, Stundung zu gewähren. Stundungen über den Schluß des Rechnungsjahrs hinaus bedürfen der Genehmigung der Regierungsfinanzkammer.

Niederschlagung der Haussteuer.

[§ 33. Zuständig zur Niederschlagung der Haussteuer sind die Rentämter, wenn die niederzuschlagende Jahresschuldigkeit samt den treffenden Kreisumlagen eines Pflichtigen nicht mehr als 10 Mark beträgt. Handelt es sich um einen höheren Betrag, so bedarf die Niederschlagung der Genehmigung der Regierungsfinanzkammer.] 2)

§ 34. 3)

Schlußbestimmung.

§ 35. Über die Anlage neuer Haussteuerkataster und die rechnerische Behandlung der Haussteuer bleibt gesonderte Entschließung des Staatsministeriums der Finanzen vorbehalten *).

2. Bekanntmachung der K. Staatsministerien des Innern und der Finanzen zum Vollzuge des Gesetzes zur Abänderung des Haussteuergesetzes

Vom 6. Okt. 1918 (GVBl. S. 807).

Zum Vollzuge des Gesetzes vom 17. August 1918 (GVBl. S. 423) zur Abänderung des Haussteuergesetzes in der Fassung vom 4. November 1910 (GVBl. S. 1055) werden nachstehende Vorschriften erlassen:

---

1) S. nunmehr § 6 VV. 1922, ferner § 9 das.

2) S. nunmehr § 10 VV. 1922.

3) Gegenstandslos. S. nunmehr § 3 VV. 1918.

*) Diese Entschließung erging mit Bek. vom 9. Juni 1911, die Haussteuerkataster und die rechnerische Behandlung der Haussteuer betr. (FMBl. 1911 S. 445).

§ 1. [1])

§ 2 (Art. 3 des ÄndGes., § 33 des HausStGes., § 27 der VV.).

I Die Vergünstigung des § 33 Abs. III des HausStGes. — Gewährung von 12 Steuerfreijahren — kam bisher nur den Kleinwohnungsbauten (Abs. II) zugute, die nicht mehr als 4 Wohnungen enthielten — Kleinhäuser — oder von einer Gemeinde oder einer rechtsfähigen gemeinnützigen Vereinigung hergestellt waren, die sich mit der Erbauung, Beschaffung oder Verbesserung von Wohnungen für die minderbemittelte Bevölkerung befaßt. Wurde der Wohnungsbau von einer Vereinigung hergestellt, die nach dem Gesetze nicht als gemeinnützig gilt, so wurden den Kleinwohnungsbauten 6 Steuerfreijahre zugebilligt, wenn der Kleinwohnungsbau mehr als 4 Wohnungen umfaßte. Die für das sogenannte Kleinhaus bestimmten Steuerfreijahre kamen auch dem Familienhause zu, wenn es als Kleinwohnungsbau im Sinne des Gesetzes zu erachten war.

II Nach der nunmehrigen Fassung des Gesetzes kommt die Begünstigung auch dem sogenannten Bürgerhause zugute, d. h. es werden nicht nur Kleinwohnungsbauten (§ 33 Abs. II) mit nicht mehr als 4 Wohnungen, sondern auch solche mit bis zu 6 Wohnungen in der im § 33 Abs. III des Gesetzes bezeichneten Weise begünstigt.

III Die Begünstigung des Abs. III Satz 2 gilt nicht nur für Kleinwohnungsbauten, sondern für alle Wohnungsbauten, die von einer Gemeinde oder von einer rechtsfähigen gemeinnützigen Vereinigung unter den im Gesetze genannten Voraussetzungen hergestellt werden; unter rechtsfähigen gemeinnützigen Vereinigungen sind hier nicht nur solche zu verstehen, die sich mit der Erbauung, Beschaffung oder Verbesserung von Wohnungen für die minderbemittelte Bevölkerung befassen, sondern alle rechtsfähigen gemeinnützigen Vereinigungen, so daß die Bestimmung auch den Vereinen der öffentlichen Wohltätigkeit zugute kommen kann und auch Ledigenheime, Kriegerwaisenheime, Handwerkerherbergen, Gesellenhäuser, Mädchenasyle, Dienstbotenheime, Altersheime u. s. w. in den Genuß der 12 jährigen Steuerfreiheit treten können. Bei dieser Begünstigung ist immer vorbehalten, daß nicht etwa die Steuerbefreiung nach § 2 des HausStGes. in einem weiteren Umfang einzutreten hat.

IV Die Beurteilung der Gemeinnützigkeit einer rechtsfähigen Vereinigung — § 33 Abs. III Satz 1 und 2 — hängt nicht mehr davon ab, daß nur vier vom Hundert für die Einzahlungen der Mitglieder als Zinsen gewährt werden. Dem heutigen Zinssatz entsprechend ist der Zinssatz auf fünf vom Hundert erhöht worden.

V Die darüber hinausgehende Steuervergünstigung des § 33 Abs. IV soll einen Anreiz zur Bautätigkeit bilden; sie gilt unter den im Gesetze bezeichneten Voraussetzungen für alle Kleinwohnungsbauten (Kleinhäuser, Familienhäuser, Bürgerhäuser) und Wohnungsbauten der im § 33 Abs. III Satz 2 bezeichneten Art, gleichviel ob die Erbauer der Häuser Privatpersonen oder Genossenschaften usw. sind, und ohne Rücksicht auf die Zahl der Wohnungen des Kleinwohnungsbaues.

VI Die Vorschriften der Absätze II mit IV des Gesetzes finden nur so lange Anwendung, als die dort bezeichneten Voraussetzungen erfüllt bleiben; andernfalls wird die Steuer vom nächsten Kalendervierteljahr an zugeschrieben, wenn die Steuerpflicht nach § 33 Abs. I des Gesetzes und § 27 Abs. I der VV. hierzu bereits eingetreten ist.

VII Im Streitfalle wird über den Beginn der Steuerpflicht nach § 5 Abs. III der VV. entschieden.

---

1) Gegenstandslos. S. nunmehr § 2 VV. 1922.

VIII Die Bestimmungen des § 33 des HausStG. sind in wohlwollender Anpassung an die durch die Rechtsprechung gegebenen Richtpunkte auszulegen und anzuwenden.

IX Für sämtliche Kleinwohnungsbauten der in den Absätzen II, III und IV des Gesetzes bezeichneten Art, die besondere Steuerfreijahre genießen, haben die Vorschriften des § 5 der Bekanntmachung vom 9. Juni 1911, die Haussteuerkataster und die rechnerische Behandlung der Haussteuer betr. (FMBl. S. 445), zu gelten.

§ 3 (Art. 4 u. 5 des ÄndGes., §§ 39, 40 des HausStGes., § 34 der VB.).

I Die Vorschrift des § 39 gilt nicht für arealsteuerpflichtige Gebäude.

II Künftig wird Nachlaß an der Mietsteuer auf Ansuchen dann gewährt, wenn

1. Wohnungen oder Geschäftsräume, die zur Vermietung bestimmt sind, keinen Ertrag abgeworfen haben,
2. der Mietentgang unter Zugrundelegung des katastermäßigen Mietertrags der ertragslosen Räume mindestens den sechsten Teil des katastermäßigen Mietertrags des Gebäudes beziffert,
3. der Ausfall an dem katastermäßigen Mietertrage nicht entschädigt und
4. das Nachlaßgesuch nicht verspätet angebracht wird.

III Es genügt demnach, daß zur Vermietung bestimmte Wohnungen oder Geschäftsräume keinen Ertrag abgeworfen haben, sei es, weil sie überhaupt nicht vermietet waren oder weil die vereinbarten Mietzinse nicht einbringlich gemacht werden konnten. Der Nachlaß kann nicht deshalb versagt werden, weil in der leerstehenden Wohnung etwa noch einzelne Möbelstücke stehen. Vorbehalten bleibt aber stets die Prüfung der Frage, ob die Räume tatsächlich keinen Ertrag abgeworfen haben. Ertragslosigkeit ist dann nicht gegeben, wenn z. B. vermietbare Räume für einen gewissen Zeitraum in der Voraussetzung oder unter der Verabredung unentgeltlich überlassen werden, daß später ein um so höherer Mietzins dafür entrichtet wird oder wenn zwar kein Mietzins bezahlt wird, dem Eigentümer aber als Gegenleistung andere Vermögensvorteile zugewendet worden sind.

IV Den Maßstab für die Gewährung des Nachlasses bildet die Minderung des katastermäßigen Mietertrags, wobei an dem Betrage der Minderung etwaige Entschädigungen abzuziehen sind. Ein etwaiger Mehrertrag, den der Hausbesitzer für die vermieteten Räume über den katastermäßigen Mietertrag dieser Räume hinaus erhalten hat, ist nicht zu berücksichtigen. Der katastermäßige Mietertrag des Gebäudes wird durch die Haussteuerverhältniszahl zum Ausdrucke gebracht. Der katastermäßige Mietertrag der Räume, für deren Ertragslosigkeit der Nachlaß begehrt wird, ist auf Grund der Mietertragsliste zu berechnen, wobei die für das Gebäude vom Bruttomietertrag abgezogenen Ausgaben im entsprechenden Anteile von dem auf die ertragslosen Räume treffenden Bruttomietertrag abzuziehen sind.

V Als Wohnung kommt dem landläufigen Sinne entsprechend nicht etwa ein einzelner Wohnraum, sondern nur eine Gesamtheit von Zimmern in Betracht. Das gleiche gilt für den Begriff der Geschäftsräume, sofern sie bestimmungsgemäß zusammengehören. Die Nichtverwertung einzelner Hotelzimmer oder eines Nebenzimmers (Gesellschaftszimmers) begründet einen Anspruch auf Nachlaß nicht. Für Hotels, Pensionen u. dgl. wird ein Nachlaß in der Regel nur im Falle der Stillegung des Betriebs in Frage kommen; von einer Stillegung des Betriebs aber kann bei Saisonbetrieben selbstverständlich für die Zeit außerhalb der sogenannten Saison keine Rede sein. Da die Räume für diese Zeit überhaupt nicht zur Vermietung bestimmt sind, fehlt es von vornherein an einer

Voraussetzung der Nachlaßgewährung. Dagegen wäre ein Nachlaß denkbar, wenn z. B. ein Hausbesitzer in einem Kurort im Sommer eine ganze Wohnung nicht vermietet, die zur Vermietung an Sommergäste bestimmt ist oder wenn ein Hotelbesitzer ein ganzes Stockwerk für längere Zeit abzuschließen sich genötigt sieht.

VI Bei den Feststellungen der Voraussetzungen für die Gewährung von Steuernachlässen hat, wenn es sich um Gebäudekomplexe mit Vorder- und Rückgebäuden handelt, stets jene Berechnungsweise Anwendung zu finden, die für den Steuerpflichtigen die vorteilhaftere ist. Es hat also die Berechnung nach Vorder- und Rückgebäude getrennt zu erfolgen, wenn diese Berechnungsart ein für den Pflichtigen günstigeres Ergebnis hat; dagegen sind die katastermäßigen Mieterträge der Gebäulichkeiten zusammenzurechnen, wenn hiernach ein Nachlaß zuzubilligen wäre.

VII Die gesetzliche Vorschrift über Steuernachlässe findet Anwendung auch auf Nebengebäude, wie Stallungen, Hinterstellungsräume für Fuhrwerke, Wägen, Kraftwägen u. dgl., Ateliers und ähnliche Räume.

VIII Für die Gewährung von Steuernachlässen ist es gleichgültig, ob die Gebäude zu Wohn- oder gewerblichen Zwecken dienen; Voraussetzung für die Gewährung eines Nachlasses ist jedoch stets, daß die Gebäude oder Räume zur Vermietung bestimmt sind.

IX Kein Nachlaß ist vorgesehen für den Fall, daß die zur Vermietung bestimmten Räume einen geringeren als den katastermäßigen Mietertrag abgeworfen haben. Bei teilweisen Nachlässen am Mietzins und bei teilweisem Leerstehen der zur Vermietung bestimmten Räume ist also ein teilweiser Nachlaß ausgeschlossen. Liegt jedoch wirklich Ertragslosigkeit vor, so ist es gleichgültig, ob sie durch Leerstehen von Wohnungen und Geschäftsräumen oder dadurch veranlaßt ist, daß der Mietzins uneinbringlich ist.

X Der Steuernachlaß ist nicht mehr wie bisher in den Zwölfteilen der Jahresmietsteuer festzusetzen, sondern lediglich nach Maßgabe der Minderung des katastermäßigen Mietertrags. Angenommen z. B. der katastermäßige Mietertrag eines Gebäudes betrage nach Abzug der Ausgaben gemäß § 4 Abs. II des HausStGes. 5000 Mk. und der Mietentgang 1600 Mk., so würde sich der Nachlaß an der Mietsteuer auf 24 Mk. berechnen.

XI Der Steuernachlaß bewirkt die entsprechende Minderung der Kreisumlagen (Art. 43 Abs III des Umlagengesetzes) und seit 1. Januar 1917 zufolge des Gesetzes zur Abänderung des Umlagengesetzes vom 31. März 1917 (GVBl. S. 69) auch die entsprechende Abminderung der Gemeindeumlagen und der Kirchenumlagen, dann nach Art. 10 Abs. III des Kirchensteuergesetzes vom 15. August 1908 (GVBl. S. 513) die entsprechende Abminderung der Kirchensteuer.

XII Die Fristverlängerung für die Anbringung der Nachlaßgesuche gegenüber dem bisher geltenden Rechte um 5 Monate ist erfolgt, weil auch die durch die Uneinbringlichkeit der Mietzinse hervorgerufenen Mietentgänge Berücksichtigung finden sollen.

XIII In den Gesuchen sind die Ertragslos gebliebenen Räume sowie der Zeitraum, für den dies der Fall war, genau zu bezeichnen. Insbesondere sind auch die Gründe namhaft zu machen, aus denen sich die Mietzinse als uneinbringlich erwiesen haben. Erforderlichenfalls sind die Nachweise über erfolglose Beitreibungsversuche (Pfändungsabstandsprotokolle) vorzulegen.

XIV Den Nachweis der Richtigkeit der Angaben hat der Gesuchsteller zu führen, von dem auch eine Erklärung darüber abzugeben ist, ob er für den Mietausfall nicht eine Entschädigung erhalten oder zu beanspruchen hat. Über die Zeitdauer des Leerstehens der Mieträume ist in der Regel eine Bestätigung der Gemeindebehörde vorzulegen. Kann eine solche Bestätigung nicht erbracht werden, so ist auch eine anderweitige Nachweisführung zuzulassen.

XV Wenn Fälle eintreten, die voraussichtlich die Stellung eines Nachlaßgesuchs nach Ablauf des Kalenderjahrs (Abs. I) rechtfertigen werden, so empfiehlt es sich, die den voraussichtlichen Nachlaß begründenden Tatsachen vorsorglich dem Rentamt alsbald anzuzeigen, damit diesem die Möglichkeit geboten ist, die Richtigkeit solcher Angaben nachzuprüfen. Hierauf sind die Pflichtigen bei Gelegenheit aufmerksam zu machen. Der Nachweis kann bei verlässigen Aufschreibungen und einwandfreier Buchführung auch durch Vorlage der Aufschreibungen und Bücher geführt werden.

XVI Das Rentamt hat die Gesuche um Gewährung von Mietsteuernachlässen der Regierungsfinanzkammer zur Entscheidung vorzulegen, wobei die zum Nachlasse begutachteten Steuer- und Kreisumlagenbeträge in einer Übersicht zu berechnen sind. Von der Entscheidung der Regierungsfinanzkammer sind die Pflichtigen und, soweit Nachlässe gewährt werden, auch die beteiligten Gemeinden zu verständigen.

XVII Die Bestimmungen über die Steuernachlässe sind in wohlwollendstem Sinne auszulegen und anzuwenden (§ 3 Abs. VI).

3. Bekanntmachung der Staatsministerien des Innern und der Finanzen zum Vollzuge des Gesetzes zur Abänderung des Haussteuergesetzes vom 17. August 1918/16. August 1919.

Vom 19. Februar 1922 (GVBl. S. 177).

Zum Vollzuge des Gesetzes vom 27. Juli 1921 (GVBl. S. 412) zur Abänderung des Haussteuergesetzes vom 17. August 1918/16. August 1919 (GVBl. 1918 S. 858, 1919 S. 564) werden nachstehende Vorschriften erlassen:

§ 1.

(Zu § 2 des Haussteuergesetzes, § 4 Abs. II der Vollzugsvorschriften vom 2. März 1911.)

I Nach § 2 Abs. I Ziff. 6 des Gesetzes vom 17. August 1918/16. August 1919 sind u. a. haussteuerfrei die Gebäude, die unmittelbar zu Zwecken der öffentlichen Gesundheitspflege unter Ausschluß von Erwerbs- und Sportszwecken dienen. Die Rechtsprechung aus Anlaß von Streitigkeiten über die Auslegung dieser Gesetzesvorschrift hat eine Steuerfreiheit für Gebäude und Gebäudeteile, die unmittelbar der öffentlichen Krankenpflege dienen, mit Rücksicht auf den Wortlaut des Gesetzes und die Gesetzgebungsverhandlungen des Jahres 1908/9 nicht für gegeben erachtet.

(Vgl. insbesondere die Entscheidungen des Verwaltungsgerichtshofs vom 29. März 1915 S. Bd. 36 S. 109, 116ff. und vom 27. Dezember 1920 S. Bd. 41 S. 114ff. sowie die dort angeführten weiteren Entscheidungen.)

II Nach einem zu dieser Gesetzesbestimmung gefaßten Beschlusse des Landtags soll nun aber der Begriff der öffentlichen „Gesundheitspflege“ im Sinne des § 2 Abs. I Ziff. 6 des Haussteuergesetzes vom 17. August 1918/16. August 1919 nicht nur Einrichtungen zum Schutze Gesunder gegen ansteckende Krankheiten, zur Bekämpfung und Verhütung solcher Krankheiten (Lungenheilanstalten u. s. w.), dann zur Erholung von schwerer Krankheit und zur Stärkung der Gesundheit (Genesungsheime, Erholungsheime, Turnanstalten, Volksbäder u. s. w.) umfassen, sondern unter diesen Begriff sind auch die Einrichtungen zu zählen, die unmittelbar der öffentlichen Krankenpflege, d. h. der Behandlung und Heilung von Kranken dienen.

Diese Auslegung soll auch bei der Anwendung des Art. 11 Ziff. 6 des Gesetzes vom 30. Juni 1921 zum Vollzuge des Landessteuergesetzes (GVBl. S. 361) Platz greifen.

(Vgl. Verhandlungen des bayerischen Landtags 1920/21 Beil. Bd. IV Beil. 1640 S. 731/2, stenogr. Berichte Bd III Nr. 74 S. 493/94.)

III Die Finanzämter werden mit Rücksicht auf diese vom Landtage beschlossene Auslegung des Begriffs der öffentlichen Gesundheitspflege in Fällen, in denen Gebäude und Gebäudeteile der öffentlichen Krankenpflege dienen, von einer Heranziehung dieser Gebäude und Gebäudeteile zur Haussteuer und zu den Umlagen Abstand nehmen.

IV Die Frage, ob mit Gebäuden oder Gebäudeteilen, die unmittelbar zu Zwecken der öffentlichen Krankenpflege dienen, Erwerbszwecke verfolgt werden, bleibt der Würdigung des Einzelfalles und der Entscheidung im Rechtsmittelverfahren vorbehalten.

§ 2.

(Zu Art. I des Änderungsgesetzes, § 7 des Haussteuergesetzes, § 1 der Vollzugsvorschriften vom 6. Oktober 1918 — GVBl. S. 807 —, § 8 der Vollzugsvorschriften vom 2. März 1911 — GVBl. S. 107.)

I Die bei der Berechnung der Mietsteuer sich ergebenden Bruchteile von halben Pfennigen werden zu einem ganzen Pfennig angesetzt.

II Für den Mindest- und Höchstsatz der Arealsteuer und der Mietsteuer ergibt sich künftig folgende Berechnung:

der geringste Betrag der Arealsteuer ist 3 × 14 × 2,5 ₰ = 1,05 ℳ,
der Höchstsatz der Arealsteuer ist 25 × 14 × 2,5 ₰ = 8,75 ℳ,
während sich nach dem Gesetze vom 17. August 1918 der geringste Betrag auf 3 × 14 × 1,5 ₰ = 63 ₰, die höchste Arealsteuer aber auf 25 × 14 × 1,5 = 5,25 ℳ berechnete. Der geringste Betrag der Mietsteuer ist 15 × 2,5 ₰ = 38 ₰, während sich nach dem Gesetze vom 17. August 1918 die geringste Mietsteuer auf 15 × 1,5 ₰ = 23 ₰ berechnete.

§ 3.

(Zu Art. II des Änderungsgesetzes, § 29a des Haussteuergesetzes, § 26 der Vollzugsvorschriften vom 1. März 1911.)

I Die örtliche Revision der Haussteuer, wie sie von den Beteiligten und von der Steuerbehörde unter den Voraussetzungen des § 28 Abs. I des Gesetzes beantragt werden kann, und die allgemeine Revision der Mietsteuer, wie sie in allen Gemeinden und Ortschaften, in denen die Mietsteuer eingeführt ist, gemäß § 29 Abs. I von 10 zu 10 Jahren zu wiederholen ist, haben nach der neuen gesetzlichen Vorschrift vom Beginne des folgenden Rechnungsjahres — d. h. vom 1. April des der Vollendung der Revision folgenden Kalenderjahrs ab — in Wirksamkeit zu treten.

II Alle sich im Rechnungsjahre vollziehenden Änderungen sind im speziellen Änderungsausweise durchzuführen. Der Beginn des neuen Rechnungsjahrs gilt auch als maßgebender Zeitpunkt für die Bemessung der Gemeindeumlagenpflicht (Art. 17 des Gesetzes zum Vollzuge des Landessteuergesetzes — GVBl. 1921 S. 361, 366). Der Zeitpunkt für die Bemessung der Umlagenpflicht fällt zufolge der neuen gesetzlichen Vorschriften mit dem Zeitpunkt der Verwertung des Ergebnisses der jeweiligen Haussteuerrevision zusammen.

§ 4.

(Zu Art. II des Änderungsgesetzes, § 29a des Haussteuergesetzes, § 26 der Vollzugsvorschriften vom 1. März 1911.)

I Im Hinblick auf die gesetzliche Vorschrift im § 29a Abs. II hat die mit Wirkung vom Jahre 1922 ab durchzuführende allgemeine Mietsteuerrevision zu unterbleiben. Eine allgemeine Mietsteuerrevision hat erst im Jahre 1923 mit Wirkung vom Beginne des Rechnungsjahrs 1924 — 1. April 1924 — stattzufinden. Die im Verwaltungswege angeordnete Verschiebung hat damit die erforderliche gesetzliche Bestätigung gefunden.

II Die neue Gesetzesbestimmung verfolgt nur den Zweck, der gegenwärtigen außergewöhnlichen Belastung der Finanzämter Rechnung zu tragen. Eine Verschiebung der zehnjährigen Mietsteuerperioden ist damit aber nicht beabsichtigt. Nach Durchführung der Mietsteuerrevision im Jahre 1923 mit Wirkung vom Rechnungsjahre 1924 ab wird daher die weitere nach § 29 Abs. I Satz 3 des Haussteuergesetzes notwendige allgemeine Mietsteuerrevision im Jahre 1931 mit Wirkung vom Rechnungsjahre 1932 stattzufinden haben.

§ 5.

(Zu Art. III und IV des Änderungsgesetzes, §§ 33 und 34 des Haussteuergesetzes, § 27 der Vollzugsvorschriften vom 2. März 1911, § 2 der Vollzugsvorschriften vom 6. Oktober 1918.)

I Auf Grund der Vorschriften im § 33 Abs. II, III und IV des Haussteuergesetzes genossen bisher

1. alle Kleinwohnungsbauten für die minderbemittelte Bevölkerung oder zur Ansiedelung landwirtschaftlicher Arbeiter, für die im Art. 14 des Gesetzes, die Landeskulturrentenanstalt betreffend, in der Fassung der Bekanntmachung vom 31. März 1908 aufgeführten Merkmale zutreffen, 6 Steuerfreijahre (§ 33 Abs. II),
2. alle Kleinwohnungsbauten, die nicht mehr als 6 Wohnungen enthalten oder von einer Gemeinde oder von einer rechtsfähigen gemeinnützigen Bauvereinigung hergestellt sind, die sich mit der Erbauung, Beschaffung oder Verbesserung von Wohnungen für die minderbemittelte Bevölkerung befaßt, 12 Steuerfreijahre (§ 33 Abs. III Satz 1),
3. alle Wohnungsbauten, die von einer rechtsfähigen gemeinnützigen Vereinigung zur Unterbringung von einzelstehenden, der minderbemittelten Bevölkerung angehörigen Personen hergestellt werden, wenn für die einzelne Person nicht mehr als ein Zimmer bereitgestellt ist, 12 Steuerfreijahre (§ 33 Abs. III Satz 2),
4. alle Kleinwohnungsbauten und Wohnungsbauten für minderbemittelte einzelstehende Personen (Ziff. 1—3), die in der Zeit vom 1. April 1918 bis zum Ablaufe des dritten dem allgemeinen Friedensschlusse folgenden Jahres, d. h. bis zum 31. Dezember 1923, erbaut und fertiggestellt werden, 18 Steuerfreijahre.

Nach Beginn der Steuerpflicht ist für die Dauer der anschließenden 7 Kalenderjahre nur die Hälfte der Jahressteuer zu veranlagen (§ 33 Abs. IV). (Verordnung vom 14. Februar 1920 — RGBl. S. 237, Bekanntmachung vom 29. März 1920 — RGBl. S. 432 und vom 25. Mai 1920 — RGBl. S. 1081).

II Während nach dem bisherigen Gesetzeswortlaut die wiedergegebenen Steuervergünstigungen des § 33 Abs. II, III und IV nur auf neuaufgeführte Gebäude (Neubauten), auf neuerrichtete Stockwerke oder innere Umbauten des ganzen Gebäudes Anwendung finden konnten und zwar mit Rücksicht auf die Vorschrift des Art. 1 Abs. II des Einführungsgesetzes zu den Gesetzen über die direkten Steuern vom 14. August 1910 (GVBl. S. 578) nur auf solche Neubauten, die nicht schon vor dem 1. Januar 1909 vollendet worden sind, genießen nunmehr nach dem Abs. V des § 33 die gleiche steuerliche Vergünstigungen auch die in bereits vorhandenen Stockwerksaufbauten und Dachgeschossen solcher Gebäude seit dem 1. April 1918 eingebauten Kleinwohnungen sowie Kleinwohnungen, die durch inneren Umbau einzelner Stockwerke bereits vorhandener, bisher nicht Wohnungszwecken dienender Gebäude neu geschaffen werden.

III Die Gesetzesbestimmungen begünstigen solche Kleinwohnungen, die seit dem 1. April 1918 neu erstellt wurden, gleichviel, ob die Kleinwohnungsbauten, in denen sie sich befinden, der Vergünstigung von Steuerfreijahren wegen Bauvollendung vor dem 1. Januar 1909 überhaupt nicht teilhaftig gewesen oder ob für sie Steuerfreijahre bereits abgelaufen sind.

IV Die Einschaltungen und Ergänzungen der Klammerhinweise in § 34 stellen nunmehr außer Zweifel, daß Zubauten und innere Umbauten den Neubauten gleichzubehandeln sind.

V Für die sämtlichen Kleinwohnungsbauten und eingebauten Kleinwohnungen der in den Abs. II, III IV und V des Gesetzes bezeichneten Art, die besondere Steuerfreijahre genießen, haben die Vorschriften des § 5 der Bekanntmachung vom 9. Juni 1911, die Haussteuerkataster und die rechnerische Behandlung der Haussteuer betreffend (FMBl. S. 445) entsprechend Anwendung zu finden.

§ 6.

(Zu Art. V des Änderungsgesetzes, § 36 des Haussteuergesetzes, § 32 der Vollzugsvorschriften vom 2. März 1911.)

Die Haussteuer ist gemeinsam mit der Grundsteuer und den Kreisumlagen, sowie den sonstigen durch das Finanzamt zur Erhebung gelangenden Umlagen aus diesen Steuern in der Regel in zwei Jahreshälften zu entrichten. Den Zeitpunkt der Einhebung hat das Finanzamt unter Rücksichtnahme auf die Verfalltermine festzusetzen und vor der jedesmaligen Einhebung bekanntzugeben. Soweit die Jahresschuldigkeit eines Pflichtigen an Grund- und Haussteuern nebst den Kreisumlagen hieraus 10 ℳ nicht übersteigt, ist sie mit dem vollen Betrag im zweiten Einhebungstermin einzuheben.

§ 7.

(Zu Art. V des Änderungsgesetzes, § 36 des Haussteuergesetzes.)

I Verzugszinsen für nicht rechtzeitig gezahlte Haussteuern sind zu erheben,

1. wenn der fällige Steuerbetrag länger als einen Monat vom Fälligkeitstage an im Rückstande geblieben ist,
2. wenn die Verzugszinsen den Betrag von 10 ℳ übersteigen. Eingezahlte Zinsbeträge unter 10 ℳ werden nicht erstattet.

II Als Fälligkeitstag gilt gemäß § 36 des Haussteuergesetzes der 1. April, 1. Juli, 1. Oktober und 1. Januar oder, wenn die Steueranforderung erst nach diesem Zeitpunkt erfolgt, der für die Steuerentrichtung bestimmte Zeitpunkt. Bei der Berechnung der Verzugszinsen sind 5 v. H. vom Jahre vom fälligen Steuerbetrage zu rechnen und das Jahr zu 360 Tagen, der Monat zu 30 Tagen anzunehmen; der Tag, an dem die Zahlung erfolgt, ist bei Berechnung der Zahl der Tage nicht mitzuzählen. Die berechneten Verzugszinsen sind auf 10 ₰ nach unten abzurunden. Auf die Verzinsungspflicht ist in der Bekanntmachung über die Erhebungstermine ausdrücklich hinzuweisen.

III Die Verzugszinsen sind im Einnahmebuch (Einnahmeliste — den bisherigen Subjournalten —) in einer besonderen Spalte nachzuweisen; in der Bemerkungsspalte des Einnahmebuchs ist die für die Berechnung der Verzugszinsen in Betracht kommende Zeit kurz zu vermerken. Die Vereinnahmung der Verzugszinsen hat auf Rechnung des Haushalts der direkten Steuern unter dem Titel „Verzugszinsen für nicht rechtzeitig eingezahlte Steuern" zu erfolgen.

IV Von der Festsetzung und Einziehung der Verzugszinsen kann auf Antrag des Schuldners in besonderen Fällen aus Billigkeitsgründen Abstand genommen werden, z. B. wenn der Schuldner nachweist, daß er durch Krankheit oder wirtschaftliche Notlage an der rechtzeitigen Zahlung der Steuer verhindert ist oder war; gegebenenfalls sind die bereits erhobenen Verzugszinsen wieder zu erstatten.

§ 8.

(Zu Art. VI des Aenderungsgesetzes, § 37 des Haussteuergesetzes.)

Die Zinsvergütungen für erstattete Beträge sind auf Rechnung des Haushalts der direkten Steuern unter dem Titel „Zinsvergütungen für erstattete Steuern" zu verausgaben.

§ 9.

(Zu Art. V des Änderungsgesetzes, § 36 des Haussteuergesetzes, § 32 der Vollzugsvorschriften vom 2. März 1911.)

Sind Haussteuerbeträge nachzuholen oder rückzuvergüten, die ohne Einrechnung der Kreisumlagen weniger als 10 ℳ betragen, so ist von der Nachholung abzusehen und die Rückvergütung nur auf Antrag des Empfangsberechtigten zu bewirken.

§ 10.

(Zu § 37 des Haussteuergesetzes, § 33 der Vollzugsvorschriften vom 2. März 1911.)

I Zuständig zur Niederschlagung der Haussteuer sind die Finanzämter, wenn die niederzuschlagende Jahresschuldigkeit eines Pflichtigen samt den Kreisumlagen nicht mehr als 50 ℳ beträgt. Handelt es sich um einen höheren Betrag, so bedarf die Niederschlagung der Genehmigung des Landesfinanzamts (Landesmittelstelle).

II Steuerniederschlagungen und Steuernachlässe bewirken die entsprechende Minderung oder Aufhebung der Kreisumlagenpflicht (Art. 30 Abs. III des Gesetzes zum Vollzuge des Landessteuergesetzes — GVBl. S. 61, 368).

III Steuernachlässe bewirken die entsprechende Minderung der Gemeinde- der Orts- und der Bezirksumlagenpflicht; die Niederschlagung von Gemeindeumlagen bleibt der Gemeinde vorbehalten und bewirkt auch die entsprechende Minderung oder Aufhebung der Bezirksumlagenpflicht (Art. 10 Abs. IV, 24 Abs. I, 25, 26 Abs. III des Gesetzes zum Vollzuge des Landessteuergesetzes — GVBl. S. 361, 364, 367, 368).

IV Steuernachlässe bewirken die entsprechende Minderung oder Aufhebung der religionsgesellschaftlichen oder religionsgemeindlichen Umlagenpflicht. Die Niederschlagung von Umlagen aus Billigkeitsgründen oder wegen Aussichtslosigkeit der Beitreibung bleibt der Vertretung des Steuerverbandes vorbehalten. Im Falle der Übertragung der Umlagenverwaltung können wegen der Zuständigkeit zur Niederschlagung besondere Vereinbarungen mit den Behörden getroffen werden, welche die Verwaltung übernehmen (Art. 16 und 17 Abs. I des religionsgesellschaftlichen Steuergesetzes vom 27. Juli 1921 — GVBl. S. 459, 464).

§ 11.

Im übrigen bleiben die Vollzugsvorschriften vom 2. März 1911 (GVBl. S. 107) und vom 6. Oktober 1918 (GVBl. S. 807) in Kraft.

Sachregister

zu Bd. I Grund- und Haussteuergesetz.

(Die Zahlen bedeuten die Seiten, ohne Zusatz des Grundsteuergesetzes, mit vorgesetztem H des Haussteuergesetzes.)

A.

G.

H.

J.

K.

L.

T.

U.

V.

W.

Z.